まえがき

　「地を離るれば人なし，人を離るれば事なし，故に事を成さんと欲する者はまさに地理を究むべし」と吉田松陰の言葉を引いた内村鑑三は，『地人論』で「地理学は実に諸学の基なり」と，この学問の重要性を説いた。しかし，現在の学校教育では，国民の基礎教養としての地理はほぼ中学校レベルで学習を停止している。高等学校では地歴科3科目のうち2科目以上を履修することになっているが，世界史が必修であり，いくつかの地域が日本史も必修化するなかで，地理の履修者が減少しているからである。したがって地理の教員採用が減少し，大学でも地理の受講生が減少する傾向が進んでいる。ニュースとしては聞いている外国の地名が，実はどこのことなのか，そこがどのような所なのかを知る基礎的知識を持っていない学生が多い。

　地理を未履修のままに大学を卒業して実業界に入っていく学生諸君は，地理の基礎的な常識を身につける機会を失っている。他方，彼らを受け入れる側の企業人も地理音痴の割合が増加している現状を十分認識しているようにはみえない。彼ら自身も，海外進出あるいは店舗立地の基礎となる地理書を読む時間をとれず，必要だとはわかるがパスしている。やっと2022年入学の高校生から地理が必修科目となることになった。

　本書は，中学以来忘れていた就職活動を前にする大学生に，その学生に対応する一般企業人に，企業を卒業して海外旅行のプランを練り老後を楽しもうとする人びとに，地理書をもう一度読んでもらうためにまとめてみた。受験生にも使えるかもしれないが，地理学に無縁な人びとに，現在の地理的常識を伝えるためにと考えた書物である。地理とは「そこはどんな所だろう」という知的好奇心に答える地誌を基礎とし，「どうしてそこはそんな所なのだろう」と考える一般地理学二つの分野からなる。本書はそれを2部構成にしてみた。

著　者

本書の使用にあたって

1. 国名はつぎのように，一部を略して用いた。
   大韓民国→韓国，朝鮮民主主義人民共和国→北朝鮮，両者をあわせた地域名を朝鮮，中華人民共和国→中国，グレートブリテン＝北アイルランド連合王国→イギリス，旧ソビエト社会主義共和国連邦→旧ソ連など。
2. 国名は外務省の旧『世界の国一覧表』にほぼよった。
3. 本文および脚注の数字や資料は，『世界統計年鑑』，『日本統計年鑑』，『日本国勢図会』などによった。
4. 図版のうち必要と思われるものには，資料の出所，参考にした原図・図書名などを個々に示した。
5. 本書で使用した地図は縮小率がそれぞれちがうので，注意してほしい。
6. 本書の内容は，2011年8月現在の世界情勢に基づいて記述したものを，2017年に増補・改訂し，新版とした。

まえがき　I
本書の使用にあたって　II

第I部　さまざまな地域

第I部を読むにあたって　2
　　　　　　　　　　　　　　　　　　　●コラムテーマ
序　章　**世界と日本**　3
　　1　日本の位置　3
　　2　豊かな自然　5
　　3　自然と災害　6
　　4　宗教と言語　7
　　5　公共と私（国民と国家）　9
　　6　農業国から工業国，そして…　10
　　7　経済と教育　12
　　8　産業と人口　13
　　9　外国人と国際交流　15
　　10　海外における日本　16
　　11　明日の日本　18　　　　　　　●難民　17

第1章　**地域と地域区分**　20
　　1　「地域」をなぜ学ぶのか　20
　　2　均等地域と統一地域　21
　　3　自然地理的区分　22
　　4　人文地理的区分　23

第2章　**地域と国家**　25
　　1　地域と国家　25　　　　　　　●植民地　26
　　2　領域と国境　26　　　　　　　●ピレネー山中の国境　28
　　3　国家間の結び付き　30　　　　●ポーランドの国境変遷　29

第3章　**ヨーロッパ**　34
　　1　近代化とヨーロッパ　34
　　2　ヨーロッパの世界支配　35
　　3　近代工業の成立　36
　　4　変化するヨーロッパ工業　37
　　5　農業革命　38　　　　　　　　●企業化された農場　39
　　6　さまざまな農業地域と気候　40　●気圧配置と地方風　42
　　7　地中海式農業　43　　　　　　●アルプスの移牧　44
　　8　交通——統合への先駆け　45　●統合への方向——交通網・電力　46
　　9　文化——統合の背景　47
　　10　ヨーロッパ統合への歩み　48
　　11　EUの結成と拡大　49
　　12　新たな加盟国　50

III

13　EU 域外の国々　*51*
　　14　統合を受けて——移動する人びと　*53*　　●エラスムス計画(ヨーロッパ大学間学生交
　　15　社会政策と生活　*54*　　　　　　　　　　流計画)　*53*
　　16　観光——回遊型・イベント型・滞在型　*56*　　●観光と都市　*57*
　　17　変動する都市システム　*59*　　　　　　●ニュータウン　*58*
　　18　越境する大気と水と環境　*60*
　　19　欧州連合の現実　*61*　　　　　　　　　●イギリスの EU 離脱　*62*

第4章　北ユーラシア　*63*

　　1　社会主義の夢　*63*
　　2　旧ソ連の崩壊　*64*　　　　　　　　　　●旧社会主義国　*65*
　　3　ロシアの鉱工業地域　*66*
　　4　気候帯とロシア農業　*67*　　　　　　　●コルホーズ(共同農場から農業企業)　*68*
　　5　緩衝国とロシア　*69*
　　6　ロシアとシベリア　*70*　　　　　　　　●日本とロシア——北方領土　*71*
　　7　カフカスと民族問題　*72*
　　8　大自然改造計画と中央アジア　*73*　　　●北極，氷の海　*75*

第5章　北アメリカ　*76*

　　1　ヨーロッパからの自由　*76*
　　2　雄大な自然　*77*
　　3　人種と民族　*78*
　　4　大規模化・機械化と農業　*80*
　　5　強い農業とその悩み　*81*
　　6　アメリカの工業発展　*83*
　　7　アメリカ企業の世界展開　*84*
　　8　空間の克服　*86*　　　　　　　　　　　●アメリカ的生活　*87*
　　9　合衆国の都市　*88*
　　10　ヨーロッパとの関係が続くカナダ　*89*　　●巨大なダム　*92*
　　11　アメリカ合衆国と結び付くカナダ経済　*90*　●世界の警察官と
　　12　唯一の超大国　*93*　　　　　　　　　　　グローバリゼーション　*94*

第6章　中南アメリカ　*95*

　　1　ラテンアメリカと呼ばれて　*95*　　　　●メスチーソ　*96*
　　2　大土地所有の農業　*97*
　　3　ブラジルの農業発展　*99*　　　　　　　●ファゼンダの生活　*100*
　　4　アンデス山地と零細農家　*101*
　　5　特産品に頼る経済　*102*
　　6　都市に集まる人びと　*103*　　　　　　●世界遺産と観光　*104*
　　7　発展への努力　*105*
　　8　未来への期待　*106*　　　　　　　　　●マキラドーラと国境　*107*

第7章　オセアニア　*109*

　　1　遠いヨーロッパ　*109*　　　　　　　　●白豪主義　*110*
　　2　海洋州　*111*　　　　　　　　　　　　●フィジーの風土と産業　*111*
　　3　狭小の大陸　*113*　　　　　　　　　　●西サモア——ポリネシアの独立国　*112*
　　4　地域開発と鉱工業　*114*
　　5　福祉国家ニュージーランド　*116*
　　6　地球温暖化と島国　*117*

	7	アジアに向かう目 118
	8	南極，白い大陸 119

第8章 中南アフリカ 121

	1	失われた歴史 121	● 人類の発祥地？——リフトバレー 122
	2	熱帯雨林とサバナ 122	
	3	サヘルと砂漠化 124	
	4	民族と国家 125	● アフリカ最古の独立国——エチオピア 126
	5	第一次産業と鉱業への依存 127	● ダイヤモンドの誘惑 128
	6	ナイジェリアの農牧業と資源 129	
	7	南アフリカの発展と問題 131	

第9章 北アフリカ・西アジア 133

	1	ヨーロッパとの戦い 133	
	2	乾燥帯と農牧業 134	● 沙漠の風景 135
	3	水主と砂漠化 136	
	4	ナイルの恵み 137	
	5	黒い黄金・石油 139	● イスラム国家のイメージ 140
	6	世界の火薬庫とイスラム教 141	● パレスチナ問題 142

第10章 南アジア 143

	1	ヨーロッパからの独立と分裂 143	● カースト 144
	2	インド工業の脱植民地的基礎 144	
	3	新興工業国 146	
	4	インドの農業 147	● ラビ季とカリフ季 149
	5	インド世界とイスラム国家 149	
	6	デルタの国バングラデシュ 150	
	7	民族対立とスリランカ 152	● ヒマラヤ 153

第11章 東南アジア 154

	1	ヨーロッパからの解放 154	
	2	植民地主義の残したプランテーション 155	● 東南アジアの森林 157
	3	モノカルチャー経済からの脱出 157	● ASEAN（アセアン） 158
	4	多様な民族と文化 159	● 上座部仏教 160
	5	都市国家 160	
	6	唯一の独立を守ったタイ 162	
	7	モンスーン下の農村と都市 163	● 火山と地震 164

第12章 東アジア 165

	1	欧米からの相対的独立 165	● モンゴル 166
	2	鉱工業の発展 166	● 三峡ダム 168
	3	世界の工場 168	
	4	食糧の大生産国 169	● 中国料理 171
	5	西と東——あるいは西域・内陸・沿岸 172	● ホンコンとマカオ 173
	6	都市と農村 174	
	7	巨大な人口 175	● 北京と上海 176
	8	多様な少数民族 177	● チベット 178
	9	朝鮮半島 179	● 中朝関係 179

V

10　食糧・資源の国家戦略　*181*

第Ⅱ部　世界をみわたす

第Ⅱ部を読むにあたって　*184*

第1章　世界を文化からみる　*185*

1　生活様式と自然環境　*185*
2　人種と民族　*188*
3　人種・民族と国家　*192*

● 聖地と芸術　*190*
● ユーゴスラヴィアの分裂　*193*

第2章　世界を自然環境からみる　*195*

1　陸海分布と時差　*195*
2　地形からみた世界　*196*
3　気候からみた世界　*199*
4　植生・土壌からみた世界　*206*
5　自然環境と開発　*208*

● 季節風と台風　*204*

第3章　世界を人口・居住からみる　*212*

1　人口からみた世界　*212*
2　集落　*219*
3　都市　*222*

● 人口転換　*213*
● 移民　*215*
● ドーナツ化現象と都心回帰　*219*
● 囲郭都市の生活　*223*

第4章　世界を資源・産業からみる　*230*

1　農牧業　*230*
2　水産業　*237*
3　林業　*238*
4　エネルギー資源　*239*
5　鉱業　*242*
6　工業　*245*

● 産業未分化社会　*230*

● 地球温暖化への対応　*242*
● レアアース（希土類）　*244*
● ファッション産業　*248*

第5章　世界を流通と交流からみる　*253*

1　商業　*253*
2　貿易　*257*
3　交通　*260*
4　通信　*264*
5　サービス業　*267*

● 行商人の生活　*254*

● 富豪の家のサービス業　*269*

付　章　地図と地域調査　*271*

1　地図　*271*
2　地域調査　*276*

さくいん　*283*

第Ⅰ部 さまざまな地域

宇宙からみた地球（ユニフォトプレス提供）

━━━━━━ 第Ⅰ部を読むにあたって ━━━━━━

「かわいい子には旅をさせよ」という諺がある。旅に出ることによって，自分の育ってきた狭い生活空間が特殊なものであり，自分が当たり前と考えていたことが他の地方では特異であることに気づく。旅の苦労を経験し，他人の人情に触れるだけでなく，旅によって自分の生活空間を相対化することを学べる点に，この諺の意味がある。

第Ⅰ部は，世界の諸地域をおおまかにとらえ，地誌を中心に著者の視点を提示している。なぜ常識的な地域配列でなく，ヨーロッパから始めているのかは，読み進めていただければわかっていただけると思う。日本の位置と世界史の流れを，自分を中心としてではなく，アフリカに誕生した人類の現在の分布状況を大観してみれば，このような地誌を描けるのではないかということである。

地理学は知識を共時的にとらえて，地域の事実の列挙になりやすく，論理性に欠けると指摘する向きもある。しかし，同じ場所に同時存在する諸事実は，人文・社会・自然科学の個別対象であると同時に，諸科学の分担制になじまない，互いに関わるいわば総合的存在である。地誌は，同一地域における諸関係の網目のなかにある地域的事象を提示している。互いの関係を追究する地理学は，人文自然融合的な新たな学の地平線を示しているとも言える。

2 　第Ⅰ部　さまざまな地域

序 章 # 世界と日本

1 日本の位置

　日本を欧米は「**極東**」と呼び，中世日本みずからはインドや中国の大国にくらべて**粟散国**(辺境の小国をさす)にすぎないと考えていた。面積から言えば，日本は巨大なロシアを別にしても，カナダ・中国・アメリカ合衆国・ブラジル・オーストラリアと並ぶ大国の20分の1以下である。これら大国の半分がツンドラ・砂漠・山地・密林であると差し引いても，日本はそれら諸国の面積の約10分の1にすぎない。

　また地理的位置でも，最大の**大陸**(ユーラシア)と最大の**大洋**(太平洋)の接点に散在する島々が**千島列島・日本列島・琉球列島**と弧状列島をつくり，大陸の果て，大洋の始まり，いわば世界の辺境に位置する。ヨーロッパ中心の世界標準時からも，南半球のオセアニア諸国を別にすれば，日本は東のはずれにある。

　しかし人口でみれば，10億人を超える中国・インドを別にして，日本は1億人を超える国々に伍して，世界第10位の人口を誇っている。しかも，一つの**公用語**で統一された，数少ない国である。人口密度が高く，しかも山がちな国ではあるが山中に人が少なく，人口は平地に凝集している。

　また経済活動を示す国民総所得では，10兆ドル台のアメリカ合衆国についで1兆ドル以上の国々のうち第3位で，つい先頃まではアメリカ合衆国につぐ経済大国と言われていた。一人当たり国民所得では，ヨーロッパ・アメリカ合衆国と並んで3経済中心地の一つである。

しかし兵員の数で比較するならば，第1位の中国以下，アメリカ合衆国・ロシア・北朝鮮・韓国と日本をとりまく国々すべてが第9位以上の**軍事大国**で，日本は第24位である。もちろん日本は**日米安全保障条約**によってアメリカ合衆国と軍事的な結び付きを持っているために，単純に他の国々と軍事力を比較できない。また周辺国とは，中国と尖閣諸島，南北朝鮮と竹島，ロシアと北方四島がそれぞれ領土に関わる外交問題となっているが，解決の目処が立っているとは言い難い。

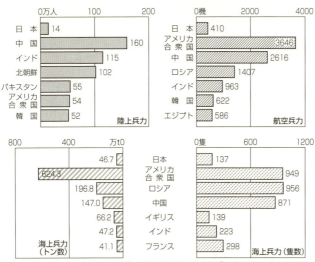

▲主な国の兵力（2014年，概数）　（矢野恒太記念会編『日本国勢図会』2016／17年版による）

2　豊かな自然

　江戸時代の漢詩に「人間到る処青山あり」とあるが，日本で青山をみない土地はほとんどない。砂漠もツンドラも大平原もない。森林率68.6％はブータン・フィンランド・スウェーデンにつぐ世界第4位で，世界の先進国のなかでも上位にあり，しかも気温が温暖で降水は適度にあり，樹木の生育に適している。緑豊かな土地で，山地は辺地ではなく，国土の中央を占めて人びとが周辺の海岸に住んでいる。

　季節は寒帯の寒い冬と熱帯の暑い夏が同居すると言われるが，美しく快適な春と秋が現われて，はっきりした**四季**が十分な陽光と降雨をもたらし，水稲をはじめ豊かな農作物を生産し，人口扶養力を高めている。

　梅雨・台風・豪雪など気象災害は多いが，梅雨は田植え時の農業用水を与え，豪雪は山に自然のダムとして貯水の機能をもたらす。大気汚染対策の成功もあるが，つねに撹拌された大気はくっきりとした美しい風景をみせてくれる。

　日本では鉱物，とくにエネルギー資源が乏しい。鉱物の博物館と呼ばれるほどに，多様な鉱物が少量ずつ産出されるが，その産出量は現代において採算がとれる量ではない。それでもかつては銀や銅の産出が輸出するほど豊富で，別子・足尾・日立の各銅山が日本の電気機械工業の母体となった。

　また，北九州・北海道・常磐・宇部などの炭田が，日本の重化学工業の立地に重要な役割を果たした。現在の日本の鉱業は経済的にほとんど無視されているが，日本近代工業の初期発展地を用意した歴史的意味がある。

　周囲の海では北からの親潮の栄養分と南からの黒潮の温度がぶつかり合い，世界有数の漁場を提供し，また独特の出入りの多い湾入が，早くから中小漁船基地となって，日本独特の漁業文化を生み出してきた。魚種が多いだけでなく，漁獲高も大きく，沿岸漁業は沖合漁業・遠洋漁業へと距離を伸ばして海外に

進出する一方，**栽培漁業・養殖漁業**へと，魚を育てる漁業へと
進化し，水産加工業を育てている*。

> ＊栽培漁業は，卵や幼魚を成魚に育てて海に放流する。養殖漁業
> は，常時，いけすなどのなかで育てる。

3 　自然と災害

　日本の自然は豊かであるが，残酷な災害をもたらす。温泉や
地熱発電の恵みも，火山噴火・地震の災害も，日本が地球の割
れ目（**プレートの境界**）に位置している証明で，美しい火山は噴
火によって溶岩流・火砕流・火山灰をもたらし，地震は津波を
引き起こす。10万人以上の死者を出した1923年9月1日の関
東大震災や2万人近くの犠牲者をもたらした2011年3月11
日の東日本大震災によって，改めて日本の地殻上の弱さを認識
させられた。

　日本の気候は，**小笠原高気圧**が暑い夏の渇水を，**シベリア高
気圧**が日本海側に冬の豪雪をもたらす。夏の前後に現われる**梅
雨**と**秋霖**の前線はしばしば集中豪雨をもたらし，これに熱帯生
まれの**台風**が豪雨と強風を運んできて，洪水や崖崩れなどの風
水害を引き起こす。1959年9月26日の伊勢湾台風のように，
その洪水によって，時に死者が数千人にのぼる。

　日本は気象観測が始まって以来，水害の死者がなかった年は
ないとまで言われているほどに気象災害が多いが，その豊かな
降水が日本の農業・工業・都市水道などをうるおしている。

　災害に際しては，しばしば人災という言葉が聞かれる。自然
が起こす希有な現象自体は災害ではなく自然現象であって，そ
れが災害となるのは人間の築いてきた文明・技術・対応にある
という発想からきている。たとえば，**東日本大震災**に際して起
こった福島第一原子力発電所の事故は，直接的原因は地震・津
波の自然現象であるが，**原子力発電**に頼る現代日本の社会シス
テムを生んでいる文明が背景にあり，自然現象に耐える制御技

6　第Ⅰ部　さまざまな地域

術が未熟であるか，あるいは技術はあってもそれを用いる政治・経済的対応ができていないことなど，さまざまな要因の複合によって起こされている。

また公害と呼ばれる一連の問題群も，人災と考えられている。とくに 1960 年頃から，工業生産の急増と都市化の進展に際して，自然環境を構成する諸要素のバランスが破壊され，土壌汚染・水質汚濁・大気汚染など，生活環境の悪化や生命・健康にかかわる被害が生じた。

4　宗教と言語

　日本の宗教は，自然崇拝のアニミズムを基礎に形成された**神道**，のちに中国から伝来した**仏教**，さらに近世になって入ってきた**キリスト教**などが混淆して，特定の宗教に属するという意識が希薄である。それが長所にもなっていて，宗教を理由とする戦争がほとんどなかったことは世界でも希有な国である。

　お宮参りをして育ち，教会で結婚式をあげ，お寺に葬られる人は少なくない。日本人の多くは首相の宗教を知らないし，宗教の故に排斥はしない。実際，マリア観音なども現われている。

　したがって，日本の年中行事は**農事暦**にまつわるもの，神道・仏教・キリスト教などの宗教起源になるものが共存し，その他，中国伝来のものや宮中行事・民間伝承のものさえあって，人びとは宗教を意識せずに行事に参加している。外国人と結婚した日本人は，多くが自分の宗教を主張しないと言われるのは，この**多宗教融和型社会**で育ったからであろう。

　世界には，約 3000 の言語があるとされる。そのうち数億人を占める 4 つの超大言語は中国語・ヒンドゥー語*・英語・スペイン語である。日本語はつぎの 1 億人以上の話者を持つ 7 大言語に加わる。日本語は，世界の言語のなかで**母語人口が多い言語**である。

　＊ヒンディー語との表記もあるが，それはスパニッシュ語やフレ

序章　世界と日本　　7

> **著者に聞こえた「今日は」**
>
> **ラテン系**
>
> bonjour（ボンジュール），フランス語
>
> buongiorno（ボンジョルノ），イタリア語
>
> bom dia（ボンヂア），ポルトガル語
>
> buenos dias（ブエノスディアス），スペイン語
>
> buna ziua（ブナズィウワ），ルーマニア語
>
> **ゲルマン系**
>
> good morning（グッモーニン），英語
>
> godmorgen（グッモーロン），スウェーデン語
>
> god morgen（ゴッモーン），デンマーク語
>
> goeden morgen（グーダモルグン），オランダ語
>
> guten morgen（グーテンモルゲン），ドイツ語

▲世界の言葉例

ンチ語のような地名の形容詞形になり，スペイン語・フランス
語のように「地名＋語」の日本語文脈には合わない。

これを**語族**でみると，ほぼ世界人口の半分がインド・ヨーロッ
パ語族，4分の1がシナ・チベット語族で，大言語のなかでは
アラビア語と日本語が世界的に孤立した語族に属することにな
る。

また，英語・中国語・フランス語・スペイン語・ロシア語な
どは**国際語**とも呼ばれ，複数の国々で用いられ，国際機関など
でも，しばしば公用語あるいは実用語として用いられている。
ただ日本語は，世界的にみて学術図書・テレビ番組などを自国
で作成・出版し，自国語で採算がとれる**言語**として教育研究が
できる点で，きわめて重要な地位を占めている。また，日本語
の文字と構造から，外国語を容易に自国語のなかに取り込める
ため，外来語が氾濫してくる問題はある。

8　第Ⅰ部　さまざまな地域

5 公共と私(国民と国家)

　世界の多くの国は，人が国家をつくるという思想から生まれてきた。インド・ヨーロッパ語族では，住民・民族・国民はその土地の形容詞形で表わされる。したがって，国家の興亡は人しだいである。国は自分がつくり，守る。

　しかし，日本は日本と言う国土が先に存在し，自分がそこに生まれたから日本人になったのであって，国は生来与えられたものである。したがって，日本人には，日本はかつて存在しなかった国で，また亡くなるかもしれない国であるという発想はみられない。国が自分をつくり，存在させているのである。

　公共の財産は自分たちのものであるという諸外国に対して，日本ではあくまでも自分のものではないという発想が強い。したがって，私財を公有化することに反発し，公共財を民有化することを喜ぶ。地域計画・都市計画は民有地を整理することができず難航し，公有地に無許可の露天・出店などを開きやすい。

　日本は47都道府県に分かれ，その下に1000数百の市町村がある。しかし実際には，町内会・自治会などさまざまな半公共的な地域団体がある。町内会は江戸時代に始まるとされるが，とくに強化されたのは第二次世界大戦の「隣組」である。市町村から地域への広報活動を手伝い，ときには地域の役員(民生委員・児童委員・環境委員・校外委員など地域によって多様)を推薦する母体となっている。

　海外の諸国は，細分化した市町村のような基礎的自治体を地域共同体的な存在として維持しているのに対して，日本の町内会は合併によって拡大された市町村を補完する存在となっている。

　町内会は道路掃除・火災予防・防犯・災害時の避難などを行なったり，祭りを運営したりしているが，ほぼボランティアの活動で，役員の善意と意欲に頼っている。しかし，公的な団体ではないので，公私の中間にある曖昧な存在として，いわば座

敷と庭の間にある濡れ縁のような役割を持っている。多くの場合，世帯単位で住民を構成しているが，住民の少ない都市部では，企業に会員としての参加を呼びかけている。

6　農業国から工業国，そして…

　日本の基幹産業は，長い間，米作を中心とした農業であった。富はコメの取れ高によってはかられた。近代化後も農業用水や圃場の整備，品種改良，化学肥料の普及，価格の維持などによって，米作が重視された。地方によっては桑・果樹・蔬菜などもみられ，それらは国策によって保護され，農業地域代表の多い選挙制度によって国も農業を重視してきた。

　明治時代になって，工業化が民間の繊維産業や政府の支援による軍需産業によって始まり，おもに旧幕府領を中心とする重化学工業地域発展の基礎を築いた。第二次世界大戦は工場施設のほとんどを灰燼としたが，その廃墟に新鋭の機械を導入し，**傾斜生産方式***によって急速な工業化を進めた。

　　*石炭・鉄鋼・肥料など，特定産業に資金・資材・労働力を集中
　　投下して手厚く保護し，発展させる方式のこと。

　当初は，欧米の模倣と蔑まれていた工業技術が開花して，輸出が急増し，一躍世界の主要工業国に肩を並べるまでになった。

　第二次世界大戦後の農地改革によって地主小作制度は崩壊し，農業は小規模な自作農が担うこととなり，不在地主の都市住民や法人の農地保有は激減した。

　農業は保護されたが，農民は**専業農家**から**兼業農家**に変わり，農村から都市に出て第二・第三次産業に就くものが増加した。僻地の農村では**過疎化**が進んで，単身離村に対し家族全員が村を離れて移動する**挙家離村**や廃村までみられるようになった。農民政策と農業政策とが必ずしも調和せず，農業は1969年来の減反や転作による米の生産調整を行ないつつ，他方では貿易自由化とともに麦・豆類などの生産を減退させ，全体としては

10　第Ⅰ部　さまざまな地域

▶わが国の工業構造の推移（通産省工業統計表などによる）

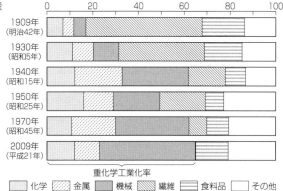

重化学工業化率

化学　金属　機械　繊維　食料品　その他

▶食料自給率の推移　＊は1年の食料供給量を熱量に換算したもので、国際比較は供給熱量で行なう。（矢野恒太記念会編『日本国勢図会』2016/17年版による）

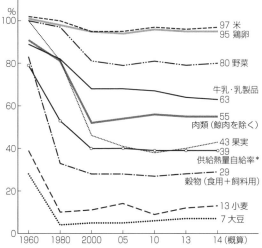

97 米
95 鶏卵
80 野菜
牛乳・乳製品 63
55 肉類（鯨肉を除く）
43 果実
39 供給熱量自給率＊
29 穀物（食用＋飼料用）
13 小麦
7 大豆

▶産業別の就業人口割合の推移（矢野恒太記念会編『日本国勢図会』2016/17年版などによる）

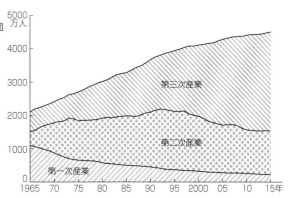

第三次産業
第二次産業
第一次産業

序章　世界と日本　11

食料自給率の低下などの諸問題に直面してきた。アメリカ合衆国やフランスなどが農業の企業化・大規模化を進めているのに対して，日本の農業は零細自営農民を維持したままである。

　しかし，工業化を進めて先進工業国になると同時に，追われる立場になって，工業化以降の日本の産業のあり方が問われている。農村から供給された低賃金の労働者がいなくなり，開発途上国に工場が移転して，工業の空洞化が進んで，資源の少ない日本は知識集約型の先端工業に活路を見い出そうとしている。そのためにも教育の充実が叫ばれ，情報の公開と集積が必要になっている。

7　経済と教育

　日本の高等教育進学率は，アメリカ合衆国とともに世界的に最も高い国に属する。これは良質の労働力を駆使できる利点を持っており，あらたな技術や知識をただちに経済活動に持ち込み，応用する可能性が大きいということでもある。アメリカ合衆国の力は，研究活動の自由を求めて優秀な頭脳が集まって，あらたな知見をもたらしてくれることにある。

　日本の教育では，欧米の大学と極端に異なって，外国語教育に多くの時間を取られる。これは科学技術などの研究が，英語・フランス語・ドイツ語・ロシア語など，ヨーロッパ系言語によって行なわれ，学問のグローバル化が，事実上，欧米語化を意味しているからである。世界の高度な研究成果は外国語で発表され，非欧米語の日本語は孤立している。

　知的水準の計測は難しいが，特許権の獲得ではアメリカ合衆国についで多い。反面，商標の譲渡・使用権料などを含む技術貿易では輸出より輸入が多く，知的財産はなお海外依存度が高いと言える。

　日本は経済大国であるとされるが，資源小国でもある。原材料・食料を輸入して高価で精緻な，あるいは知的付加価値を付

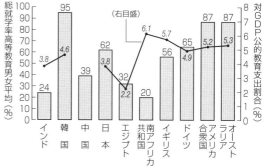

▶主な国の高等教育進学率 （矢野恒太記念会編『世界国勢図会』2016／17年版による）

けた工業製品を輸出することが、日本の工業の特徴をなしている。生産年齢人口(15〜64歳人口)は減少しているが、専門技術的な高学歴層が各産業で増加している。工業では直接生産工程に従事する労働者が減少して、研究・企画・設計・市場分析・アフターサービス・金融・調整統括などの、生産自体ではなくその周辺の人びとが増加している。

　ただ近年、高い学歴ではなく、優秀な学力を達成することが重要であると指摘されている。経済協力開発機構(OECD)は**生徒の学習到達度調査**(Programme for International Student Assessment, PISA)を国際的に行なっている。日本は比較的上位を占めているが、年度によって浮動している。また単なる学歴ではなく、学力水準とは何かが問題になってきている。また、大学などへの財政支援が減少している点も指摘されている。さらに十分な教育を受けられず、卒業しても就職に失敗して非正規労働者となり、低賃金に苦しむ人びとが少なくない。

8　産業と人口

　日本の人口は、第二次世界大戦後、**ベビーブーム**を迎えて急増し、その世代が中学・高校を卒業する1960年頃から、日本は経済の高度成長期を迎えた。やがて**家族計画**の思想が広まり、

序章　世界と日本　　13

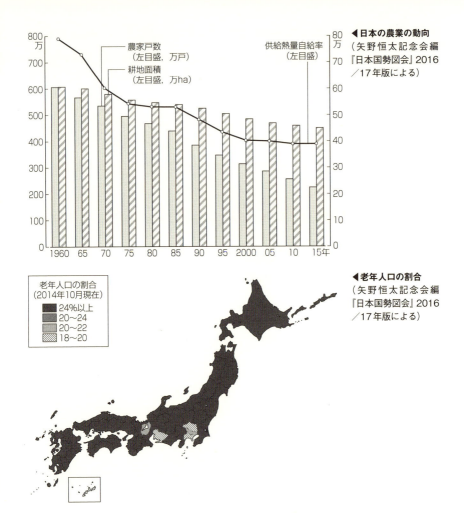

◀日本の農業の動向
（矢野恒太記念会編
『日本国勢図会』2016
／17年版による）

◀老年人口の割合
（矢野恒太記念会編
『日本国勢図会』2016
／17年版による）

　少子化となって**幼年人口**(15歳未満人口)は低下し，他方，戦争による死亡率の上昇や戦前の医療保険制度の未発達によって老年人口(65歳以上人口)もまだ少なかったから，産業に従事する生産年齢人口の比率が高く，日本は多くの人が働き，養う人が少ないと言う特異な年齢構造を享受した。
　農村では農地解放によって自営小農民が多数誕生し，高い統制米価に支えられて，大規模化・企業化・特産地化は抑えられたが，世界の先進国のなかでは異常に零細な規模のまま，しかも水稲に過剰に傾斜していたから，農業の国際競争力は低下し

14　第Ⅰ部　さまざまな地域

た。手厚い保護を受けながらも，農村から若い労働力は都市に向かい，農村の高齢化とやがては**過疎**が現われた。

都市は産業の発展にともなって大量の人口流入を受け，爆発的な人口増加，**過密**に直面して，**ニュータウン**を造成するなど受け入れに力をそそいだが，住宅政策と産業立地政策はかならずしも調和されておらず，やがて日本全体にわたる**少子高齢化**が起こり，**ニュータウン**や**インナーシティ**（**都心内縁**）も農山村同様の高齢化問題が起こる遠因をつくった。生産年齢人口自体が収縮し，過疎が広い地域に拡散したのである。

人口分布の変動と同時に商業・サービス産業の企業化とモータリゼーションが進み，駐車場をそなえた**大規模商業施設**が生まれてくると，従来の地方中小都市には**シャッター通り**が生まれ，地方の疲弊を招いた。

若年労働力の減少と人件費の高騰は企業の国際競争力を弱め，低賃金を求めて工場の海外移転が進み，企業は日本の本社機能を担う高度の教育を受けた熟練労働力を除いて，労働力を海外に，とくに中国・東南アジアなどに求めるようになった。これは**経済・産業の空洞化**と呼ばれている。

9 外国人と国際交流

日本は島国であるために，海外という言葉は外国とほぼ同義に使われる。**国境**の風景は，免税店などが並ぶ空港などの出入国管理地帯にみられるが，遮断機や国境警備隊などの姿がみえる陸上の国境線はない。

だが，海外との交流は太古から朝鮮半島や中国からの渡来人が担い，彼らは漢字・仏教・紙や鉄の製法など，さまざまな文物をもたらし，日本文化の発達に大きな足跡を残した。1543年のポルトガル人の鉄砲伝来は有名であるが，鎖国時代にはオランダ人のみが通商を許され，欧米人との接触は事実上19世紀半ばの開国以降である。長崎・横浜・神戸の外国人居留地は

19世紀末に廃止され，日本人との雑居が認められたが，その痕跡は**観光資源**として残されている。

第二次世界大戦前から日本に来住した中国，韓国・朝鮮人は，東京・大阪をはじめ大都市に集住する街区をつくったが，他の国々からの流入は少ない。とくに周辺の中国，韓国・朝鮮人は戦前に強制的に連れて来られたり，賃金格差を理由とする不法移民が多かったが，それでも日本における外国人労働者はきわめて少ない。

諸外国との結び付きには，人だけではなく貿易による物の交流がある。海外から食料・原材料を輸入して工業製品を輸出する貿易構造は，開国以来，まずは生糸輸出から始まり，やがて低賃金による労働集約的な軽工業製品の輸出が行なわれた。重工業は**軍需産業**を中心とした国内向けであった。輸出品も欧米の模倣製品で，粗悪品と非難される有様であった。

日本の工業製品が世界に認められ，輸出されるようになるのは第二次世界大戦後である。

1980年頃，重厚長大から軽薄短小への工業の転換が顕著になると，日本は先端技術産業による工業製品の輸出に加えて，情報の発信に軸足を移し始めてきた。食料と原材料，とくにエネルギーを海外から輸入することは変わらないが，工業製品だけでなく小売業・サービス業のノウハウやアニメ・ゲームなどの輸出が行なわれてきている。

10　海外における日本

日本は江戸時代に鎖国政策をとり，難破して漂流したジョン万次郎や大黒屋光太夫などを除けば，人びとが外国に出かけることもなかった。最初の**海外移民**は明治元年のハワイ移民で，やがてブラジル・ペルーなど南アメリカに，第二次世界大戦前には国策で満州(中国東北部)，フィリピン，南洋諸島に出かけた。多くは農業移民，いわゆる労働移民であった。

難民

　難民は，一般的な人口移動とは異なって，国連の定義によれば，「人種，宗教，国籍，政治的意見やまたは特定の社会集団に属するなどの理由で，自国にいると迫害を受けるかあるいは迫害を受ける恐れがあるために他国に逃れた」人びとである。したがって経済的向上を求めた移民とは異なる。現在の難民は，アフガニスタンからパキスタン，シリアから周辺のトルコ，レバノン，パレスチナにのがれる人が圧倒的に多い。仏教徒の多いミャンマーからインドネシア，マレーシアなどに流出するロヒンギャのイスラム教徒，あるいは地中海を渡ってヨーロッパをめざす北アフリカや中近東からのイスラム教徒がよく報道される。

　その多くはヨーロッパ，北アメリカやオーストラリアなどに受け入れられているが，あまりに急速に大量に押し寄せる難民は，受け入れ国の文化や経済に大きな影響をもたらし，逆に受け入れ国に難民受け入れへの反発が起きる可能性が高い。難民の多くがイスラム教徒で，受け入れ国はキリスト教徒が多数派であることも一因である。

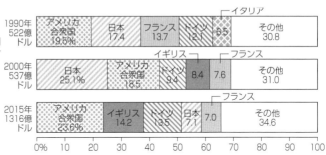

▶政府開発援助(ODA)の国際比較
（矢野恒太記念会編『日本国勢図会』2016/17年版による）

　中国などへの移民は敗戦で引き揚げたが，南北アメリカへの移民はとどまって農業以外の産業にも進出し，アメリカ合衆国では連邦議員になるもの，ブラジルでは工場や銀行を経営するものなどが現われ，在外の日系人は数十万人とも言われる。また日本経済の復興とともに，企業の派遣や研修で多くの日本人が海外に出かけた。

　日本人の**海外留学**も同様に増加したが，その留学先は半数がアメリカ合衆国，20%がヨーロッパと偏りがみられ，また学部

序章　世界と日本　17

留学が中心で，大学院の留学は中国・インドなど他国に比べて少ない。大学院留学は研究指導などを通じて留学先の教授・学生との交流も深まり，文化交流の絆が強まる可能性が高いが，短期の学部留学で，しかも単位互換・語学研修の場合には日本人留学生同士の付き合いだけで，現地との深い関係を築けない不安がある。

第二次世界大戦後の経済力の向上は，日本をサミットに参加する大国の一角に加えた。また今や日本以上の経済力を持つと言われる中国や多くの開発途上国に対する**政府開発援助**（ODA）の拠出大国となったが，援助とは言え貸与が多く，施設・設備などの整備に重点をおいてきた。

また国際連合の分担金もアメリカ合衆国につぐ第2位であるが，分担金にふさわしい数の国連職員を送り出していない。

海外から政治力（外交力）・軍事力は小国であると指摘を受けることが多いが，その理由は，第一に第二次世界大戦の敗戦の記憶が強烈であったこと，第二に**日米安全保障条約**によって国際的に守られてきたことがあげられる。

11 明日の日本

日本が世界のなかでどのような将来を開き，諸外国と伍していくのかは，次の世代が研究し，考え，決断していく問題である。そのためには第一に日本を知り，第二に世界を知る必要がある。世界の諸地域はどのような所なのか，すなわち自然・文化・経済が同時存在してつくりあげる地域性への**地誌**的関心を持ち続けることが重要である。

また他方では，諸地域はお互いに似通った一般性を示している。確かに人類はもともとアフリカに誕生した同じ種の仲間であるから，その営為が似通っても不思議ではないが，同じような自然環境に展開する同じような文化，資源や交通拠点から同じような距離に発達する同じような産業など，空間と自然・産

業などとの関係を論じる一般理論としての**系統地理学**(一般地理学)は，地域計画・国土計画・国際開発協力などを進めるためには必須である。

　日本は世界のなかにおいてみると，きわめて独特の島国である。先進国のなかで島国の代表とも言えるイギリスは，産業革命以後，広く植民地を支配した。しかしその頃，日本は外国との交流を事実上閉ざしていた。英語は世界で最も広く用いられている言語であり，その仲間とも言うべきインド・ヨーロッパ諸語は世界の過半の人口が用いているのに対して，日本語は孤立した言語と言っても過言ではない。

　世界標準ともなっている社会・教育・医療制度などはもちろん，洋服・洋食・洋館でさえヨーロッパから日本にやってきたが，日本から発信したものは柔道・津波・寿司などほとんど単品にすぎない。

　にもかかわらず，日本はG7の一角を占める唯一の地理的・歴史的に独特の非欧米系国家である。日本は位置的に孤立した国であるが，同時に特定の宗教・食事・衣服にとらわれず，自由に諸外国の文物を取り入れ，その意味で諸国との交流拠点となることが期待される。

序章　世界と日本　19

第1章 地域と地域区分

1 「地域」をなぜ学ぶのか

　自分の生きている地域が，いかに独特の個性（**地域性**）を持っているのかを認識するためには，他の地域がどのような状況であるのかを知らねばならない。

　世界はあまりに広く多様であるから，世界地理を認識するために，私たちはまず世界を分類して整理する。その分類のためにさまざまな**地域区分**が考案された。砂漠地域，稲作地域，工業地域，通勤圏，イスラム圏など，地域の特性を示す指標による区分が提案された。

　かつて，ある地理学者が世界を「社会主義の国々」と「資本主義の国々」に区分すべきだと主張した。だが，中国・ロシア・キューバをまとめるよりも，中国と日本，ロシアとポーランド，キューバとメキシコをまとめた方がわかりやすい。

　その批判には，文化的近似性と位置的近接性に着目して他の地域を理解することがより自然であるし，実際的であると言う，きわめて常識的な見方があった。

　指標による地域性とその地域の存在する位置とによる世界の把握が，世界地理を学ぶうえできわめて重要であるのは，第一に世界には似通った地域があり，同じ原理に基づく現象であるとの**系統地理学的**（一般地理学的）立場と，第二にすべての地域は個性的であり，同じものは二つとないという，いわば同一地域に存在する自然，人文，社会的指標は同一地域に存在するが

20　第1部　さまざまな地域

ゆえに相関的であるとする**地誌的**(地域地理学的)立場とをあわせて学ばねばならないからである。

本書では，最初に大きく世界をとらえたあと，世界の近代化を背景に，現代文化の揺籃の地，ヨーロッパ，それが進出して植民地として拡大していった北ユーラシア，アメリカ，オセアニア，それが既存の現地文明を制圧して植民地化したアフリカ，中近東，南アジア，東南アジア，そして抵抗して相対的に独立を維持してきた東アジアに分けて順次記述する。

2　均等地域と統一地域

世界には，似通った地域が存在する。その地表に展開するさまざまな自然・人文現象を，特定の要素が等しい性質を持つとみられる範囲に区画して得られた地域を**均等地域**(同質地域)と言う。たとえば，ケッペンが区分した気候区分(熱帯雨林気候・サバナ気候など)は，気候に関する均等地域である。

ある目的にしたがった指標に基づき均等地域を区分すれば，これを土台にさまざまな地域計画を立てることができる。たとえば，世界の植物生産力に基づく均等地域の区分図は，今後の農業開発のあり方を地球規模で考える場合に，欠く事のできない基礎資料となる。気候地帯が同じならば，同じ作物を移植して食料増産できるからである。

他方，いくつかの事象群が全体として一つの中心に機能的に結合しているとき，これを**統一地域**(機能地域・結節地域)と言う。同じ機能的性質を持つ点で均等地域の一種とも言えるが**中心地**を持つ点が異なる。たとえば，商圏の例では各商業中心地が他の中心地との間に取引の境界や境界帯を持ち，それら小中心地をまとめて大中心地がある。交通・通信・行政や通勤・通学なども一定の影響範囲を持つ統一地域をつくる。この機能による地域区分は，首都圏や大都市圏における地域利用計画や交通網整備計画の立案に役立つ。

地域区分を一つの指標で行なえば**単一指標地域**であり，複数の指標を用いれば**複合指標**（複数指標）**地域**と呼ばれる。また，地理的事象の多くは連続的分布をしているので，地域の境界は明瞭な線で区画されず，その意味では相対的・漸移的な区分であることが多い。

　諸地域は，自然・経済・文化からみて，個性，いわば地域性を持ち，地球上に二つと存在しない。それは地理区とも呼ばれ，歴史的に生まれてきたものである。これを，指標や機能に着目して理解する考え方の均等地域や統一地域とは別に，地誌的な地域としてとらえる地域概念もある。

3　自然地理的区分

　世界を海洋と大陸，島嶼などと地形的に分類する場合には，地形の成因や形状に着目した地域区分が行なわれる。とくに地球の造山運動や土地の安定性，あるいは河川の分布などに注目して資源が豊富であるのか，地震や噴火，地滑りや洪水などの自然災害が起こりやすい土地であるのかに関心が集まる。

　事実，アルプス・ヒマラヤ・環太平洋造山帯には地震や噴火，それに付随して津波など大災害が起きており，その都度，国際的な支援活動が組織されている。ただし，自然現象が災害として迫ってくるには，人類の自然への営為がどのようなものかにかかっている。たとえ地震が起きようとも，人跡稀な地域では単なる自然現象として片付けられようし，わずかな降水でも人口密度が高く，斜面利用が進んでいる地域ではたちまち地滑りや洪水の被害として顕在化する。

　また気候は，第一次産業との関係が深いために，気温・降水量の平均値や年変化など，さまざまな指標によって地域区分を試みている。そのなかでは，植生との対応に基づいたケッペン（Köppen〈1846～1940〉）の区分が日本ではよく知られ，利用されている。ただ，彼の用いた地域区分の指標が，植生にあわせ

22　第Ⅰ部　さまざまな地域

て選ばれているため，日本における太平洋側と日本海側の気候の差や，西ヨーロッパにおける大陸性気候のとらえ方が，かならずしも明確になっていない(折り込み図「世界の気候」参照)。

ケッペンの地域区分が静態的な数値を指標にしているのに対して，**フローン**(Flohn〈1912〜1997〉)や**アリソフ**(Alisov〈1891〜1972〉)らは気候区分の指標として，気団や前線の分布やその季節的移動を用い，前線帯の季節変動の移動を**漸移帯**として扱う成因的気候区分の考え方も考案している。

気候は土壌の形成や植生の成立に強い影響を及ぼし，人間の日常生活にも季節の変化や旅行によって感覚的にとらえられる。植生や土壌による地域区分図は，気候区分図との対比によって，相互の関係を理解できる。

4 人文地理的区分

人文現象による地域区分は，政治・経済・社会・文化など複雑で，多様な要素を扱い，時代による変化も大きい。

経済活動の一つ，農業の地域区分でも，作目・生産技術・生産体系・農場規模・世界経済との関係など，着目する要素によって多様な地域区分が可能となる。そのために体系的な農業地域区分が困難で，世界の諸地域に展開する農業を的確に表現する複合的な指標が用いられる場合が多い(折り込み図「世界の農牧業」参照)。

作目であれば，見渡す限り小麦畑であったり，一面広く牧草地である場合は簡単に区分できるが，複数の作目が混在していれば，たとえば一定面積当たり米作面積の比率の高低によって地域区分して米作地域を画定するが，比率の分岐点は区分担当者の区分目的による。さらに，地中海式農業のような**同時栽培(ポリカルチュア)**の場合には，オリーブの樹間に小麦や飼料が栽培され，しかもヤギや羊を飼育していて，作目で地域区分するよりは農業の経営形態を区分することになる。

第1章 地域と地域区分　23

国家を単位として一人当たり国民所得・平均幼児死亡率・平均取得カロリー・識字率などさまざまな要素を求めて，国家を分類し，世界のおおまかな状況をとらえる地域区分もある。しかし統計上の制約から，さらに詳細な国家内部の地方を単位とした地域区分は難しい。巨大なロシア・カナダ・中国・アメリカ合衆国・ブラジル・オーストラリア・インドなどの広大な国では，一国の面積をそのままにした地域区分は，誤解を生みやすい。

　地域区分は，本来，土地に根ざした要素の分類であるが，そこに居住する人びとの分類にも用いられる。人が持っている文化的要素は地域区分がとりわけ難しい。にもかかわらず，移動しやすい人びとの人種・民族による分布状況を地域区分し，地図化している。当然，**混合地域**や**漸移帯**もあり，具体的に言語や宗教をとりあげても，２言語併用者や複数宗教を容認する人びとも多い(折り込み図「世界の宗教」「世界の語族」参照)。

第2章 地域と国家

1 地域と国家

　地域は身近な日常生活圏から始まって，市町村レベル・府県レベル・地方レベル・国家レベル・国家群レベルなど，多様な大きさ(スケール)を持った存在である。そのなかで，多くの国家は，他国の支配や干渉を許さない独立した権利を持つ**主権国家**で，上にあげた各スケールの地域のうち，下の階層に属する地域に対して行政権を行使する。

　国家の主権の及ぶ範囲は**国家の領域**と呼ばれ，小・中学校で学習した身近な地域は，国の政策によって経済的・社会的・文化的に統治されている領域の一部である。その国籍を持つ**国民**は，国家の主権行使に参加する権利を持つとともに，その統治に服する義務を負っている*。

>　＊英語で国民は nation と訳されるが，これは同時に民族や国家の意味もある。そこで国民や人民に people という言葉も使われる。

　国家を構成する3要素は，**主権・領域・国民**であり，そのいずれを欠いても独立国とは言えない。独立国は，ほぼ自立的に主権を行使できる。

　国民が一つの民族からなる国を**国民国家**(民族国家)と呼ぶ。条約などにより，主権の一部を他国にまかせている国を**保護国**と呼び，まったく主権を持たない**直轄植民地**や**信託統治地域**をあわせて**植民地**と言う。しかし第二次世界大戦後，大部分の植民地は独立して一部の島国しか残っていない。これに対して，

第2章　地域と国家　25

植民地

「植民地」が世界的に拡大したのは，近代西欧諸国の産業資本主義が資源収奪を必要としたからである。初期にはポルトガル・スペイン・フランス・オランダが，ついで英国が植民地との交易によって多大な利益を上げた。彼らは先住民族を迫害して土地を奪い，戦争をしかけて捕虜とし，奴隷として売り払った。植民地化の過程では，先住民族を殺害したり，免疫のない疫病を持ち込んで，その人口を激減させた。不足労働力は奴隷や移民で補った。本国の憲法や法律は適応されなかった。

先進国は植民地を原料供給地・製品市場とし，住民を政治・文化・言語的に抑圧し支配した。そのため，これらの国々では大学教育や書籍の出版を民族固有の言語で行なうことができない。テレビなどの番組も同様である。すでに文字を持っているアラブやインドの国々でさえも，一部の人文科学を別にして，自国の文字で近代科学を教育することは難しい(折り込み図「19〜20世紀の植民地化された世界」参照)。

従来の植民地の定義にあてはまらないが，少数民族の居住地域であり，その民族文化の維持が脅かされ，民族自治権を求めている地域を内国植民地であるとする見方もある。

世界には190余りの国家があり，日本やフランスのように，**中央集権国家**として中央政府が直接統治する国のほか，主権の一部を留保した自治的な州からなるアメリカ合衆国やロシア・ドイツ・スイスなどのような**連邦国家**もある。しかし，州の連邦国家からの離脱は難しく，仮に離脱しようとすれば，内戦になる危険がある。これらの連邦国家でも，軍事・外交・通貨などは中央政府が掌握している。

2　領域と国境

❶領　域

国家が主権を持って治めることのできる領域は，**領土・領海・領空**からなる。領土の形は国の歴史的な発展過程の結果でもあ

26　第Ⅰ部　さまざまな地域

り，国家の統治のあり方に影響を与えることが多い。

　領海とは，領土の海岸線から一定の距離の沖合までの海域を言う。日本をはじめ主な国は，これまで最低潮位線から**3海里**＊以内を領海としていたが，最近では**12海里**をとる国が一般的となった。

　　＊1海里は緯度の1分（1度の60分の1）の長さの平均値を目安に定められ，ほぼ1852mにあたる。

　領海に属さない海洋（**公海**）の水産資源や海底資源は，技術水準の高い先進国に支配されることが多く，第二次世界大戦後はこれに反発する発展途上国が広い領海を主張するようになった。1977年以降，多くの国が**漁業専管水域**＊＊を**200海里**と定めたことにより，海洋面積の36%が臨海諸国に囲い込まれることになった。しかし，一部内陸国の反対もあり，国際的合意には達していない。

　　＊＊漁業利用に限る海洋の独占的支配権。この他，海底資源などの経済的利用にまで支配権を主張する**経済水域**を設定する国もある。

　領空は，航空機の発達とともに重要になり，定期航空便の乗り入れなども，その国の了解がなくてはできない。しかし，宇宙観測や偵察用の人工衛星などは，他国の領土の上空を飛んでいる。このため，赤道下のコロンビアなどの国々では，宇宙権を主張している。1967年の**宇宙協定**では，宇宙における活動の自由をうたっているが，領空と宇宙との高度の区別はあいまいである。たとえば，アメリカ合衆国は月面上に残した着陸の痕跡・遺物の改変を禁止している。

❷国　境

　国家の領域は，**国境**によって他国とへだてられている。国家の社会的・経済的支配が確立していない境界帯に国境を画定する場合，河川や山稜などの自然物（自然境界）を利用したり，経緯線や見通し線（**数理的境界**）にそって国境を定める。またある民族の居住地域を，隣接する2カ国が分割する形であらたに国

第2章　地域と国家　**27**

ピレネー山中の国境

　フランスとスペインの国境となっているピレネーは，しばしば**自然境界**と呼ばれてきた。しかし，国境の現場にいってみると，最高峰のアネト山の周辺では，稜線はスペイン国内にある。また両国の国境線は山中に開けたセルダーニュの小盆地を横切り，飛び地さえあって，きわめて人為的である。フランス領内に孤立したリヴィアにフランスからはいるには，いったん出入国管理事務所のある町からスペイン領にはいって中立道路でフランス領をまたぐ陸橋でわたる。

　しかしリヴィアの北側のフランス国道を国境線に沿っていけば，南側の道路脇の小道にここから先はスペイン領なのではいってはならないと道路標識のような看板があるだけで，散歩で入国できるほど平和な風景である。これは，当時のセルダーニュの中心だったリヴィアだけを周辺農村部から分離して，17世紀にスペイン領とした協定に始まる。いわば**追認境界**であり，人為的境界である。

▲ピレネー山中の国境線

ポーランドの国境変遷

　ポーランド史上，領土の変遷は複雑である。ポーランドがスラブの言葉で「平地」を意味するとおり，境界となる地上の自然的事物はほとんどないと言ってよい。東部ではロシア人，西部ではドイツ人がポーランド人と混在し，どう境界線を引いても，民族的境界とは一致せず，分割当事国は国境を決めるうえで，難問題をかかえていた。ポーランドは18世紀末にプロセイン・ロシア・オーストリアに分割されて滅亡し，1918年に解放されたのち，39年にドイツとソ連に再分割され，第二次世界大戦終了時の1945年にふたたび解放された。

　現在のポーランドは，1939年の領土約38.7万km²のうち，その約47％にあたる東側の18万km²をソ連に割譲し，西側の東プロイセン・シロンスク（ドイツ語名シュレジエン）・ポモージュ（ドイツ語名ポンメルン）など10.5万km²をドイツから受けとって形成された。これは国境がきわめて動きやすい代表例である。ポーランドでは1945年以降，ソ連領となった東部から約150万人のポーランド人が西に移動し，旧ドイツ領のドイツ人約350万人が西に移ったため，現在では国境とポーランド人の分布範囲が極端にずれることはなくなっている。

　すでに過去のものとなった歴史上の国境は残滓境界と呼ばれるが，しかしそれは立ち去らねばならなかった人びとの心のなかに生き続けており，国境問題はこの民族分布と一致しない境界や残滓境界をめぐって起こることが多い。

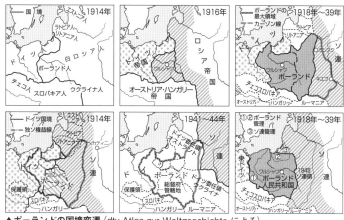

▲ポーランドの国境変遷（dtv-Atlas zur Weltgeschichte による）

第2章 地域と国家　29

境を設定することもある。たとえば，バスク人の居住地域を分断してできたフランス・スペイン国境，クルド人を分けるイラン・イラク・トルコ国境などである。また，ドイツとオーストリアや南北朝鮮のように，一民族が複数の国に分立している例もある。

　国境問題は，国境を接する2カ国間の国境位置（領土）をめぐる争いである。その背景の第一は，国境が未確定であったり，仮に画定されてはいても，一応，境界とされた地域の周辺において開拓が進んだり，重要な資源が発見されたり，また軍事上の利点が認識されたときに，その地域全体を自国領に囲い込もうとして起こる争いである。中・ロ国境の珍宝島（ロシア名では，ダマンスキー島）や，中国・フィリピン・ベトナムが争うナンシャー（南沙）諸島はその例である。

　第二は，すでに存在していた民族的・歴史的境界を無視して形成された境界（上置境界）や，あるいは併合されて痕跡として残っている境界をめぐる争いである。東ヨーロッパにはこの種の国境問題の火種が多い。日・ロ間の**北方領土問題**もこの種のものである。日本では，境界争いが起こった場合，以前から存在していた境界（先行境界）を確認することを原則としている。これは，恣意的に他国が不法占拠したことを追認させることを恐れるからである。しかし，実際には国際間の外交交渉によって新たな境界が創設される場合が多い。

3　国家間の結び付き

❶　安全保障

　国家は自国の安全保障・経済的利益・友好親善などを追求して他の国と協定を結び，国際的な機構をつくる。

　安全保障条約は，多くは軍事同盟である。とくに第二次世界大戦後の冷戦時代，アメリカ合衆国と旧ソ連との対立から，両

30　第Ⅰ部　さまざまな地域

国を軸に，世界を二分して各種の安全保障のための条約機構が結成された。しかし，旧ソ連の解体とともに，多くの軍事同盟は解消に向かい，主要なものはアメリカ合衆国が西ヨーロッパ諸国との間に結成した北大西洋条約機構(NATO)，および日本・韓国・フィリピン・オーストラリア＊の各国と結んだ2カ国間の安全保障条約・相互防衛条約となった。

> ＊太平洋安全保障条約(ANZUS)を結んだが，現在はニュージーランドが脱退し，2国間になっている。

実際，NATO は結成時の 12 カ国から 28 カ国にふえ，かつて NATO に対抗して結成され，1991 年に解散したワルシャワ条約機構の参加国が，旧ソ連を除きすべて加わっている。

最大の安全保障上の組織は**国際連合**(UN)で，国際間の対立・紛争を平和的に解決し，世界平和の維持を最大の任務としているが，中核となる安全保障会議は第二次世界大戦の主要戦勝国5カ国が拒否権を持ち，現在の世界の状況を正確に反映できなくなった。1975 年に始められた**サミット**(G7)には，第二次世界大戦の主要敗戦国も参加し，さらに参加国を地域の主要国に広げて，世界的な課題に取り組む方向性をみせている。

世界情勢は，第二次世界大戦後，**冷戦**と呼ばれる資本主義国群と社会主義国群との東西対立が最大の問題であったが，その解消と同時に経済的に富む先進国と貧しい発展途上国との南北対立が浮上してきた。UN は発展途上国の国際経済構造の変革をめざす UNCTAD(国連貿易開発会議)や，医療・衛生の改善に取り組む **WHO**(**世界保健機関**)，食糧問題を解決するための**FAO**(**国連食糧農業機関**)などの専門機関を通して，国際間の協力をはかる多面的な活動を行なっている。

❷ 経済統合

世界の国々は，自国の製品やサービスを外国に輸出して外貨を獲得し，必要なものを輸入するなどの支払いにあてる。外貨の準備が不十分な場合には，輸入への関税を設定したり，海外旅行を制限するなどして節約する。

第2章 地域と国家　31

自由貿易協定(FTA)は，経済的に緊密な関係を持ち，輸出入を自由にして経済活動を活発にするために結ばれる。これは相互の関税障壁を低減するが，域外の国々との関税は各国の裁量に任せているので，比較的締結しやすいが，関税の低い国を経由して迂回貿易が行なわれる欠点がある。たとえば，アメリカ合衆国・カナダ・メキシコの**北アメリカ自由貿易協定**(NAFTA)や**ASEAN 自由貿易地域**(AFTA)がそれである。ただ，東南アジア諸国連合(ASEAN)の場合には，安全保障や文化面での協力もうたっているので，経済協力に限っているわけではない。

　また域外との貿易を共同しようとするのが**関税同盟**で，EUの母体となったベネルクス関税同盟は，FTA に共通関税制度を加え，輸出入では一つの国のように振るまうので，国内市場が小さく経済水準が同程度の国にとっては，規模が重要な現在の世界経済に伍するために有効である。

　経済統合のシステムとして最も大規模でしかも進んでいるのは，**ヨーロッパ連合**(EU)にみられる**共同市場**である。これは，加盟国相互の商品・サービスの貿易が自由な関税同盟制度に加えて，資本・労働力の移動を自由にするもので，そのために製品の規格，労働のための資格の統合が行なわれた。EU ではさらに**ユーロ**の導入をはじめ，経済政策の調整が行なわれ，**経済同盟**に進んでいる。ただ，国の借金や税制などに関する財政政策の自立性が国家間の格差を生む問題がある。また，イギリスは 2016 年に国民投票によって EU からの離脱を決めたが，その実現には複数年の時間がかかり，未来像はまだみえていない。

　また 2015 年，東南アジア 4 カ国，アメリカ合衆国を含む南北米州 5 カ国，オセアニア 2 カ国と日本が**環太平洋経済パートナーシップ協定**(TPP)を締結して，関税の撤廃を柱にヒト・モノ・カネが国境を越えて自由に流動することをめざしているが，まだ参加国や協定内容が固まっておらず，アメリカ合衆国の参加も危ぶまれ，成立が疑問視されている。

　さらに世界的な規模で，**国際貿易機関**(WTO)が自由貿易を

推進するために設立されている。ただ，自由貿易によって強い産業は輸出市場を拡大することが可能であるが，逆に弱い産業が圧迫を受ける問題もある。

❸ 地域統合

政治的・経済的以外にも，歴史的連帯性・文化的親近性・地域的近接性などの理由で結び付く国々もある。

英連邦は，旧大英帝国に属していた国々の大部分が参加する同窓会的な歴史的組織である。また，**フランコフォニー国際組織**(OIF)はフランス文化に関心を寄せる国々の文化にねざした組織である。言語単位ではポルトガル語諸国共同体がある。またスペイン語・ポルトガル語をあわせた**イベロアメリカ首脳会議**が，国際協力を推進しようとしている。これらは，ヨーロッパの宗主国と旧植民地が言語をコミュニケーション手段として利用する文化的親近性による組織である。

一方，近隣同士であることを基礎として組織された国家群には，先にあげた EU・ASEAN・NAFTA や独立国家共同体(CIS)など，単に親善目的だけでなく，経済と政治も含めた明確に地域統合をめざした組織もある。しかし，旧ソ連の崩壊によって，**米州機構**(OAS)は，社会主義諸国に対する安全保障という目的が不要になった現在，アメリカ合衆国とキューバとの国交回復，いくつかの国との疎遠によって，かえって求心力を失って，実効性のある政策を打ち出せない存在になっている。

また先進工業国に対して，エネルギーや地下資源の生産・輸出に関して南北問題として圧力をかける力であった**アフリカ統一機構**(OAU)も，国内における部族対立を調整する力を発揮できていない。各国や国内の意見が一致せず，また国民概念が成立していない国が多いからである。

国連は世界的な組織であるが，地域事務所を設けて地域問題の把握につとめている。また国連の各機関も，ニューヨーク以外の国々に本部などを設けている。ユネスコはパリ，国連人間居住センターはナイロビに本部をおき，**国連大学**は東京にある。

第3章 ヨーロッパ

1 近代化とヨーロッパ

　現代世界にヨーロッパ文明が与えた影響は，はかりしれないものがある。現在の世界標準となっているさまざまな制度・組織は，そのほとんどをヨーロッパの17〜18世紀に起源を持つ近代化の流れの延長線上にある。

　議会制民主主義，国民主権や自由・平等の上に立つ人権思想は，**イギリスの市民革命**や**フランス革命**にはぐくまれた近代政治思想を抜きには考えられない。この人権は政教分離を呼び，貴族・平民などという階級制度を過去のものとした。

　経済では，イギリスに始まる産業革命が機械制工場による安価で大量の工業生産を生み出し，世界の産業組織を大きく変革させた。また，人力や薪炭から石炭へのエネルギー革命が世界各地に広まり，やがて電力・石油・原子力，さらに水力や太陽光・地熱・風力へとエネルギー源の多様化をもたらした。

　この工業発展の基礎となる科学技術も，ヨーロッパにおけるアカデミー・大学・教育制度の変革に支えられ，やがて教育の義務化が当然のようになってきた。教育は文化の大衆化を生み，洋楽や洋画を含めて演劇，舞踊など文化・芸術活動の活発化が進んだ。一部では発展途上国の文化財の略奪もみられたが，博物館などの文化施設の充実もヨーロッパを中心に進められた。

　科学技術は医療の近代化を進め，死亡率の低下に資するところが大きかった。17世紀に始まった人口転換を通じて，まず死亡率の低下による人口爆発が大量な工場労働者を生み出し，

34　第I部　さまざまな地域

ついで出生率の低下によって，生活の質の向上をもたらした。

　産業革命と科学技術の向上は，資本蓄積と自由貿易によって北西ヨーロッパを中心に農業革命をもたらした。自給的家族経営の農業は，商業的企業経営の大農場制度に，あるいは特産地農業に変化した。その飛躍的に増大した農業生産は，植民地への移住とともに人口増加の圧力を緩和した。

2　ヨーロッパの世界支配

　世界に先駆けて近代化を果たしたヨーロッパは，その政治的・軍事的・経済的優位性を背景に，海外に進出し植民地支配を行ない，20世紀初頭には，世界の陸地の40%以上，世界人口の30%以上をその支配下においた。そのため，世界には自立的発展を妨げられ，今もなお文化・経済におけるヨーロッパの影響を残している国が多い。現在，多くの国々が政治的には独立しているが，国内の公用語あるいは共通語としてヨーロッパ系言語を用い，ヨーロッパに由来する制度を利用している。

　その点でヨーロッパは多くの国々の犠牲において，植民地の富を収奪し，高い生活水準を維持してきているとも言える。ヨーロッパの列強は，現地の人びととの生活と文化に関係なくアジア・アフリカ・オセアニアの広い地域を分割し，自分の言語，貨幣，社会制度を植え付けた。アメリカ合衆国の力が世界に強い影響力を持つようになった現在でも，旧イギリス植民地では英語が用いられ，旧フランス植民地ではフランス語が用いられている。植民地は広い海洋に現在もなお多くの島嶼として点在しており，それによって海洋を**領海**として囲い込んでいる。

　ヨーロッパはEUの統合による政治的・経済的な力に加えて，旧植民地との歴史的・文化的，あるいは人的な力によって，なお世界への影響力を維持している。旧イギリス植民地であったアメリカ合衆国の興隆，あるいはモンゴル帝国に代わったロシア帝国のユーラシア大陸にまたがる大国の創成は，ヨーロッパ

第3章　ヨーロッパ　35

文明の世界への拡大を補完した。

　ヨーロッパ的であることとは，第一にキリスト教を中心とする一神教であり，第二にギリシャローマに由来する合理的精神であり，第三に一部例外はあるもののインド・ヨーロッパ系言語である。その影響は，広くアジア・アフリカ・アメリカに広がり，英語を中心に，今やヨーロッパ系諸語とアルファベットは世界共通の言語や文字となりつつある。

3　近代工業の成立

　産業革命は18世紀後半にイギリスで，**ランカシャー地方**を中心とした綿工業に始まった。やがて機械の使用は他の部門に広がり，19世紀には工場制大工業が一般化した。同時に，**ミッドランド地方**などの恵まれた石炭や鉄鉱石と，農業革命によって生み出された農村の余剰労働力を背景に，多くの重工業地帯の形成が進んだ。20世紀の初め，イギリスは世界の工業生産額のほぼ半ばを占めて「世界の工場」たる地位を確立し，植民地をはじめ，世界各国の市場に工業製品を輸出した。また，この貿易上の利益によって巨大な資本需要をまかない，世界の海運をも支配した。

　19世紀の後半に国家統一を成し終えたドイツは，政府の強力な保護政策のもとに，新鋭の設備を持った工場を建設し，企業の集中や合同を通じて多額の資金を確保し，近代工業の急速な形成をはかった。西ヨーロッパ最大の炭田を持つ**ルール地方**は，フランスの**ロレーヌ地方**から**ライン川**を通じて運ばれる鉄鉱石を基礎に重化学工業を成立させ，その製品を世界各国に輸出し，ヨーロッパの核心的工業地帯へと発展していった。

　近代的な大規模工業とともに，地域の特色を生かした伝統工業も各地にみられる。**フランドル地方**の羊毛工業は中世以来の伝統を持ち，その職人たちが百年戦争の戦禍を避けてイギリスにわたり，**ヨークシャー地方**に羊毛工業をもたらした。イタリ

36　第I部　さまざまな地域

アやフランスの，とくにパリの服飾産業は歴史が古い。またド
イツのビール，フランスのブドウ酒，スコットランドのウィス
キーに代表される醸造業，ノルウェーの水産加工業なども，原
料産地で伝統的に形成されたものである。このほか，スイスの
精密工業や，アルプスの水力発電をもとに発展した北イタリア
の機械工業・化学工業などは，地域の特色を生かしたものと言
える。また，英語・フランス語などを生かした**ロンドン・パリ**
など，大都市の出版・印刷業や通信情報産業の発展も著しい。

4 変化するヨーロッパ工業

　二度の世界大戦を通じて，ヨーロッパの工業はその姿を大き
く変えつつある。かつて世界最大の工業生産を誇ったイギリス
は，工場施設が老朽化し，植民地の独立と多くの国々の工業化
にともない市場を狭められ，その地位を大きく後退させた。政
府は石炭・電力・鉄鋼などの基礎産業部門を国有化して，弱体
化した国内産業の補強につとめた。
　イギリスの工業地帯の多くは，かつて国内の鉱産資源に依存
して内陸部に形成されたもので，資源の枯渇と生産規模の拡大
にともなって新設工場は臨海地域に立地しつつある。石炭から
石油へのエネルギー転換が世界的に進むなかで，成功をおさめ
た北海油田の開発は，低落傾向にあるイギリス経済にあらたな
活力を与えるものと言われ，パイプラインの終点**ピーターヘッ**
ドや**ミドルズブラ**には，石油化学工業基地が形成されつつある。
　イギリスにみられる変化は，ヨーロッパの他の国にも共通す
るところが多く，主要工業部門の国有化や国家資金の導入に
よって工業の発展をはかる傾向は，フランスやイタリアでもみ
られる。また生産規模の拡大やエネルギー転換にともなう臨海
地域への工業基地建設は，西ヨーロッパ各国が力をいれている。
新エネルギー資源の開発は，ノルウェーやイタリア・オランダ
でも成功をおさめている。北イタリアの**ポー川流域**や，オラン

第3章　ヨーロッパ　37

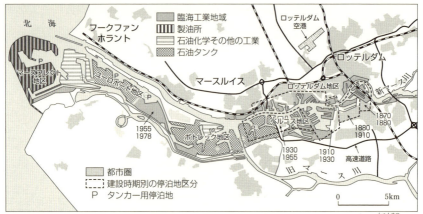

▲ユーロポートとロッテルダムの工業地域　ECの玄関口をなすユーロポートは，1958年より浚渫と埋立てが開始され，広大な埠頭が建設された。石油精製・石油化学の工場が集中している。新しい地区はほとんど1955年以降の建設である（EC資料による）。

ダのフローニンゲンのガス田はあたらしい工業建設に大きな役割を果たしている。

　第二次世界大戦後，工業力を飛躍的に発展させた西ドイツは，「奇跡の復興」と呼ばれる経済成長を成しとげ，1989年の「ベルリンの壁」の崩壊とともに東ドイツを吸収合併し，EU諸国のなかで最も重要な工業国となった。

　また，南フランスから地中海に沿って**カタルーニャ地方**にかけて，知識集約型の電子産業や研究所が集中して「ヨーロッパのサンベルト」が生まれている。

5　農業革命

　北西ヨーロッパの農業の特色は，作物栽培と家畜飼育が結び付いた点にある。中世，家畜は役畜としても使用され，肉や堆肥を供給していた。そこでは主に垣根に囲まれていない外耕地と呼ばれる開放農地で，共同体による**三圃式農業**の中世的・自給的混合農業が行なわれていた。それは共有の外耕地を3分し，一つには秋に小麦やライ麦，他の一つには春に大麦や燕麦を蒔き，残りの一つを休耕させて牛馬の放牧地に利用しながら地力

企業化された農場

パリ盆地の企業化された農場をみよう。8月末，ジャガイモ農場が収穫期だった。事務所では背広姿の農場主と事務員が，パソコンや電話で企業や市場と価格の交渉をしている。

農場に出ているのは，イモ掘機の運転手と2台のトラック運転手の3人だけで，イモ掘機に並走するトラックにジャガイモが一杯になると，トラックが交代し，満杯となったトラックは事務所脇の選果場にやってきて選果機にイモをいれる。イモはベルトコンベアで運ばれ，自動的に大きさで選ばれて各コーナーに落ち，数人の女性が傷イモを手ではじいている。

大粒のイモの出口にはポテトチップ工場，中程度のイモの出口にはスーパーマーケット，屑イモの出口にはでんぷん工場の各トラックがいて，満杯になると出発する。

1日で50haを掘ると言う。土日を休んで2週間で500haの収穫は終わる。選果場の女たちは臨時雇いで，ここが終われば次の農場に行く。3人の運転手は植付・施肥も担当する常雇であった。

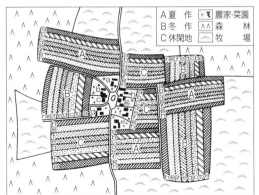

▲三圃式農業の模式図（Putzgerによる）　三圃式農業は，3分された農地の1区画に冬穀，他の1区画に夏穀を栽培し，のこりは休耕地として，3年間を周期とした輪作を行なった。なぜ休耕地が必要であったか考えてみよう。左の図中のa～hは各農家の耕作地である。

の回復をはかり，順次，利用形態を回転させるものであった。外耕地は10年程度で割替えされるが，家屋の周辺の内耕地は私有で野菜や花卉の栽培，家禽や豚の飼育に利用されていた。

やがて共有の外耕地は私有化され，分割されたが，産業革命の頃から休耕地に飼料作物として根菜（かぶ）類や牧草が導入され，家畜の飼育頭数が増加し，堆肥の供給も増加して，土地生

第3章 ヨーロッパ 39

産性が向上した。主要な家畜は大家畜（牛馬）であったが，しだいに牛は乳牛と肉牛に特化し，役畜の馬は機械などにかわった。さらにイギリスでは18世紀になると，大地主が共有地や中小地主の土地を併合し，それを資本家が借りて企業的大規模農牧業を営んだ。

　また農業機械の普及や技術の発展にともない労働生産性も向上し，少ない農民で多量の収穫を上げ，自給的農業から商業的農業に変わってきた。さらに交通機関の発達とともに植民地から安価な農産物が大量に輸入されると，ヨーロッパの農業は大規模化するか，穀作などの耕種農業・肥育牧畜業・酪農に，また内耕地を拡大した花卉園芸農業や養豚業・養鶏業などに特化していった。これら全体的な変化を農業革命と呼んでいる。

　農業革命がとくに進んだイギリスや北フランスでは，150〜300haに及ぶ大農場経営の借地農が，大型機械を用い，肥料を大量に投下して，小麦・大麦・トウモロコシ・甜菜を栽培して高い労働生産性を上げている。旧来の農村は人口の流出によって，廃村となるか，非農業の都市住民の二次的家屋が多い。

6　さまざまな農業地域と気候

　農業革命の中核地域は北西ヨーロッパで，西岸海洋性気候と大陸性気候がせめぎあっている。アイルランドやイギリス・フランスの西部・オランダ・デンマークは典型的な冷夏暖冬の西岸海洋性気候で，北大西洋海流に暖められた低気圧が接近して通年降雨もあり，穀作には適さないが，牧草がよく育ち酪農に最適である。

　都市近郊では生乳，遠い地方ではチーズやバター生産に特化し，カマンベールのような村の名に由来する有名な銘柄チーズも多い。農家の多くは家族経営であるが，デンマークなどが自作農であるのに対して，フランス西部やアイルランドでは零細な小作農が多く，地域的に土地所有の差がみられる。ワインと

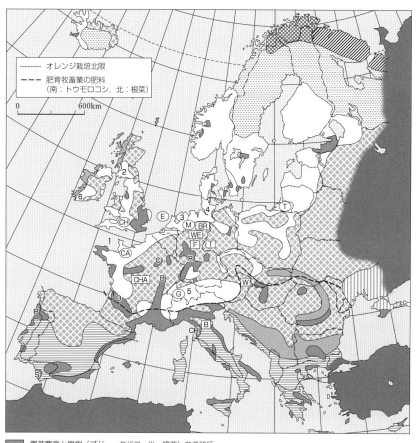

▲ 現代の農業類型

気圧配置と地方風

ヨーロッパの気候を支配する気団は，冬季に東から張り出すシベリア高気圧と通年みられるサハラのアゾレス高気圧，北大西洋海流上で発生する移動性低気圧である。アゾレス高気圧は冬期に南に下がり，両高気圧の谷間となる地中海に低気圧がはいるので，地中海地方は冬季降雨型となり，これにトラモンタン(アキテーヌ盆地から地中海に吹く北西風)，ミストラル(ローヌ河谷を北から吹く風)，ボラ(アドリア海に北東から吹く風)などの地方風が寒い烈風をもたらす。また西ヨーロッパに向かった低気圧は，シベリア高気圧に阻まれて大西洋岸に霧雨と温暖な空気をもたらし，典型的な暖冬冷夏の西岸海洋性気候となる。

春にサハラから地中海の低気圧に吹くシロッコは，南イタリアでは嫌われ，地中海からアルプス越しで吹くフェーンは，北斜面の雪をとかして喜ばれる。夏季にはアゾレス高気圧が地中海に張り出し，洋上の低気圧はシベリア高気圧の消えた内陸に引き込まれ，内陸は夏季降雨型となり，寒暖の差が大きな大陸性気候となる。さらに内陸や北に向かえば気温が下がり，冷帯気候となる。

同様に，原産地名が国名，地方名，村名と狭くなるほど品質管理が容易であるため，よりブランド価値が高く評価される。

しかし近年，大地主から狭い農地を借りる小作農は減少し，多くの地主から大規模な土地を借り集めた借地農が増加して，数十ヘクタールの，なかには数百ヘクタールに達する大農場が誕生している。そのような企業的大農場では，農耕機械の利用によって労働生産性が高まり，安価で大量の農産物の生産が行なわれている。

内陸では，夏季に低気圧がはいって降水量も多いが，東に向かうほど冬季のシベリア高気圧の影響が強く，寒暖の差が激しくなり，**大陸性気候**となって，冬季の乳量が低下してハムやソーセージを生産する**肥育牧畜業**が中心となる。またウィンナーやフランクフルトソーセージ，ウェストファリアハム，あるいは精肉ではシャロレなど，銘柄の肉が高く評価される。

旧西ドイツでは自作農が多く，農場内で肥料や飼料をまかない，自給用の穀物を生産し，畜産物を市場に出荷する自己完結

型の経営が一般的であったが，しだいに購入飼料・肥料が増大し，規模拡大も進められている。

7　地中海式農業

　アルプス・ピレネー山脈の南，地中海地方では，夏季は非常に乾燥し，冬季は中緯度高圧帯に属する**アゾレス高気圧とシベリア高気圧**との気圧の谷にはいる低気圧が雨やときには雪をもたらし，冬季湿潤型の地中海性気候となる。この気候条件に適応した農業が，いわゆる地中海式農業である。

　その特徴は，**ポリカルチュア**(同時栽培)で，冬小麦と牧草の二圃制農業にブドウやオリーヴの樹木栽培を組み合わせ，家畜は三圃制の大家畜に対して小家畜(羊・ヤギ)で，耕地は樹園地とも小麦畑とも呼べるものであった。8 世紀にはアラブ世界から灌漑技術が導入されて柑橘類の栽培が広がり，15 世紀以降には綿花，米，タバコの栽培も始まった。また中世には，冬季は舎飼いで夏には山地で放牧する移牧が盛んになった。

　この自給的**地中海式農業**は，北西ヨーロッパの工業化・都市化とともに，植民地からもたらされた大量で安価な農作物に抵抗できず，穀作の面積は激減し，羊の頭数も減少した。こうして地中海式農業の 3 部門のうち 2 部門が，自給用や地方市場向けを除いて衰亡していった。零細な小作農が耕していた**ラティフンディア**と呼ばれる大地主の大農園は企業化を余儀なくされて，機械化による大規模化と特化を進め，小作農は流出している。フランスの**ラングドック**に「ブドウの海」が広がり，バレンシア・オレンジが銘柄となり，ギリシャのデルフィ神殿付近ではオリーヴ以外の木がみられぬほどである。小麦はパスタ用硬質小麦に特化し，ポルトガルではコルク樫が広がっている。

　地中海式農業は伝統的なものと，特産品生産に傾く**園芸・樹木作物栽培**に分化しつつある。しかし，大都市近郊の**灌漑耕地**(フエルタ)では桃・杏・アマンドなどの木陰でインゲン・グリー

第3章　ヨーロッパ　43

アルプスの移牧

　アルプスでは移牧と呼ばれる特色のある農牧業が行なわれる。それは谷底から斜面上方の森林限界の上にある草地までの斜面を，1年の間季節のリズムにしたがって，たくみに利用する方式である。

　春になると谷底にある本村のまわりの耕地には，穀物・じゃがいも・野菜がつくられ，近くの草地には牛が放牧される。5月には本村より数百m上の段丘や，やや平らな斜面につくられるマイエンザスと呼ばれる仮住まいに，家族全員が家畜とともに移動する。ここでは6月半ばまで放牧しながらほし草づくりにはげむ。

　夏になると森林限界の上にある天然の草地に家畜を移し，ここで約3カ月のあいだ放牧する。この放牧地はアルプ（東アルプスではアルム）と呼ばれる。ここでの家畜の世話は村人たちが共同でやとった牧童にまかせ，バター・チーズつくりも，やとった人びとの手で行なわれる。その収益は賃金を払った上で，各農家に家畜頭数にしたがって分配される。このあいだに，本村やマイエンザスでは冬に備えてほし草づくりが行なわれる。

　9月半ばになってアルプが寒くなり始めると，家畜はふたたびマイエンザスに移され，一時ここで飼育され，晩秋には谷底の本村へ戻る。

　本村とマイエンザスの農地は私有であるが，アルプは村落共同体の所有で，村人たちの協議により，夏のあいだの経営や，アルプの整備（落石の除去，垣根の補修など）が行なわれる。

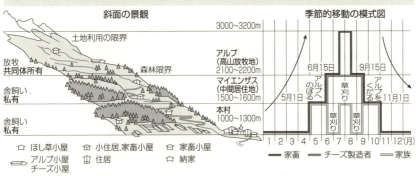

ンピース・キュウリ・メロンが植えられたり，畝の間にトマトが栽培されたり，伝統的ポリカルチュアの性格が残されている。

8 交通 —— 統合への先駆け

　道路は，古代のローマ街道がすでにヨーロッパに広がってい
たので，初期の道路標識はローマへの距離や方向を示す石柱と
も言える。以来，道路は国境を越え，言語の異なる地域に延び，
言語によらない道路標識が必要となり，現在の標識の基礎が
1909 年のローマ会議で決められた。それは修正されつつ多く
の国々に広まり，ヨーロッパの標準標識となり，やがて全世界
が採用するようになった。たとえば一方通行，進入禁止，駐車
禁止の標識などがあげられる。

　また，**自動車専用道路**は 1932 年にドイツに始まり，自動車
の普及にともなって第二次世界大戦後は広くヨーロッパ各国が
採用し，さらに北アメリカや世界に広がった。とくにヨーロッ
パでは，ヨーロッパ連合(EU)のように統合が進んで国境にお
ける税関や出入国の手続きの簡素化が行なわれ，近距離の輸送
手段として鉄道を凌駕している。

　道路と並んで伝統的な水運も重要である。ヨーロッパの河川
は，洪水や急流もあるが，日本にくらべて流れがゆるやかであ
り，流量の変化も大きくない。それは台風や梅雨のない気候と，
構造平野が広がって急峻な山地が産業の中心地から遠いことと
に助けられているからである。**ライン川**や**ドナウ川**は多くの国
境を横切る国際河川であり，**セーヌ川**や**ローヌ川**の諸河川と互
いに運河によって結ばれている。

　鉄道も早くから国際協力が進んだ。線路や信号，車両の規格
化によって，国境を越えた列車の運行が可能となり，政治的対
立がありながらも，国際列車が運行された。オリエント急行が
パリ＝イスタンブール間で運行されたのは 1882 年のことであ
る。また 1919 年のヴェルサイユ条約は，ドイツに領内を国際
列車が通過することを義務付けていた。アルプス山脈は多くの
トンネルによって克服され，1994 年には**英仏海峡トンネル**の
開通によってイギリスと大陸が鉄道によって結ばれた。パリ＝

モスクワなどは列車から航空機に置き換えられたが，TGV（高速鉄道）や EC（国際特急列車)が中距離交通を担っている。

統合への方向 —— 交通網・電力

　ライン川やドナウ川は，すでに 19 世紀から，航行の自由と安全を保障する協定が結ばれ，関税の簡素化，水運に関する訴訟，水利施設の管理・工事・研究が進められてきた。また，鉄道は 19 世紀末に鉄道施設・軌道・車両規格・信号・標識などの技術的側面のみならず，料金や時刻表の調整が進められた。日本の旧国鉄が民営化して，地域間で乗り換えを強いるあり方とは逆方向である。貨車の共同利用は，貨車の従来の所有者の国籍を消して，到着した外国車両を，空車のままもとの所有国に返送することはなくなった。

　道路行政における協力も早くから進められ，EU 発足後は国境の通過が日本の高速道路の料金所より簡便になった。主要幹線，高速（E）道路は，原則として南北に奇数（E35 はアムステルダムからローマ），東西は偶数（E20 はブルターニュからブカレスト・中央アジアなど），の E 数字が付され，国道や県道はその次の位置付けとなる。

　また電力は各国の周波数や電圧の共通化が終わり，プラグや電線などの共通化を課題としてあげている。ヨーロッパは，日本のような旧国鉄の分割，あるいは東西の周波数の分裂などとは逆の方向を示している。

	2000年	2010	2012	2013	水力(%)	火力(%)	原子力(%)
アメリカ合衆国	40 527	43 784	42 905	43 062	6.7	69.3	19.1
中国	13 564	42 080	49 940	54 328	16.9	78.2	2.1
日本	10 915	11 569	10 940	10 905	7.8	90.5	0.9
ロシア	8 778	10 380	10 707	10 591	17.2	66.4	16.3
カナダ	6 057	5 991	6 332	6 519	60.1	22.3	15.8
ドイツ	5 765	6 330	6 298	6 332	4.5	66.7	15.4
インド	5 697	9 794	11 230	11 935	11.9	82.2	2.9
フランス	5 400	5 692	5 658	5 725	13.2	9.0	74.0
世界計	155 050	215 488	227 403	233 913	17.0	69.0	11.0

▲発電量の内訳（単位　億kWh）　（矢野恒太記念会編『世界国勢図会』2016／17年版による）

9 文化 —— 統合の背景

　ヨーロッパでは，歴史を自国史と世界史とに分けて学習することは難しい。古代史はローマ帝国史が中心となり，中世史は現在の国々の領域とはまったく異なる政治領域を前提としなければ議論ができなかった。王家は姻戚関係にあって，国家領域自体もしばしば変動しているので，帰属意識は国より地方に，あるいは逆にヨーロッパにあり，ヨーロッパ文化が共有されてきた。

　長い間，地中海地方の大部分を占める**カトリック**とそれに抗議して成立した北西ヨーロッパの**プロテスタント**，東部の**東方教会**は，ときに戦争をするほどに対立が激しく，他宗派の人びととは通婚関係が希薄である。**ポーランド**や**チェコ**の人びとはカトリックであることにナショナリズムを重ねて，東方教会の東ヨーロッパとプロテスタントの西ヨーロッパに対して，中部ヨーロッパであると主張するほどである。しかし，いずれもキリスト教の一宗派である。

　言語もインド＝ヨーロッパ系言語が広く用いられ，ギリシャ・ローマ時代以来の単語や文の構造が共有され，**ラテン系**，**ゲルマン系**，あるいは**スラヴ系**の言語間では，ある程度お互いに意思疎通をはかれる。同じ単語でも，発音が異なれば表音文字の表記が変わり，別の言語が成立する。セルビア語とクロアチア語は言語学的には同じ言語であるが，ローマ字かキリル文字か表記によって別言語となる。ヨーロッパには，古くはラテン語，近代初期ではフランス語，現在では英語のように，外交や交易のための言語がある。それは，ヨーロッパの世界支配とともに**世界言語**（英語，フランス語，ロシア語など）となった。

　イギリスは，世界言語としての英語を武器に，国際的雑誌を出版し，世界の学術出版の大部分を支配し，いわば情報の中心地となり，英国の大学出身者は旧イギリス植民地で教鞭をとり，その学生はおのおのの国の指導者となっている。またアメリカ

第3章　ヨーロッパ　47

合衆国の発展とともに，国際会議での多くの公用語のなかで，
英語は群を抜いて広く用いられている。

10　ヨーロッパ統合への歩み

　20世紀半ばまで，世界の貿易・金融活動は西ヨーロッパを
中心に営まれていた。だが20世紀以降，2度の世界大戦の戦
場となり，政治的・経済的・文化的な優越性を旧植民地のアメ
リカ合衆国と辺境の旧ソ連に奪われた。また市場は，植民地の
独立，社会主義圏の拡大，発展途上国の工業化，アメリカ合衆
国や日本などの競争相手の台頭によって狭められた。

　この「ヨーロッパの没落」から，ヨーロッパが再生の路を開く
ためには，大量の原料とエネルギーを輸入しつつ，伝統的な技
術と組織力を生かして，高度の工業製品を輸出することが必要
であった。また第三次産業革命に対応した工業には，大量生産
が決め手となるが，資本や労働力の調達，製品の販売にとって，
細分化された国土が経済上の障壁となってきた。それが，ヨー
ロッパ統合の背景である。

　ヨーロッパ連合(EU) への最初の動きは，小国の不利益に悩
む**ベネルクス3国**が1948年に結成したベネルクス関税同盟で
あった。また社会主義国の拡大に対応して，アメリカ合衆国が
ヨーロッパ諸国の経済復興を支援するマーシャルプランで，こ
れを受けて1948年に**ヨーロッパ経済協力機構**(OEEC) が結成
されたことも，西ヨーロッパの経済統合をうながした。

　また，炭田や鉄鋼業を国境近くに持つフランス・旧西ドイツ・
ベネルクス3国が，イタリアとともに石炭と鉄鋼の生産を協同
管理するために1952年に**ヨーロッパ石炭鉄鋼共同体**(ECSC)
を結成した。この6カ国は，1957年に原子力研究とウラン濃
縮施設の共同管理を目的に**ヨーロッパ原子力共同体**
(EURATOM)，58年に関税同盟を発展させた**ヨーロッパ経済共
同体**(EEC) を設立した。これは，域内の関税を排して商品・労

48　第Ⅰ部　さまざまな地域

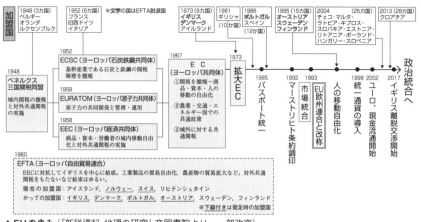

▲EUの歩み（『新詳資料 地理の研究』帝国書院より，一部改変）

働力・資本の移動を自由化し，域外に対しては共通関税を設定するなど，統一した政策を持つ国際組織である。労働力移動の自由化とともに，労働者の賃金・有給休暇・年金などの政策も統一されることになった。

11　EUの結成と拡大

　ECSC, EURATOM, EECの3共同体は1967年に統合され，ヨーロッパ共同体(EC)となり，73年にはイギリス・デンマーク・アイルランドが，81年にギリシャ，86年にはスペイン・ポルトガルが参加した。それにともない，対抗して1960年に結成されていた**ヨーロッパ自由貿易連合**(EFTA)は，イギリスなどがECに移って縮小している。このEFTAは，商品・サービス・人・資本の自由な移動を保障しているが，EUのような共通通商政策の域外に対する関税同盟ではない。

　1993年にはドイツ統一などの国際情勢の変化に対応して，**ヨーロッパ連合**(EU)が成立し，人・モノ・サービス・資本の移動の自由に，単一通貨ユーロの創設，共通外交・安全保障政策，司法や移民関係の協力などが付け加わった。とくに2009

第3章　ヨーロッパ　49

年のリスボン条約によって，常任欧州理事会議長（欧州連合大統領），欧州連合外相などが新設されている。また 2004 年に 10 カ国，2007 年に 2 カ国が EU に加盟した。なかでも旧社会主義国(11 カ国)は，**計画経済**から**自由経済**に移行した。

　欧州連合は 2015 年現在，28 カ国が加盟し，23 の公用語で運営されている。ブリュッセル（ベルギー）に欧州委員会本部，ストラスブール（フランス）に欧州議会，ルクセンブルクに欧州裁判所，フランクフルト（ドイツ）に欧州中央銀行がおかれ，各国首脳による欧州理事会や政策分野別の閣僚理事会，行政機関として欧州委員会，立法機関として欧州議会などの役割が明確化された。

　しかし，領域の拡大は例外規定を増加させた。イギリスやフランスなど主要国が保有する旧植民地や海外領を統合すべきかどうかも問題となる。単に領域だけではなく，個別の懸案についても加盟国に多くの例外を認め，たとえば統一通貨ユーロはイギリスやスウェーデンなどではいまだに使用されていない。逆に域外の小国(ヴァチカン，アンドラ，サンマリノ，モナコ)でユーロを使用しているのも，例外規定の一種である。

12　新たな加盟国

　ロシアを含む旧ソ連の西にある旧社会主義国は，第二次世界大戦後，いわゆる「鉄のカーテン」の東側にあったため，「東ヨーロッパ」と一括されていた。その多くは 1949 年に結成された COMECON （経済相互援助会議）に参加し，旧ソ連の計画経済にあわせた工業立地を行なっていた。その特色の第一は地域分担であり，第二は旧ソ連への依存であった。

　COMECON 結成の初期には地域分担によって域内に他の競争相手がいないこと，及び特定工業生産に特化して資本と技術を集中できることのために，また旧ソ連から比較的安価なエネルギーや原材料の供給があって，とくにポーランド，チェコ，

50　第Ⅰ部　さまざまな地域

スロバキアにおいて工業化が進んだ。しかし，それが逆に市場が確保され，かつ与えられた生産高を維持すればよいということで，施設の更新や技術革新を遅らせて，しだいに工場設備は陳腐化し，生産性は低下していった。

1991年にCOMECONが解散し，やがてEUに参加するようになると，**ポーランド**，**チェコ**，**スロバキア**などの工業は私有化とともに安い労働力と高い技術力を求める西ヨーロッパの企業の進出対象となっている。

農業分野の特色は，作目としては混合農業であるが，なによりも経営形態にある。第二次世界大戦後，ユーゴスラヴィアやポーランドを除いて，まず農地解放によって小作農に土地を与える一方で，彼らを集団化し，**協同農場**に組織した。大地主が外国人や企業の場合には国営農場とした。

しかし，EUの一員としてヨーロッパに回帰するにあたって，社会主義の象徴であった協同農場の解体と，私有化を進めてみると，農場の大規模化と農産物の地域特化との世界の趨勢にむしろ逆行する現象が起きて，農業生産の停滞が問題となっている。また西ヨーロッパ企業の投資によって，旧来の協同農場に戻らずに，企業的な大規模農場とする方向が模索されている。

13　EU域外の国々

EUの拡大に対して，**ヨーロッパ自由貿易連合**(EFTA)の国々は参加に逡巡している。アイスランドやノルウェーはとくに漁業に関して制約を受けることを嫌っている。近くの**北東大西洋漁場**では寒流と暖流が出会い，とくに北海には**ドッガーバンク**や**グレートフィッシャーバンク**などの**トロール漁業**にとって好漁場があり，ニシン・タラ・カレイなどが豊富に水揚げされる。両国はイギリスやデンマークほど農業や工業に頼れないので，漁業上の利害からEUへの加盟を躊躇している。

主要な域外国としては，**スイス**がある。ここでは長い間ヨー

第3章　ヨーロッパ　51

ロッパに対立をもたらした**カトリック**と**プロテスタント**の二つの宗派が共存し，ゲルマン系のドイツ語とラテン系のフランス語・イタリア語・ロマンシュ語とを公用語としているために，西ヨーロッパの多くの人びとが言語的・宗教的に交流しあえる基盤があった。その上に永世中立国の特殊な地位を求め，あるいは利用して，国際連合の諸専門機関や赤十字社，オリンピック委員会などさまざまな国際機関の本部がおかれ，そのために国際会議もしばしば開かれる。また預金者の情報秘匿(ひとく)を保障することによって銀行口座が設置され，世界の貯金箱になっている。

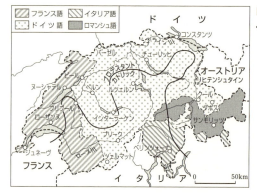

▶**スイスの言語・宗教の分布**（Michelによる）4言語が公用語とされている。

しかも産業も盛んで，山岳地の高地牧場(アルプまたはアルム)を利用して夏季に牛を放牧し，その間に蓄えた牧草を冬季に谷間で舎飼いに用いる「**移牧**」がみられ，グリュイエールやエンメンタールなどのチーズが生産される(P.44参照)。

しかし，近年の観光産業の発達が農業との軋轢(あつれき)をもたらしている。し尿やゴミが牧草地の生態系を破壊し，スキー場開発が樹木の伐採によって雪崩を起こし，自動車の排気ガスが谷間に滞留して大気汚染を引き起こしている。伝統的な時計などの**精密機械工業**ではジュラ山地に点在する小企業が多いが，中部では大企業の機械工業もみられて，山国ではあるが工業国の一面もみせている。

▶ヨーロッパの外国人労働者
(『新詳資料 地理の研究』帝国書院より，一部改変)

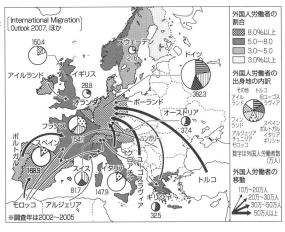

エラスムス計画(ヨーロッパ大学間学生交流計画)

エラスムス(European Region Action Scheme for the Mobility of University Students; ERASMUS)計画は，各種の人材養成計画，科学・技術分野におけるEU加盟国間の人物交流協力計画の一つで，大学間交流共同教育プログラムを積み重ねて，「ヨーロッパ大学間ネットワーク」を構築し，学生流動を高めようとする計画である。

提案は，1987年に正式決定され，パイロット・プログラムが開始された。1995年以降は，教育分野のより広いプログラムであるソクラテス計画の一部に位置付けられている。

その目的は，EUの経済力の強化と加盟国間の結合の促進である。こうして，多言語を操るヨーロッパ人が育成される。驚くべきことに，この計画はあくまでも大学間交流であるために，ドイツに留学した日本人留学生がドイツからフランスに留学する奨学金を与えられることで，学生の国籍を問わないのである。

14 統合を受けて——移動する人びと

EUは，人びとの移動を自由にした。EU域内における休暇や健康保険，年金など，さまざまな社会保障制度が統合されてくると，とりわけあらたにEUに加わった東ヨーロッパ諸国から比較的所得の低い人たちが西側の高い国へと移住してきた。

あるいは逆に，西側諸国からの買収や合弁による企業進出が進んで，東側の旧国営企業の民営化が進んだ。

　たとえば，統一されたドイツでは旧東ドイツから西ドイツに労働者が移住するか，工場が西から東に進出した。

　もともとドイツでは，**トルコやユーゴスラヴィアからの**，フランスでは**マグレブ3国**(チュニジア・モロッコ・アルジェリア)の，またイギリスでは旧植民地からの外国人労働者が多かった。

　彼らはより安い賃金で，より厳しい仕事に従事していたが，滞在が長期になり，呼び寄せや出産によって家族がふえ，**イスラム教徒**も多く，それぞれの国の重要な少数派を形成していた。とくに，これら移民は出生率も高く，文化的に異質であるために，受入国との軋轢が少なくない。とりわけ，イスラム教徒が一夫多妻の習慣を維持しようとすれば，一夫一婦制を基礎とした健康保険の対象外となる夫人が生まれ，断食月のラマダンには昼休みを取らないで早退する勤務時間体制や，キリスト教徒とは異なる金曜日の休日制度が要求される。

　そこに，あらたにEUに加盟した東ヨーロッパの人びとが加わった。彼らはキリスト教徒で言語的にも近く，先に来住していた移民たちより国籍条項でも有利であった。教育制度の統一は，学生の海外留学を事実上自由化した。さらに，**エラスムス計画**によって，EU内留学の奨学制度が発足して若者の交流も密になった。資格や免許の統一が進めば，医師や弁護士など各種の専門職の流動もさらに進む。

　統合の一方で，EUの執行部では徹底した多言語主義が進められ，行政上の文書や政治上の議論が英語だけでなく自国語で進められている。

15　社会政策と生活

　人と資本の移動が自由になると，人は労働条件のよい国へ，資本は賃金が安く労働時間の多い国へと移動する。これを回避

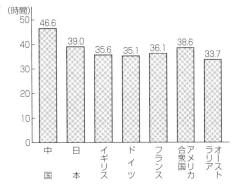

▶週あたり労働時間の国際比較（矢野恒太記念会編『世界国勢図会』2016／17年版による）

するためには，労働条件の共通化が政策として重要になる。

ヨーロッパ連合（EU）加盟28カ国の平均労働時間は，2007年で週40時間と推計されているが，2004年以前の旧加盟15カ国の39.5時間に対し，新規加盟国は40.6時間で，「東高西低」の傾向がみられ，イギリスは例外的に41.4時間で，短いフランスの37.7に比べて労働時間が長い。

しかしとくに有給休暇は，フランスの5週間からベルギーでも24日間で，そのほぼ100％消化されるのに対して，日本が年10日間で50％程度しか消化されない状況と比べれば，ヨーロッパのいずれの国も労働時間が少ないし，休暇が長いと言える。

労働時間の短縮は，通勤形態と郊外農村を変えている。一部の人びとは金曜日夕方から月曜日朝まで3泊を郊外の家で送り，ウィークデーの4泊を都会のアパートで送るような生活をしている。住民登録を郊外の大規模化し離農した家屋に置いて，都市の住宅を2次的住宅とする場合もあり，いずれが別荘なのか本宅なのかわからない。

主要施設が日曜日のための教会だけで，学校・病院・商店がなくなり，農民は村の行政上まったくの少数派になる村もある。

いわゆるバカンスは，日常生活だけでなく，観光地に大きな影響を与えている。人びとはふるさとや家族・友人宅に，あるいはその近くの貸し別荘などに出かける。ただし，1カ月とか期間の長い点が日本と異なる。その意味では，観光地ではない田園地帯にも賑わいをもたらす。もちろん，いわゆる観光も国際化していて，史跡に恵まれた地中海地方では，ギリシャやイタリアなどに観光客が押し寄せ，アルプスやピレネー山脈には

第3章　ヨーロッパ

ウィンタースポーツや登山だけでなく避暑客も多い。いずれも長いバカンス期間のおかげで，滞在型の**観光**が多く，回遊型の団体ツアーは少ない。

16　観光 ── 回遊型・イベント型・滞在型

　観光は旅行者が観光地を訪れ，見聞を広め，体験し，休養することを含む観光行動の全体である。なかでも山地や海岸には，旅行者を受け入れる観光地が多い。アルプス・ピレネーは，美しい山岳景観を観賞し，登山やスキーを楽しみ，避暑地として休養する，3拍子がそろった観光地である。

　旅行は，観光旅行のほかに業務旅行や法事・帰省などの家事旅行を含むが，日本やアメリカなど遠距離からヨーロッパ出張の旅行者が，業務地のロンドンやフランクフルトの途上にパリ観光をするなど，複数の動機を持つ場合も多い。

　また，史跡・遺跡・美術館・博物館・動物園・水族館・テーマパークなどを訪れて見聞を広める観光は，アテネ・ローマなどの史跡の豊かな地中海地方の都市や，世界進出した旧植民帝国の蒐集を基礎とする博物館が多いロンドン・パリなどが観光

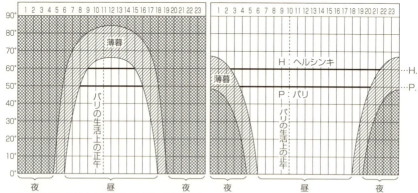

▲夏至・冬至における各緯度上の昼間・夜間時間　パリの標準時は経度15度を基準としているので，太陽は午後1時頃（夏は午後2時頃）南中する。生活上の正午と天文学上の正午はそれだけずれている。

観光と都市

観光地として都市が選ばれる理由は，みるべき歴史遺産としての存在と催される行事の多彩さにある。世界一の観光都市と言われるパリでは，ローマ時代以前からの都市の面影を随所に残しつつ，同時に現代的な文化的行事が行なわれている。

都市は交流の場であり，人びとが商品やサービスを求めて集まる上で，好都合な交通上の位置を都市立地の第1条件としていた。また，ヨーロッパの歴史的都市は，囲郭都市が多い。それは，都市立地の第2条件（P.222〜223参照）を暗示している。防衛体制が未熟な古代・中世では，都市はみずからを守るために城壁を築いた。都市の鍵とは，まさに城門の鍵を意味した。

観光客は，この各時代につくられた当時の都市計画に基づくニュータウンの城壁や街路と建物を楽しみにやってくる。日本の城郭とは異なり，囲郭の内部に市民生活が存在する都市景観と都市生活を体験できるのである。

の対象となっている。

これに，祭り・音楽や演劇の公演・展覧会・スポーツ競技会などのイベント型観光の催し物が加わると，見聞を広める観光にイベント参加を体験する観光が含まれてくる。音楽コンクールや各種の競技会は，年中行事となって観光客を呼び寄せる。

また，夏時間制をとることによって帰宅が日没前となり，日没が遅くなるので，とりわけバカンス前の2カ月，家族で郊外の公園や森に，夕方の短い散策やピクニックに出る。

ヨーロッパ人の観光は，なかでも**バカンス**に象徴される。最大でも1週間程度の日本の休日に対して，ヨーロッパ人の有給休暇はときに1カ月に及び，物見遊山的な回遊型観光ではなく，滞在型の休養と地元あるいは友人との交流を求めるのである。フランスの**コートダジュール**などの海岸も有名であるが，多くの人は近郊の農山村や故郷に別荘を構える。父親の実家に半月，母親の実家に半月と振り分けたり，あるいは滞在の合間に回遊型の観光を楽しむのである。

第3章　ヨーロッパ　57

ニュータウン

　ヨーロッパにおけるニュータウンの歴史は古い。神殿・広場・劇場・競技場などをしつらえた古代のローマ以来の都市計画は、ヨーロッパ・地中海世界に広がり、各地に歴史的遺産として残されている。

　しかし、現代のニュータウンは、20世紀初めにイギリスのハワードが1898年に発表し、1903年にレッチワースを建設した田園都市に始まり、中心に駅と商店、線路沿いに工場、その周辺に住宅地をそなえ、緑地と公園のグリーンベルトが全体を囲んでいる。

　この構想は世界の注目を集め、とくに第二次世界大戦後、イギリス・フランス・北ヨーロッパ・アメリカ合衆国など、各地にニュータウンが誕生した。

　しかし、日本のニュータウンと同様に、その多くは職場を中心都市に求める住宅地計画になっている。ロンドンのニュータウンは1946年に新都市法が制定され、33都市で330万人の住宅を創設し、自動車交通を中心に設計されたが、1977年以降は都心再開発に重点を移している。

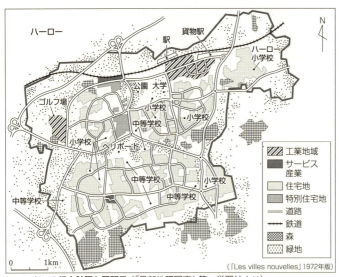

▲ロンドンの都市計画と再開発（『最新地理図表』第一学習社より）
（「Les villes nouvelles」1972年版）

17　変動する都市システム

　都市の規模は，人の移動が閉鎖的であれば，その閉鎖空間にあわせた大きさになるが，広く植民地を抱えていた**ロンドン**や**パリ**は，国の大きさ以上に大都市となっている。他方，連邦制のドイツでは，中都市が並立して，巨大都市を頂点とした**都市システム**を示してはいない。しかし，EU の統合が進むと，都市の階層化がヨーロッパ全体を規模として起こってくる。中小国の首都は，地方中小都市として収縮する可能性が出てくる一方，EU の政治的・経済的中心都市は巨大都市化する。

　EU の成立以来，ヨーロッパ全体の政治的中心都市は**ブリュッセル**となり，**ユーロクラート**とも呼ばれる EU 官僚が集まる。彼ら自身は約 2 万人であるが，その家族，彼らにサービスを提供する人びと(教育，翻訳，印刷，出版)など，さまざまな職業の人びとが加わる。ブリュッセルは，ヨーロッパのなかでは小国(小人口で小面積)であるが，人口の伸びが大きい。これは，大国相互が緩衝地帯としてここを選んだのではあるが，ラテン系の**ワロン**(フランス)**語**とゲルマン系の**フラマン**(オランダ)**語**が同時に使われ，北のプロテスタントと南のカトリックとの境界線上にある都市であることも，選ばれた理由である。

　また，全世界を相手にしている金融の中心地ロンドンとユーロを扱うヨーロッパ銀行のある**フランクフルト**は，経済的中心都市として発展している。パリは政治的にも経済的にも中心機能を奪われる一方，文化的中心をめざして，さまざまなモニュメント的文化施設の建設に進んでいる。

　これら巨大都市の発展は，もちろん EU 以前からの植民地を獲得して，世界支配を進めた時代から始まっている。快適な住宅・通勤と職場を求めて，**ニュータウン**や**都心再開発**などの都市計画が進められ，とりわけここ数十年に建設されたヨーロッパのニュータウンは，世界の大都市のモデルとなっている。

第 3 章　ヨーロッパ　59

18 越境する大気と水と環境

　ヨーロッパの植生は，約1万年前に氷河期を脱して北に後退していく氷河を追って北上した針葉樹が北半分をおおい，そのあとを追った落葉広葉樹が南ヨーロッパを占めた。その後の開拓によって森林は少なくなり，農地が拡大した。その減少している山地の森林が，危険にさらされている。

　地球の自転にあわせて，大気は大西洋から東に流れていく。工業化の進んだ西ヨーロッパの大気は，内陸に硫黄酸化物や窒素酸化物を運び，そのため，山地の森林は**酸性雨**にみまわれ，枯死し，森林の減少は山崩れを起こしている。内陸の旧社会主義国では，ロシアから遠く離れた領土の西側に多くの工場を立地させられて，深刻な**大気汚染**にみまわれている。また塵芥（じんかい）の燃焼処理も，大気汚染の引き金になっている。この国境を越えて流れる大気を規制することは，一国の手に余り，国際的な協力が必須のものとなっている。

　ライン川やドナウ川などの国際河川では，上流の水質汚染がただちに下流の国々に影響を与えるため，排水基準や排水量など，排水に国際規制を設ける必要が出てきている。塵芥の埋立てでも，にじみ出る汚染物質を処理しなければならない。

　また，世界全体の**地球温暖化**では，海水面の上昇がオランダなどの低地を脅かしている。単に洪水が頻発するだけでなく，高潮位に海水が農地ににじみ出すように浸入する。これも一国だけでは処理できない，より広い世界全体の問題であるために，国家群としての行動が要求される。

　発足当時の旧EECなどは，経済的な共同体の色彩が強く，**環境**に関する規定を設けていなかったが，大気や水に関するさまざまな問題に対処する必要から，リサイクルの推進や廃棄物質の共通規制，家庭電化製品への省エネルギーラベル（**エコマーク**）貼付まで，共同の環境政策を進めることになった。

60　第Ⅰ部　さまざまな地域

19　欧州連合の現実

　欧州連合の領域は，非キリスト教国，あるいは非インド・ヨーロッパ系言語圏に広がり，域内には格差と差異，及び組織の複雑さが生まれている。域内の労働力の移動の自由化が進み，低賃金労働者の流入が拡大以前に高収入を得ていた労働者の賃金低下や失業を招いて，労働者間の対立が起こっている。

　さらに，多様な気候や土壌に対応して，特産地化の進む農業が，特定農産物を対象とした農業政策をとりにくくしている。域内共通の圧倒的に生産額が高く，大多数の農民に利害がからむ作目はなく，麦類・酪製品，あるいは肉・ブドウ酒などに関する政策は，地域・国の利害に直結しているために，共通農業政策に向けてその調整は難しい。

　とりわけ，南ヨーロッパや旧社会主義国の労働生産性が低い国々の加盟は，農業補助金の増大という問題を生んでいる。たとえば，農産物に共通価格を設定して域外との価格差を調整すれば，生産費の高いものには補助を，低いものには過剰利益を与えるので，関係国間に軋轢を生みやすい。

　また，**欧州市民権**が導入され，国境手続きが簡素化されると，国境管理の甘い国から密入国した不法移民が域内を自由に動き回ることができるという問題が出てくる。とりわけ，犯罪者の追跡が困難である。近年は中東からの難民だけでなく，中央ヨーロッパから西ヨーロッパへの人口移動などの問題が各国の対立を招いている。

　領域が**キプロス**や**トルコ**へと**イスラム圏**に広がり，同じキリスト教国である**カフカス**の国々など，旧ソ連の国々に広げる動きもある。EU が東に広がれば，EU の本部や議会などの諸機関が西にかたよって立地していることになる。

　また，共通貨幣ユーロを持ちながら，各国に自由裁量分を認め，財政運営を各国政府に任せているために，一国の財政政策がただちに他国の経済に影響を与えるなどの問題が起こること

イギリスの EU 離脱

19世紀までのイギリスは，世界中に植民地を持つ世界帝国で，それらを原料供給地かつ市場として，世界の工場となった。世界経済の中心として，その通貨ポンドは世界の基軸通貨だった。しかし，第一次世界大戦の戦費調達にその海外資産はしだいに失われ，アメリカ合衆国が世界の大国として登場し，ドルがポンドを凌駕するようになった。旧植民地がつぎつぎに独立しても，イギリスは世界を支配した経済力のつながりを捨てきれず，ヨーロッパ連合の母体となったヨーロッパ経済連合(EEC)が1957年に結成されると，対抗して1959年にヨーロッパ自由貿易連合(EFTA)を結成した。EEC に加盟したのはやっと1973年のことである。

その EEC は経済統合から政治統合をめざし，1993年にはヨーロッパ連合(EU)が成立し，人・モノ・金の自由な流動とさまざまな資格・許認可などの単一化を進めることとなった。それはイギリスにさまざまな義務を負わせることになる。とりわけ移民の自由な受け入れや EU への各種納付金に対する反発は強く，2016年には EU 離脱を国民投票で決めた。しかし，スコットランドは離脱に反対で，他の地方との意見の差は大きい。EU 加盟国としての利益が失われることが果たして離脱による損失と見合うのか政治的・経済的なバランスの検討はこれからである。さまざまな流動の自由が関税や制度によって規制を受け，人はパスポートや資格のチェックをくぐらねばならなくなる。

も指摘されている。事実，2010年のギリシャの財政赤字はただちにユーロの価値の下落を生んでいる。

経済問題を解決するために結成・拡大した EU は，人の動きの自由化を含めた文化・社会問題に直面して，2016年にはイギリスが国民投票によって離脱を選び，結成以来の変革をせまられている。

| 第4章 | 北ユーラシア |

1 社会主義の夢

　ヨーロッパ文明が生み出した思想の一つが**社会主義**である。それは人が働いただけ平等に分配を受ける，社会的生産手段の私有化を廃止して，公的あるいは集団的所有に変える，その管理を生産者自身が行なう，合理的に計画的に生産・分配することを主張した。とくに，既存の国家権力を解体して進める考え方は**共産主義**と呼ばれ，この思想は19世紀半ばに**マルクス**らによって提唱された。

　共産主義(社会主義)国家は，1917年のロシア革命による旧ソ連が最初である。旧ソ連は旧ロシア帝国を引き継ぎ，北ユーラシア，中央アジアに広く領域を広げた。

　旧ソ連は社会主義国の祖国として，第二次世界大戦以後，西ヨーロッパやアメリカ合衆国の資本主義国と対立し，東ヨーロッパに多くの社会主義国群の誕生をうながし，中国・北朝鮮・インドシナ・キューバへと影響圏を広げた。

　しかし，批判を許さない独裁体制は，特権階級と民衆との不平等な分配を生み，私有化廃止が生産活動への意欲を殺ぎ，管理体制が生産者から党や国家に移り，**計画経済**は指導者の恣意的な言動に左右されて，経済的合理性を失ってきた。

　ペレストロイカ(リストラ・改革・再建のこと)と呼ばれる政治改革運動にもかかわらず，1991年に**旧ソ連**が崩壊し，15の共和国に分裂した。そのうち，バルト3国はEUに参加し，残余の12カ国は1993年にロシアを中心に**独立国家共同体**(CIS)を

第4章　北ユーラシア　63

▲旧ソ連の民族の構成（主要民族分布・典型的な多民族でアジア系も多い）
ウラル系…エストニア人・ネネツ人（サモエード）・コミ人
アルタイ系…トルコ系のウズベク人・トルクメン人・カザフ人・キルギス人・ウイグル人・その他のアルタイ系のアゼルバイジャン人・タタール人・ハンティ人・モンゴル人・ブリヤート人・ヤクート人・チュクチ人・コリャーク人・エヴェン人など

結成した。しかし，オセティア（P.73参照）紛争を契機にグルジアが脱退し，トルクメニスタン，モルドバ，**ウクライナが準加盟国**となっている。社会主義国の理想的な建設は，夢と終わった。

CISでは，旧ソ連の主要部分を継承したロシアが，国外核兵器や**カザフスタンのバイコヌール宇宙開発基地**の管理を担い，**ウクライナのセバストポリ海軍基地**はロシア領に組み入れた。また宇宙開発基地は，モスクワ北方のプレセックやアムール州ウゴレスクにあるボストチヌイ基地に移ろうとしている。これらの海外基地には多額の借用料を支払っている。

2　旧ソ連の崩壊

1991年に起こった旧ソ連の崩壊は，単に国家が分裂し誕生したということ以上に，さまざまな社会主義的と呼ばれた社会の仕組みが変わったことを意味し，一種の革命とも言える。

第一の変革は，旧ソ連から15の共和国が生まれたことである。とくに**バルト3国**は，完全に独立してロシア連邦と離れた。だが，この民族独立はきわめて限定的であって，とりわけロシ

ア内に属する少数民族は，旧ソ連時代に与えられた地位が国家
より下の自治共和国や自治管区には独立は認められず，そのま
まロシアの支配が継続された。さらに，少数民族でも特定地域
に集住していない場合には，地方制度としての共和国や管区は
認められていない。また，旧ソ連の軍隊はロシア軍と他の国々
の軍に再編成され，他国に駐在するロシア軍は新領土内に引き
揚げることになった。

　第二には，共産党の一党独裁制が普通選挙による多党制の民
主主義に変わり，情報公開など政治的な変革があったことであ
る。もちろん，旧体制のもとにあった軍隊や政治指導者層が共
産党から離れて残留していることなど，決して過去がすべて消
えたわけではない。

　第三の変革は，市場経済の導入で，それは社会主義とは正反
対の資本主義になるということであるから，社会的生産手段を
私有化し，党や国家が計画的に行なってきた生産・分配を市場
原理にまかせて，それぞれの企業が自立的に行ない，労働者は
管理から離れて労働を提供して賃金を受け取ることになる。

旧社会主義国

　かつて「鉄のカーテン」と呼ばれ，バ
ルト海からアドリア海に向かって引か
れていた線とロシア連邦との間にある
国々の多くは，ロシアの東方正教とド
イツのプロテスタントとに挟まれたカ
トリックの中央ヨーロッパであると主
張している。しかし第二次世界大戦後，
この国々は，「東ヨーロッパ」，旧ソ連
の衛星国あるいは東西の緩衝国とされ
ていた。

　中国・北朝鮮・ベトナム・キューバ
などを含めて，社会主義国は一党独裁

であったが，現在のロシアを含むヨー
ロッパは，ほぼ複数政党制の選挙が行
なわれ，計画経済は放棄され，多くの
国有財産・共有財産は私有化あるいは
法人化された。

　なかでも東ヨーロッパは，NATO
の軍事同盟や EU に参加する国々が多
く，国際政治上の東西対立の緩衝地帯
が解消され，西側に移行した。これら
旧社会主義国は緩衝国ではなく，旧ソ
連の従属国であったことを示している
とも言えよう。

第4章　北ユーラシア　65

また，生産手段は，集団所有していた構成員の間で分割されるか，旧指導者層や外国資本が購入して私有化することになり，収益の悪い企業は淘汰され，場合によっては放棄された。

　この変革の嵐は，社会に大きな影響を与えた。手厚い政府の補助によって成り立っていた企業は，補助を失って閉鎖され，従業員は失業し，その残された国家財産は売却・放置された。

3　ロシアの鉱工業地域

　1917年の革命前のロシアでは，サンクトペテルブルクやモスクワの軽工業，バクー油田，ウクライナの鉄鉱石・石炭による鉱業など，その多くがイギリスやフランスなど外国資本に押さえられ，**ウラル山脈以東のシベリアは未開発**だった。

　旧ソ連は，1928年から12次に及ぶ五カ年計画を通じて，重工業優先の工業化と，原料産地に基礎をおく工業地域（コンビナート）を計画的に配置した。第一次五カ年計画では**ウクライナのドニエプルコンビナート**，第二次では**ウラル・クズネックコンビナート**（のちに石炭供給地は，クズネックからカラガンダに代わる），さらに第三次ではアンガラ・バイカル・極東・中央アジアでのコンビナート建設が進められた。第二次世界大戦でヨーロッパロシアの工業地域が手痛く破壊されたソ連は，1956年からの第六次以降，東部地域の開発に努力した。

　現在もなお，工業の中心は**モスクワ・サンクトペテルブルク・ドニエプル**などの市場に近い地域を中心とした西部地域であるが，ウラル・中央アジア・シベリアをあわせた東部地域の工業生産額が増大している。なかでもエネルギー開発は目覚ましく，エニセイ・アンガラ水系のクラスノヤルスクやブラーツク発電所，バクー油田に代わる第二バクー（ボルガ・ウラル）油田，さらにはウラルの東にある**西シベリア油田**（別名チュメニ油田）が開発されている。また，ウラル山脈周辺には，鉄鉱石や石炭を中心に資源立地のウラル工業地域が成立し，重工業が立地して

66　第Ⅰ部　さまざまな地域

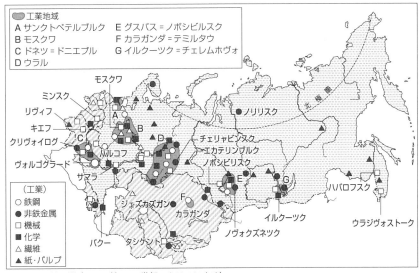

▲ロシアの鉱工業（ナタン社：21世紀アトラスによる）

いる。さらにシベリアでは，1984年に開通した**バム鉄道**（第二シベリア鉄道）がシベリア鉄道の北数百kmをほぼ並走して，石油・天然ガス・石炭・銅鉱などが開発されている。

ソ連瓦解後，私有化で一時混乱したが，海外資本の流入や石油・天然ガスの価格の高騰によってロシア経済は好景気に沸き，加えて生産の峠を越えた西シベリア油田に代わって，東シベリアの**ヤクート油田**や，さらに東の**サハリン油田**も開発されるなど，資源大国の地位を確保している。

4　気候帯とロシア農業

　北ユーラシアの自然は，北極からの寒冷な気団と西からの温暖湿潤な空気が独特の地帯構造を示している。ユーラシア大陸は，北極海の東半球側の東経30度から西経170度を囲むように広がっている。まず，北極周辺から流れ出す極高気圧の寒気の影響を受けて，北から永久凍土の上に地衣類や蘚苔類が広がる**ツンドラ地帯**，針葉樹林の続く**タイガ帯**が同心円状にみられ，ロシアの全森林面積は地球の森林の5分の1を占める。ただ，

第4章　北ユーラシア　67

▲ロシアの農業（ナタン社：21世紀アトラスによる）

コルホーズ（共同農場から農業企業）

　旧ソ連の農村では，社会主義化の過程で，まず農地解放によって地主の土地を小作人に分割し，大量の自営小農民を生み，ついでその土地を共有化して集団農場のコルホーズに組織化し，また貴族の大農園や未開の開拓地では国営農場のソホーズが組織された。

　コルホーズは，農機具・家畜・家屋などを共有化し，共同農作業の生産物は政府の決めた量（ノルマと呼ばれる生産額が上部から指示される）と値段で政府に売り渡した。各農家には自留地（じりゅうち）が認められ，その生産物は自由に販売できたので，農作業が重なれば，農民は自留地に生産意欲をそそいだ。またソホーズは農業労働者が賃金制で働いていた。自留地は前章5節の内耕地，共同耕作地は外耕地に似ている。

　1991年，ソ連時代の制度は崩壊し，農民に払い下げられた農地で自営農業が復活した地域もあるが，コルホーズの名称を残しながら，企業が財産を買い取り，農民は労働者になる地域もみられる。この場合には，農場の大規模化と機械化がいっきに進んでいる。

経済的に利用できる森林は，その3分の1程度と見積もられている。タイガ帯では少数民族によるトナカイ遊牧や狩猟，気候条件のよい南部では牛馬の畜産が行なわれている。

とくに，**ウラル山脈**から東の**シベリア**には，南縁に春小麦地帯，その北に飼料作を加えた混合農業がみられるが，広く森林に覆われて，鉄道にそって林業が行なわれているものの，植林まで行なわれず，伐採・搬出する略奪的な経営で，地域の重要性は鉱業に譲られる。

大西洋の影響がみられるヨーロッパロシアでは，植生がタイガから温帯林，**プレリー**（長草大草原），**ステップ**（短草平原）と南に向かって変化する。タイガの南側には混合農業がみられるが，ロシア南部からウクライナには**黒色土**(チェルノーゼム)帯が広がり，小麦を中心とした穀倉地帯となっている。

しかし，ロシアの農牧業適地は少なく，不利な自然条件を克服するために，耐寒性品種の育成・沼沢地の干拓・乾燥地域の灌漑などによる農牧業地域の拡大，農業機械・化学肥料の投入などをはかってきた。ソ連の崩壊後は，集団農場や国営農場が私有化され，農民グループや農民個人の土地所有になって生産意欲が向上し，ルーブルの下落もあって輸出が伸長した。

しかし，乾燥地や寒冷地は気候変化の影響を受けやすく，年ごとに生産量の変動が著しく，不作の年には，国内需要を優先して，輸出制限を課し，世界全体の農産物価格を上昇させることもある。

5　緩衝国とロシア

冷戦時代，**ポーランド**から**バルカン**の国々は，ソ連の衛星国あるいは東西世界をへだてる緩衝国と称されていた。対立する2大勢力が直接ぶつかるのではなく，その間にしばしば中間的な国があって，対立を和らげるというのである*。

＊たとえば，イギリス植民地とフランス植民地の緩衝国として，いずれにも属さないタイがあった。

しかし，1990年の東西両ドイツの統一に始まり，翌年，COMECONやワルシャワ条約機構が解消され，これら**緩衝国**

がつぎつぎと EU や NATO に参加し，またソ連自体が崩壊すると，ロシアと西側諸国の間にあるウクライナとベラルーシが，あらたな緩衝国の位置に現われてきた。

だが，この 2 国は元来，ソ連という一つの国のなかに存在していたので，分離するに際してさまざまな問題が持ちあがった。

ウクライナは，黒色土の広がる豊かな平野で，小麦の重要な産出国である。西部は，一時期，ポーランドに支配されたこともあって，西側への親近感も強いが，ロシア人が少ない。

ただ，気候の温暖な**クリミア半島**は，先住民のタタール人をソ連が中央アジアに強制移住させる一方，ロシア人の入植を勧めていたので，ウクライナの土地ではあってもロシア語が用いられる。とくに，ロシアの黒海艦隊の重要な基地があったので，それをウクライナに返却せず，租借料を支払って維持し，現在では事実上ロシアの領土となっている。その額は事実上，ウクライナがロシアから購入する天然ガスの代金に当たる。また，**チェルノブイリ原子力発電所**もソ連時代の負の遺産で，1986年に爆発事故を起こし，周囲に放射能汚染を起こした。2013年現在でも核汚染による立ち入り禁止地域が存在し，周辺住民の間ではガンなどの発症がみられる。

ベラルーシにおいて，ロシア人は少数民族ではあるが，ロシア語話者が過半を占めているので，政治体制は別であるが，ロシアの西側の緩衝国としての性格が強い。

6　ロシアとシベリア

シベリアの範囲は曖昧だが，**ウラル山脈**から東に広がるロシア領全体をさす。また北極海に向かう三大河川，**オビ川・エニセイ川・レナ川**に限定し，**アムール川**など太平洋に向かう地域を極東地方とする場合もある。低地や台地の構造平野が広く，縦横に走る河川の舟運が便利で，二つの流域の分水線も船を陸送して容易に越えられた。冬季は橇も有効だった。

70　第Ⅰ部　さまざまな地域

日本とロシア ── 北方領土

ロシア極東を学ぶとき，避けて通れない問題は日本の北方領土である。歴史的には1854年に日露和親条約で択捉・国後など4島を日本領とし，他の千島列島・樺太は日本人・アイヌ・ロシア人などの混住地としていた。さらに，1875年に樺太・千島交換条約で千島列島を日本領と画定した。

しかし，第二次世界大戦の終了後，旧ソ連軍がこれら4島を占領し，先住民のアイヌの人びとを含めて在住日本人をすべて追放したので，ソ連の後継国であるロシア連邦が実効支配して今日に至っている。したがって，両国は

いまだに平和条約を締結していない。ロシアは，旧ドイツ領のカリーニングラード(ケーニヒスベルク)などもドイツ人をすべて放逐して，ついに返還を認めず，基本的な境界の考え方が実効支配を認める追認境界であるのに対して，日本は問題が起きる前はどうだったかを確認する先行境界を主張することが境界に対する基本認識なので，問題解決は困難をきわめている*。

  *日本の先行境界主義は，幕藩体制以来の，国境から市町村界，私有地まで境界に対する基本的考え方である。

　ロシア帝国の進出前，モンゴル系汗国が支配した部分もあったが，大部分は国家組織を持たない先住民が部族単位で居住し，そこに毛皮を求めたロシア人が流入した混住地であった。その毛皮商人の後を追ってロシアの毛皮税の徴税人，兵士・商人・農民が入植し，やがて中国・アメリカ合衆国・日本と接触して拡大は終わった。ロシアの東方の国土は，19世紀後半に画定された。**シベリア鉄道**が敷設されたのは，20世紀初頭である*。

　＊1858年の**アイグン条約**でアムール川左岸，1860年の北京条約でウスリー川以東，1867年のアラスカ売却でベーリング海以西，1875年の**樺太・千島交換条約**で樺太をロシア領として国際的に画定した。

　シベリア入植が本格的に始まったのは，ソ連の計画的都市立地と人口配置以降で，当初は農業開拓と森林開発を行なった。

　鉱工業の発展は，とくに第二次世界大戦によって主に軍事産業が東方内陸に移転したことが契機となった。さらに西シベリア(チュメニ)油田，その最盛期をすぎた近年には，**ヤクート油**

田など東シベリアのあちこちの油田、ついには**サハリン油田**も開かれ、天然ガス・石炭・銅鉱石などが開発された。

このためロシア人の流入は続き、先住民はしだいに少数民族となった。国家としての組織はソ連時代に与えられた共和国・自治州・自治管区などで、独立は許されなかった。実際、ロシア人が多数派で、ソ連崩壊後、ロシア人のヨーロッパへの帰還があり、やや減少しているが、実際には国が自治管区の合併・分割も行ない、ロシア人による中央支配は継続されている。たとえば、ロシア人が少数の旧アガ・ブリャート自治管区はロシア人の多いチタ州と合併され、**ブリャート共和国**となった。

7 カフカスと民族問題

旧ソ連はロシア人が多数派であり、支配的な民族ではあったが、**カフカス地方**は多くの少数民族がそれぞれ共和国を形成していた。しかし、カフカス山脈を境として北斜面の共和国はロシア連邦内に、南斜面はその外におかれていたので、北側の共和国はロシア連邦の一部にとどまり、南側は旧ソ連から独立した。ただし、ロシアに属した北側のイスラム教国では、ロシア人は少数派で、北カフカス連邦管区では3分の1にすぎない。とくに管区内の6共和国のうち3カ国では5%に満たない。

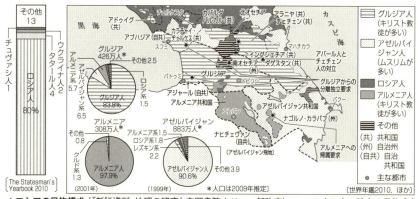

▲ロシアの民族構成(『新詳資料 地理の研究』帝国書院より、一部改変)　▲カフカス地方の民族分布

単にロシア人が少ないだけでなく，大部分がイスラム教徒で，したがってアラビア文字もみられ，ロシア正教会のキリスト教徒が多い他のロシア地域とは文化的にも大きく異なっている。

南斜面の３カ国でもロシア人は１～２％を占めるにすぎず，グルジア正教のグルジア人，**アルメニア正教のアルメニア人**を除けば大部分がイスラム教徒で，ロシア正教徒ではない点で，北カフカス諸国と似ている。しかし，グルジアにはその他の少数民族もいて，グルジア人の民族主義から自由になるために，むしろロシア連邦に支援を求めるイスラム教徒もいる。実際，**オセティア人**の場合には，北オセティアはロシア連邦に属し，南オセティアではグルジアからの独立を要求してオセティア紛争を起こしている。また，北側にはいったために独立を許されなかった**チェチェン共和国**は，ロシア連邦からの分離を求めている。ただ，このカフカス地方全体として，ソ連崩壊後，ロシア人の引揚げがみられる点は共通している。

このようなソ連時代の人為的な民族国家設立は，カフカスの各地に領土・民族問題を生み，**アゼルバイジャンとアルメニア**は相互の領土内に飛び地を持って対立している。問題を複雑にしているのは，旧ソ連で重要だったバクー油田がアゼルバイジャンにあり，そのパイプラインがグルジアを通過して黒海に抜けているために，政治的に対立しても経済的には対立できない状況があるからでもある。

8　大自然改造計画と中央アジア

中央アジアは，日照時間が長く気温も十分であるが，降水量が少なく，ステップ・砂漠気候帯で，広く羊・ヤギの放牧が営まれていた。また山地からの河川を利用した灌漑耕地では，綿花・小麦・果樹などが栽培され，豊かな**オアシス農業**がみられ，古代から東西の交通路上に都市が栄えていた。仏教もイスラム教も，この地を通って伝えられた。

第4章　北ユーラシア　73

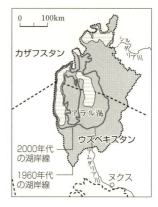

▶縮小するアラル海
アラル海は縮小が進み，1960年代と比べて5分の1ほどになり，現在は，小アラル海（北アラル海），バルサ・ケルメス湖，大アラル海などの小塩湖に分裂し，干上がった部分はアラルクム砂漠と呼ぶこともある。

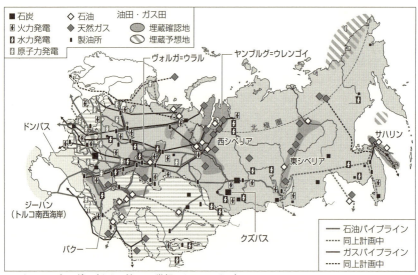

▲ロシアのエネルギー（ナタン社：21世紀アトラスによる）

　この地方は，地下資源も豊かではあるが，ロシア帝国に征服され，いわば植民地となった。ロシア人は少ないが，長いロシア統治下でロシア語が共通語となり，ロシアの主導するCIS（独立国家共同体）に参加している。ヨーロッパ・アメリカ合衆国の軍事基地がつくられ，ロシア人の流出はあるものの，ロシア連邦との関係はなお強い。

　諸共和国の領域は，ソ連時代に定められ，ロシア共和国に対するモノカルチャー的な綿花や鉱産物の供給地であった。1951年からの第五次五カ年計画は**自然改造計画**と呼ばれ，**ボルガ・**

74　第Ⅰ部　さまざまな地域

北極，氷の海

北極海は，ユーラシア大陸・北アメリカ大陸に囲まれた地中海である。囲む陸地の3分の1をロシア，4分の1を北アメリカ（アメリカ合衆国とカナダ），残余をヨーロッパ（グリーンランド・アイスランド・ノルウェーなど）が占める。

周辺地域には，豊富な地下資源がある。近年，開発の始まった東シベリアやサハリンの油田だけでなく，アラスカ・カナダの油田も資源として活用されつつある。東シベリアもパイプラインが完成すれば，東アジアの重要なエネルギー供給基地となる。

北極海で，世界の大国であるロシアとアメリカ合衆国が対峙していることは，北極海周辺に存在するロシア・アメリカ合衆国・カナダ・デンマークなどの軍事基地の存在によってわかり，戦略的に重要な地域である。

近年，南極大陸についで北極海でオゾンホールの拡大と氷山の縮小が伝えられて，それをもたらした地球温暖化が，動植物の生態系に対して影響を与えることが心配される。

ドン運河の開通のほか，現在のトルクメニスタンの砂漠を灌漑するカラクーム運河の建設が進められ，広大な灌漑耕地が開かれた。しかし，それにともなう灌漑水路網の整備によって耕地は拡大したが，取水されたアムダリア川のアラル海への流水が減少し，アラル海は干上がって収縮し，漁業は放棄され，砂漠には漁船が野曝しになっているありさまである。過剰な灌漑用水の摂取とともに化学肥料の乱用は地下水を，また干上がった湖岸から巻き上げられる塩分の多いほこりは大気を汚染し，周辺の地域に最悪の環境をつくっている。1960年代まで世界第4位の面積だったアラル海は，いくつかの小さな湖に分裂し，カザフスタンの内海となった小アラル海は堤防で南に流出する水を止め，水位上昇とともに漁業も復活した。

また，カザフスタンではセミパラチンスクに旧ソ連が核実験場を設置し，500回近い核実験を行ない，この草原も1991年に閉鎖され，今や荒野と化している。さらにカザフスタンのバイコヌール宇宙開発基地は，現在もなおロシアが租借地として管理し，その内部ではロシアがこの土地の行政権を握り，ロシアの通貨が流通し，いわば植民地状態のままである。

第4章 北ユーラシア　75

第5章 北アメリカ

1 ヨーロッパからの自由

　北アメリカは，通常，**アメリカ合衆国**と**カナダ**の2カ国をさす。北アメリカ大陸には**メキシコ**なども存在するが，それらは文化的・歴史的成立状況から，**カリブ海諸国**とあわせて中部アメリカとされる。その文化的背景に着目して，中南アメリカを**ラテンアメリカ**と呼ぶのに対して，北アメリカを**アングロアメリカ**と呼ぶものもあるが，それではフランス語を用いるケベック州を擁するカナダがはずれてしまう。北アメリカはおもにイギリスとフランスが進出して植民地としたが，イギリスに敗れたフランスはカナダやルイジアナなどの植民地を失った。

　植民者の多くは本国での経済的困窮，宗教的圧迫から逃れて自由を求めた人びとであった。先住民の数が絶対的に少なく，強大な敵対勢力がなかったことから，その移民は家族を引き連れた場合が多く，母国に帰ることを考える人は少なかった。その意味で，異民族のアジアなどを制圧するような，母国が政治的支配と経済的収奪を行なうことへの反発が強かった。

　1783年，13の英領植民地は**フランス**の支援も得て，**イギリス**から独立した。先住民族である**インディアン**は，植民者たちの圧迫によって，人口を減らし，しだいに肥沃な土地から追われ，その労働力の不足を埋めるためにアフリカから**奴隷**として黒人が連れてこられた。

　奴隷貿易は**イギリス・フランス・オランダ・ポルトガル**などが17〜18世紀に盛んに行なった。ヨーロッパから雑貨や武

76　第I部　さまざまな地域

▲アメリカ合衆国の発展

器をアフリカの首長などに送り、物々交換で得た**黒人奴隷**をアメリカに送り、アメリカから砂糖やタバコなどの物産をヨーロッパに持ち帰る**三角貿易**を行なったのである。とくにアメリカ合衆国の南部ではタバコや綿花栽培に黒人奴隷を多数使用し、**南北戦争**(1861～65)の原因の一つとなった。しかし、黒人に対するさまざまな差別は残り、1964年の公民権運動が起こる遠因になっている。

2　雄大な自然

　独立戦争発生地のニューイングランド6州を含めて、独立宣言に参加した13州に始まり、独立時にイギリスから得たアパラチア山脈の西、ミシシッピ川の東岸まで、ついでフランスから購入した中西部のプレーリーの大平原へと開拓者の**西漸運動**

第5章　北アメリカ　　77

は**開拓前線**（フロンティア）を西に押しやった。

　とりわけ，カリフォルニアのゴールドラッシュを契機に，フロンティアは乾燥した西部と**ロッキー山脈**を越えて太平洋岸に達した。また，メキシコやスペインから領土を得て，ロシアから購入した**アラスカ**や，太平洋の**ハワイ諸島**を編入した。こうして，太平洋と大西洋とにまたがる大陸国家になったのである。

　気候は，アラスカの北極海に面するツンドラ気候，それに続くタイガの冷帯多雨気候，大陸の東半分を占める温暖湿潤気候と太平洋岸の地中海性気候とを含めた温帯気候，西部のステップ気候から砂漠気候をおおう乾燥気候，そしてフロリダ半島の熱帯気候に属する**サバナ気候**やハワイ諸島の熱帯雨林気候と多様で，ほぼすべての気候類型を持っている。それだけに，メキシコ湾から北上する**台風**，逆にカナダから南下する寒気は苛烈^{かれつ}なものである。

　環太平洋造山帯に属するロッキー山脈から西では**地震**が頻発し，ハワイも火山島ではあるが，東側の五大湖地方はカナダの**ローレンシア台地**^{りくかい}に続き**安定陸塊**である。地質構造の多様性と単純さは，豊かな多様な地下資源を大量に用意してくれている。

　メサビの鉄鉱山，**ビュートの銅山**など，さまざまな金属資源に加えて，**アパラチア炭田**などや**メキシコ湾岸油田**などのエネルギー源が各地に点在して，アメリカの重化学工業化を支えている。また，これらの原材料を世界中から輸入して国内資源の枯渇を先送りしつつ，一人当たりエネルギー消費量で世界一の経済力を維持している。とりわけ，**多国籍企業のメジャー**を通じて石油の世界支配を続けている。

3　人種と民族

　アメリカ合衆国の人口は3億人余りであるが，少数のアメリカインディアン，**イヌイット**（エスキモー）を除けば，絶え間なく来住した移民とその子孫である。初期の移民はイギリス系と

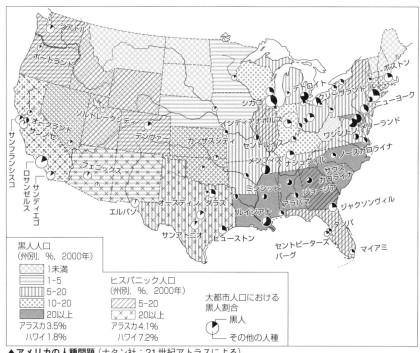

▲**アメリカの人種問題**（ナタン社：21世紀アトラスによる）

フランス系で，とくに**ワスプ**(WASP, White Anglo-Saxon Protestant)と呼ばれる白人が建国を主導した。19世紀以降はドイツ人・イタリア人・アイルランド人などが加わる。彼らはヨーロッパの制度・文明をもたらし，自由な思想と開拓者精神をもとに，あらたな国づくりを進めた。

その後に来住したイタリア人や東ヨーロッパ系・アジア系移民は，農場や工場の労働者となったものも多く，先に来住した西ヨーロッパ系移民との間には，社会的・経済的へだたりが生じ，とくにアフリカから奴隷として連れてこられた黒人は13％余りを占め，貧困と人種差別に苦しんでいる人が多い。アジア系は初期の中国人，つづいて日本人が多かったが，ベトナム戦争(1965～73)後は東南アジアからの移民もあって，全人口の5％ほどに達している。また，人種的には白人に属するが，アメリカ合衆国に中南米からやってきた**ヒスパニック系**は旧メキシコから獲得した諸州の住民を加えて15％を超えている。

第5章 北アメリカ 79

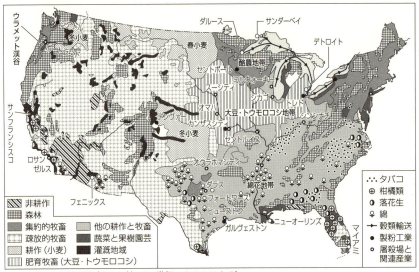

▲アメリカの土地利用（ナタン社：21世紀アトラスによる）

　少数民族は，しばしば大都市で特定街区に集住する。とくに経済的に恵まれない人びとの集まる街区は劣悪住宅街としてスラムを形成し，失業者が多く，犯罪や麻薬事件が多発している。敏感な人は住まいがどこにあるのかで，出身・人種・民族がわかるとも言われる。

　北アメリカは，多様な人種と出身母国の文化を身に付けている多様な民族とが共存して，しかもまだ十分には融合していない社会ではあるが，黒人やアジア人の血を引く政治家やスポーツ選手などの活躍が，しだいに「アメリカ人」と称する民族を形成しつつある。人種民族のモザイク状態が，しだいにるつぼのように溶け合っていく過程にあるとも言える。

4　大規模化・機械化と農業

　アメリカ合衆国の農業は，植民地として生産物をヨーロッパに輸出するための，**企業的・商業的農業**として発達した。

　こうして農家経営の大規模化，及び機械化は労働生産性を飛躍的に増大させた。現在，全体で農業人口は全就業人口の1％

余りであるが，一人当たり平均約150ヘクタール以上の農地を経営している。そのため，耕耘・播種・収穫などを行なうトラクターやコンバインなどが普及し，野菜や果物までが自動収穫機を用いて収穫されている。これら大型農業機械を利用するために，**等高線栽培**を行ない，同時に土壌や肥料の流亡を防いでいる。また，**グレートプレーンズ**では，半径1kmにもなる大型の**センターピヴォット散水機**などを用いた**灌漑農業**が行なわれている。

商品作物の生産を合理的に行なうために，土地の自然条件にあった作物に特化して大規模に栽培する，いわゆる**適地適作**の合理的作物選択がなされた。こうして，中西部の各種穀物，トウモロコシ地帯(コーンベルト)や南部の綿花地帯(コットンベルト)，北東部・五大湖南部の**酪農地帯**のように，幅100km以上，東西1000～2000kmの農業地帯がつくられた。

しかし，1930年代以降の産業構造の変化が，農業地域構造を変化させた。西部では灌漑施設の整備にともない，果樹など市場向けの作物の生産がふえ，南東部の綿花やタバコに依存していた地域では，さまざまな作物を栽培する多角経営に移行している。綿花地帯は穀物生産に中心を移し，企業的な大農場へと変わった。その他の地域でも，多様な農産物が生産されるようになり，かつての単純な農業地帯区分だけから農業の現状を知ることは難しい。

多様な自然に対応して，穀作から畜産，酪農から果樹・野菜などの**園芸農業**に至るまで，いずれの作目でも世界的な生産量を上げる農業が成長し，世界有数の農業国となっている。

5 強い農業とその悩み

アメリカ合衆国の小麦生産地は，南のテキサス東部からカナダ国境まで，北のカナダまで加えれば南北3000kmにわたって広がっている。そのため，大型農業機械が季節の推移にあわ

第5章 北アメリカ　81

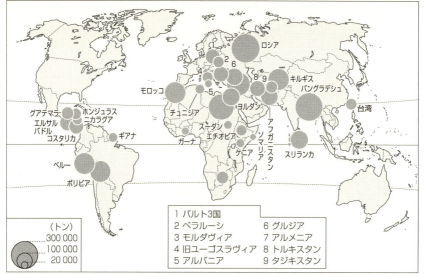

▲アメリカの小麦・小麦粉による援助（1990年代，Documentation photograhique dossier 8006 より）

せて南北を移動する。播種期は北部での春の播種から南部での秋の播種まで，コンバインは南部の夏の冬小麦の収穫から北部の秋の春小麦の収穫まで，大型の播種と収穫に向けた大農業機械集団が移動しながら作業する。

　農場主の農民はスーツケース一つを持ってやってきて，農業機械の運営会社と契約をして作業を委託する。収穫された小麦はシカゴなどの農産物市場で直接売買され，穀物栽培の農民が農場で直接農作業をすることはほとんどない。ファーマーの仕事はコンピュータを用い，穀物価格をみて，大型穀物倉庫の収穫物を，いつ，どこに出荷するかを決めることとなる。一部では，それほどまでに企業化と合理化が進められている。

　農業の合理化が進み，生産性が向上して，アメリカ合衆国は農産物の過剰生産に悩まされるようになり，小麦価格を維持するために生産調整が行なわれている。また，農産物を海外援助に向けることもある。

　中西部の**トウモロコシ地帯**では，労働者の不足に悩み，中小規模の農家では経営が苦しく，後継者が減って廃屋と放棄された農地が目立つようになった。農民の平均所得は他の産業にく

らべて低く，地域による格差が大きいことがアメリカ合衆国農業の大きな問題である。

南部の**コットンベルト**は，当初プランテーションでアフリカからの黒人奴隷を使って綿花を栽培し，イギリスなどに綿工業の原料を供給していた。南北戦争で奴隷は解放されたが，土地を持たない黒人たちは大農園主を地主とする小作人となった。綿花栽培から穀作への変化は機械化を進めたが，南部の黒人はなお差別に苦しむ貧しい生活を送らねばならず，それが農民の所得水準を引き下げている。

6　アメリカの工業発展

ヨーロッパの植民地として始まったアメリカ合衆国は，食料や原材料の生産と輸出の農業を中心としていた。しかし，**西漸運動**の進展とともに，アパラチア山脈東側のピードモント台地から海岸平野に落ちる一連の滝線の水流をエネルギー源として**ボルチモア・リッチモンド**などで軽工業都市が始まった。これらは，本国から輸入する工業製品を現地で生産して調達する，

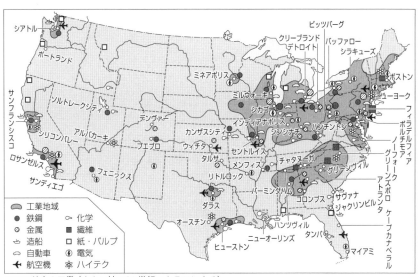

▲**アメリカの工業**（ナタン社：21世紀アトラスによる）

一種の**輸入代替工業**である。

19世紀半ばから産業革命が進み，工業の中心がニューイングランドの軽工業からペンシルバニア炭田・メサビ鉄山など重工業の原料が得やすい西方に拡大した。ニューヨーク・フィラデルフィア・ボストンを中心とする中部大西洋岸と，シカゴ・ピッツバーグ・クリーブランド・デトロイトなどの五大湖南部の地域では，軽工業だけでなく重化学工業など，あらゆる工業が発達し，まとめて北東部工業地域と呼ばれている。

第二次世界大戦の頃からは，太平洋岸の**サンフランシスコ**と**ロサンゼルス**に航空機工業・石油精製業・アルミニウム工業やIT産業が発達してきた。ニューディール政策による**テネシー河谷開発公社**(TVA)は，電力と安い労働力を求める工業を南部に移動させ始め，さらに第二次世界大戦後，石油・天然ガスなどを原料として，メキシコ湾岸部の**ヒューストン・ダラス**に化学工業が急速に発達した。また，NASA宇宙開発計画の進展にともない，人工衛星の製造に関連する宇宙産業が，ケープカナベラル・ヒューストン・ハンツヴィルなどに進出した。

1950年代後半から旧西ドイツ，ついで日本の経済が急速に発展すると，宇宙産業や航空機工業などではまだ追随を許さないアメリカも，自動車など他の分野では工業製品の貿易市場をせばめられた。その結果，1970年以降，多くの工場が北東部北緯37度以北の**フロストベルト**にある主要工業地域から，安い労働力と広い土地を求めて，37度以南の東海岸から太平洋岸に広がり，工業化が進んだ**サンベルト**に移動し始めている。

7 アメリカ企業の世界展開

工業化の当初，アメリカ合衆国の弱点は最大の市場であったヨーロッパまでの遠い距離にあった。そのためにも，ヨーロッパの先進工業にくらべて大量で安価な工業製品を提供することが眼目となった。資本の集中度を高め，大企業による大量生産

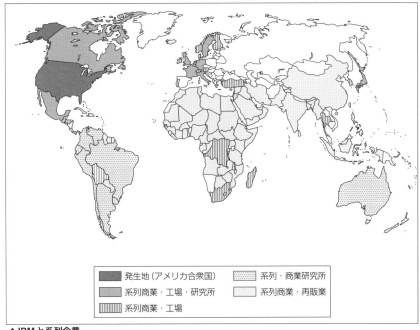

▲IBMと系列企業

　方式がとられたのである。タバコ・航空機・タイヤ・農業機械・缶詰・自動車など多くの分野で大企業の**寡占化**（かせんか）が進んだ。
　ヨーロッパにくらべて工業設備はよりあたらしく，性能が向上したものをそなえ，またベルトコンベアによるフォード会社の大量生産方式は**フォーディズム**とも呼ばれ，一つの作業だけに特化する労働者(**単能工**)を生み出した。作用は，単純化されて，能率は向上した。
　2度の世界大戦を通じて，アメリカ合衆国は唯一戦乱をまぬがれた工業国として，世界最大の工業生産を誇った。とくに第一次世界大戦後，アメリカのドルはイギリスのポンドに代わって世界貿易の**決済通貨**の地位を固め，アメリカの企業はドルの力で海外の有力企業を買収し，子会社とした。また労働力の安い，立地条件のよい外国に工場を建て，原材料の輸入や製品の販売などに有利な地域に世界規模で子会社を設立した。
　多国籍企業の発展は，工業製品のアメリカ規格への統合をもたらし，**グローバル化**と称するアメリカ化をうながした。市場

第5章　北アメリカ　85

がヨーロッパ中心からアジアを含めた世界全体に広がると，先端産業地域とも呼ばれるシリコンバレーのようなIT産業，ハリウッドの映画産業，ロサンゼルスの航空機工業など，あらたな工業が太平洋岸にみられるようになった。

アメリカで始まったファーストフード，清涼飲料やジーンズは，アメリカ人の生活様式としてだけではなく，伝統的権威主義的なヨーロパ社会からの自由を象徴するアメリカ人精神の具象化とさえ位置付けられた。Tシャツでさえも，ヨーロッパの農民の下着をアメリカ軍兵士が愛用して世界的な衣類となっている。

8　空間の克服

新開地のアメリカ内陸では，入植した人びとはミシシッピ川からニューオーリンズに，また五大湖からセントローレンス川を経てケベックに，あるいはエリー運河を経てニューヨークに，水運で外界に生産物を送り出さなければならなかった。

陸路は，まず駅馬車による交通が始まり，大陸横断鉄道は1869年に最初の路線が開通し，以後，カナダの3路線を含めて10路線が開かれた。1930年代には高速道路（フリーウェイ）が各州の間を結び，自動車時代に突入した。豊富な石油資源に恵まれ，広大な空間を往来するために旺盛な需要が生まれ，大量生産による自動車工業が発達した。

さらに遠距離交通は航空機に代わり，大量な物資は東西の海岸を結ぶ大型船舶によって1914年に開通したパナマ運河が利用された。広大な空間を克服するために，単に交通運輸だけではなく，情報システムもアメリカ合衆国を中心に進歩した。アメリカ合衆国では1965年に電子メールが始まり，1988年には商用インターネットが始まり，国土のどこにあっても，情報の共有を可能とした。これらは，アメリカ合衆国が世界に先駆けて開発したので，その技術上の様式はすべて英語で行なわれる

86　第Ⅰ部　さまざまな地域

アメリカ的生活

　アメリカ人は，広い空間に適合した生活様式を選択した。商業やサービスのために都市に集まり，離れた農家には通信販売・移動販売・自動車交通などが発達しておぎなった。また，毎日の買い物は手控えて，週に1度の遠出の買い物が主流となり，それだけに大きな家に巨大な冷蔵庫や地下倉庫がそなえられ，冷凍食品など保存性のよい食品が好まれた。もちろん，家庭の所得水準や職業などにもよるが，日曜大工・庭仕事などが広く男たちの素養となり，女たちは編み物・室内装飾に励む生活が勧められ，子どもには寄宿学校が用意された。

　商店も大量の買い物に対応して，大規模な駐車場のあるスーパーマーケットが郊外に発達した。都心からだけでなく，周辺農村部からの買い物客を受け入れるためでもある。ここには金融機関などが併設される場合もあるが，カード決済など，無店舗清算のできるシステムが発達して低人口密度に対応した。

ことになった。いわゆるネット上のさまざまな用語の語源をたどれば，アメリカ開発の英語に行き着く。メールアドレスの国名記号は，アメリカ合衆国には付けられていない*。

　＊ www は World Wide Web，HTML は Hyper Text Markup Language。日本なら jp，フランスなら fr である。

　さらに，国際語としての英語を背景に，アメリカのテレビ番組が世界中で視聴を可能としている。

　ドルは，世界から奨学金などの形で頭脳を呼び寄せた。優秀な頭脳が生む研究成果は，特許権としてアメリカ合衆国の知的財産となり，その特許権収入がアメリカ合衆国に還流すること

◀アメリカのショッピングセンター
（ユニフォトプレス提供）

第5章　北アメリカ　　87

となった。アメリカの研究環境は多くの研究者を引き付け，イギリスの世界支配の遺産を継承しつつ，英語は世界の科学者の交流語となった。

9　合衆国の都市

　アメリカ合衆国は，世界で最も都市の発達した国と言える。第一次産業就業者は全体の2%に満たず，しかもその多くは実際に農業で農耕に従事しているのではなく，むしろ事務的・管理的な専門技術的な仕事をしている。都市に住むのは全人口の約4分の3で，残りは農村地域に居住している。市域の人口が200万人を超える都市は，**ニューヨーク・ロサンゼルス・シカゴ・ヒューストン**の4つであるが，衛星都市や郊外を含めた大

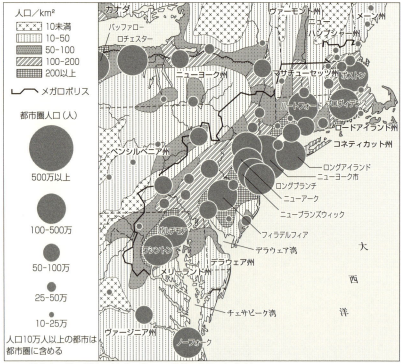

▲アメリカのメガロポリス（ナタン社：21世紀アトラスによる）

88　第Ⅰ部　さまざまな地域

都市地域の人口が200万以上となる都市は十数都市にのぼる。

　アメリカ合衆国の都市の景観は，都心部の高層建築・アパート群と，郊外の田園都市的な住宅地との対照的な組合せに特徴がある。自動車が普及し，かなり遠方の郊外でも住宅地となる一方，広域から人びとが集中する都心部の超高層化が極端に進むからである。

　ニューヨークはアメリカ合衆国最大の都市で，この国の経済の中心地として発達した。第二次世界大戦後，国連本部がおかれ，国際政治の舞台ともなった。世界のあらゆる人種・民族が住む国際都市で，24言語の新聞が発行されている。人口の4分の1はユダヤ系で，都心近くの**ハーレム**は黒人約40万人が住む黒人密集地区である。また，黒人より新参の**プエルトリコ人**も，イーストサイド，ウェストサイドなどの**スラム街**に集まっている。所得格差や人種差別に結び付いたスラム化の進行や犯罪の増加は，ニューヨークのみならず，現代アメリカ都市の抱える深刻な問題である。

　ニューヨークを中心に，北はボストンから南はワシントンまで，大小多くの都市が連なり，**巨帯都市**（メガロポリス）と呼ばれる巨大な都市地帯を形成している。ここは，アメリカ合衆国の交通・金融・行政などの中心地で，州を超えて一体となっている地域である。都市の極度の発達は，交通難・住宅難・失業・公害などの都市問題を引き起こしている。

10　ヨーロッパとの関係が続くカナダ

　カナダはアメリカ合衆国と異なり，独立は非常に遅れた。開拓の初期は沿岸のイギリス植民地と**セントローレンス川**沿いに広がったフランス植民地に分かれていたが，七年戦争（1756～63年）の結果，1763年のパリ条約によってフランス領植民地はイギリス領に統合された。

　しかし，**ケベック**を中心にフランス人入植者の人口は多く，

第5章　北アメリカ　89

フランス語とカトリックとを維持し，英語とプロテスタントの多いイギリス領植民地とは異なった性格をみせている。このフランス系住民の存在が，アメリカ合衆国とは異なるカナダ的性格を生み，国連をはじめさまざまな国際組織で多言語をあやつるカナダ人が活躍する素地をつくっている。

　カナダ的性格とは，言語・宗教において多文化主義を取っていること，英連邦に参加するなど，イギリスとの関係を維持してヨーロッパから受け継いだ伝統を尊重していること，アメリカ合衆国以上に地方分権が徹底していることなどがあげられる。

　当初のカナダは，大西洋沿岸の豊かな漁場を中心とした水産物と，内陸の一部は先住民族インディアンを介した毛皮貿易によってヨーロッパと結び付いていた。毛皮は，軽くて内陸から搬出しやすかった。19世紀，ナポレオンの禁止によってヨーロッパからの木材が途絶えると，イギリスはカナダの森林開発に着手し，セントローレンス川の水運が活発になり，人口も増加し，農産物の需要も高まった。やっと1867年にオンタリオ，ケベック，ノヴァスコシア，ニューブランズウィックの四州からなる，カナダ自治領(事実上の独立)がつくられた。最終的に現在の領域が画定するのは，1880年である。また，イギリス領からの完全独立は，1931年にウェストミンスター憲章によって承認されている。

　セントローレンス川流域からオンタリオ湖周辺に広がっていた小麦産地は，人口の増加と大陸横断鉄道の完成(1885)とともに西部に移動し，ヨーロッパやアメリカ合衆国の重要な小麦供給地となった。それだけに，ヨーロッパへの原料供給地の性格が強かった。

11　アメリカ合衆国と結び付くカナダ経済

　カナダの鉱工業の各部門は，資本をアメリカ合衆国にあおいで発展してきた。また，貿易の上でもアメリカ合衆国への依存

90　第Ⅰ部　さまざまな地域

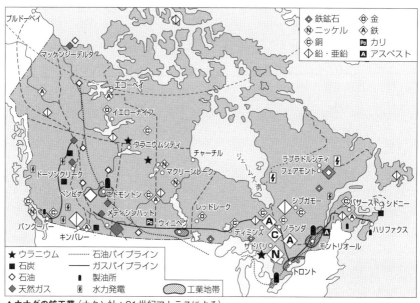

▲**カナダの鉱工業** (ナタン社:21世紀アトラスによる)

度が高い。

　カナダでは農業・鉄道・電源開発・繊維工業・鉄鋼業を除けば大部分の産業がアメリカ資本の支配下にある。これにともなう外資の流入は,カナダの国際収支の恒常的赤字を生む原因となっている。

　カナダは地下資源の豊富な国で,ロッキー山脈東麓の石油・天然ガス,**サドバリ鉱山**のニッケル鉱,**ラブラドル地方**の鉄鉱石など,世界的な規模の埋蔵量,あるいは生産量を示している。またウラン鉱の埋蔵量は,世界の約5分の1を占めると言われ,全国に分布する多くの湖の水資源は豊富で安価な水力電気を供給している。

　この電力により,原料はすべて輸入に頼りながら,アルミニウムの生産では世界第3位を占めている。さらに,豊富な森林資源は水力・電力とあいまって,カナダをパルプ・紙の世界的な生産・輸出国としている。

　豊かな地下資源に恵まれたカナダでは,アメリカ合衆国資本の導入により,とくに第二次世界大戦をきっかけに工業化が急

巨大なダム

カナダの水力発電は規模が大きく，ハドソン湾の南に切れ込むジェームズ湾のケベック側には，ラグランド川をはじめ大規模な電源開発が行なわれている。通常，ダムサイトには空路ではいる。数千人の従業員は電力会社の住宅に住み，職員食堂では食事も無料である。映画館も喫茶店も電力会社が経営するので，いったんダムサイトにはいればお金を持たないで暮らせる。そのためにも，飛行機で到着して空港の外に出る際には特別のビザを必要とする。近くの先住民集落とは接触が少ない。

まだ未完成であるが，ダム自体は階段状に連なり，単体では中国の三峡(サンシア)ダムやブラジル・パラグアイのイタイプダムより小さいが，全体ではやがて世界最大となる。寒冷地なので地下発電所で発電され，超高圧送電線でカナダ南部・アメリカ合衆国に送られている。ただ，先住民の狩猟・漁労地域をダム湖で分断するなど，生態系に問題があるともされる。

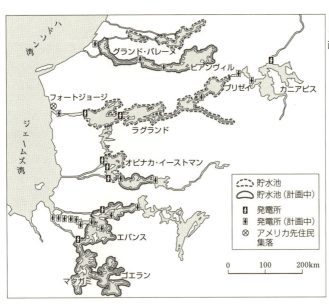

▶カナダの発電所
(「ジェームズ湾開発計画書」より，1981年)

速に進んだ。現在はオンタリオ湖岸に重化学工業，セントローレンス川流域一帯には軽工業が発達している。これらカナダ南部の工業地域は，アメリカ合衆国の工業地域の延長とみられる。

また，日本や中国の経済発展とともに，アジア諸国との貿易が盛んになって，**バンクーバー**などに製材やパルプ工業などを中心とした工業が太平洋岸にも展開してきている。

　その背景には，小麦に加えて木材のアジアへの輸出にともなう西部山地の林業が活発化し，アジアからカナダ西部山脈などへの観光客の増加がある。カナダはヨーロッパを向いた国であったが，しだいに太平洋岸への関心を強め，アメリカ合衆国と同様に大陸国家に変貌しつつある。

12　唯一の超大国

　アメリカ合衆国とカナダは，世界の大国としてさまざまな国際機関に代表を送り，国際世論の形成にかかわっている。とりわけ**アメリカ合衆国**は，ソ連の崩壊後，世界で唯一の**超大国**とされ，政治的・軍事的・経済的な支配力を誇っている。

　ニューヨークには国際連合の本部がおかれて，世界各国の首脳がしばしば出会う場となっている。アメリカ合衆国と外交的に対立する国も，ニューヨークにやってくる。さまざまな軍事同盟がアメリカ合衆国を中心に結成され，アメリカ合衆国の軍事基地には，どこかでつねに太陽が照っている。アメリカ合衆国が参加する軍事同盟は，**北大西洋条約機構** (NATO) だけでなく，日米，米韓，米・オーストラリアなど2カ国間の同盟も含めて世界を網の目のように結び付けている。

　ニューヨークは**ドル**の力を背景に，世界の金融の中心地となっている。そこには数千人の人が働く世界銀行の本部がおかれ，国際金融の中心地となっている。また，**国際通貨基金** (IMF) はワシントンに本部をおき，アメリカ合衆国の経済外交の力を助けている。

　各国は準備通貨としてアメリカ合衆国のドルを持っているから，ドルの価格が低下すれば各国の不利益となり，ドルが値上がりすれば，各国の財政は豊かになる。アメリカ合衆国自身は

第5章　北アメリカ　93

世界の警察官とグローバリゼーション

アメリカ合衆国は，第二次世界大戦後，旧ソ連との東西対立から，軍事同盟を通してドイツやイギリスなどを中心にヨーロッパに，日本・韓国などのアジアに，太平洋のマーシャル諸島やグアム島，大西洋のアゾレス諸島，インド洋のディエゴガルシア島，北極圏のカーナック(チューレ)などに基地網を張りめぐらせた。ソ連の崩壊後，基地は縮小されつつあるが，一旦紛争が勃発すると，軍の派遣や軍需物資の支援など，さまざまな介入を試みている。そのため，世界の警察官みたいであると言われてきた。また強力な経済力を背景に，巨大企業が世界規模に支店や工場を展開し，アメリカの生活・文化や産業の基準が世界基準となるグローバリゼーションが叫ばれて久しい。

しかしその維持には膨大な軍事費を必要とし，国内の低所得層は海外の低賃金の労働力と競争することとなった。それだけにこの世界に唯一の超大国は，一国としては過重な警察官としての役割を軽減し，経済的にも保護主義的な方向をとりたいというような，かつてモンロー主義と呼ばれた外交政策を世界に広げて，軍事・経済の面でも他国の内政への干渉や世界企業の収益より国益を前面に出す動きもみられる。

＊モンロー主義　1823年にモンロー大統領が主張した欧米両大陸は相互不干渉とする外交原則。

必要に応じてドル紙幣の印刷・発行量を調整できるので，その力によって世界の財政に大きな影響を与えることになる。そこで，ドルの価格変動を回避するために，ヨーロッパの**ユーロ**や日本の円，あるいは金などを分散して保有する国々も多い。しかし，世界ではなお貿易上の**決済通貨**にドルを使う場合が多い。

また，中国や日本などはアメリカ合衆国の国債を多量に保有しているので，外交・貿易や軍事の分野においてアメリカ合衆国の経済政策の影響を受けざるを得ない。

世界的な大企業はニューヨークで資金を調達し，商取引上の決済をするので，その連邦準備銀行と証券取引所は世界で最も重要な金融機関であり，その金融機能は強力である。実際，世界にはミクロネシア連邦，エクアドル，エルサルバドル，パナマ，ジンバブエなど，ドルを自国の通貨としている国もある。

第6章 中南アメリカ

1 ラテンアメリカと呼ばれて

　大陸としてはパナマ以北を**北アメリカ大陸**と呼ぶが，国際的な区分では，メキシコ以南パナマまでとカリブ海諸島を**中部アメリカ**とし，**南アメリカ大陸**とあわせて**中南アメリカ**とする。

　メキシコ高原ではアステカ人，ユカタン半島ではマヤ人，アンデス山地ではインカ人など，先住民族のインディオ文明が開花したが，16世紀にラテン系民族が進出して，カトリックを布教し，大部分の国がスペインの，ブラジルがポルトガルの植民地となった。そのため，**ラテンアメリカ**とも呼ばれる。

　進出したヨーロッパ人は，原住民と混血し，奴隷としてアフリカから連れてこられた黒人とも混血して，「人種のるつぼ」と呼ばれる独特の社会をつくり上げてきた。現在，人種構成は，白人とインディオの混血である**メスチーソ**が全体として多く，インディオは**アマゾン盆地**やアンデス山地，黒人やその白人との混血の**ムラート**はカリブ海沿岸やブラジル北東岸，白人はブラジル南東部からウルグアイ，アルゼンチン北部に多くみられ，地域による人種構成の差が大きい。

　このように，日本を含めて世界各地からの移民とその子孫の混血とから成り立っている中南アメリカは，人種差別が一般に少ないと言われる。しかし，大土地所有制など，遅れた社会・経済体制のため，住民間の所得格差は大きく，中間層が少ないことが，国の政情を不安定にしている。

　また，中南アメリカは人口の増加が激しく，その多くは十分

第6章　中南アメリカ　95

メスチーソ

中南アメリカの人種構成は、世界各地からの移民と先住民のインディオとが混血を繰り返した結果、きわめて複雑になっている。最大多数の人びとはメスチーソと呼ばれ、先住民と白人との混血であるとされているが、実際にはアフリカから連れてこられた奴隷や奴隷制廃止後のアジア系移民とも混血した人びとも含まれる。

いちおう、黒人と白人との混血をムラート、黒人とインディオとの混血をサンボと呼ぶ。しかし、アメリカ合衆国のような4分の1、8分の1の黒人の血が加わっているから黒人とはならず、多くはムラートやメスチーソとなって人種差別は少ない。

人種は出身地の違いを意味し、ブラジルでは白人は南部、黒人は北東部、日本人はパウリスタ、インディオはアマゾナスと呼ばれることが多い。むしろ、白人社会に接して奴隷化したインディオに対してメスチーソ、土着した貧しい白人にカボクロという社会的呼称が用いられる場合が多い。

な教育を受けないまま、未熟練労働者として都市に集中し、定職がなく、都市周辺にスラム街を形成している場合が多い。

ラテンアメリカ諸国のヨーロッパからの独立は、アメリカ合衆国より遅れて19世紀にはいってからであるが、キューバのようにアメリカ合衆国に支援されていたはずのスペインからの独立が、そのままアメリカ合衆国の植民地にされてしまう場合もみられて、全域が独立するのは20世紀になってからである。

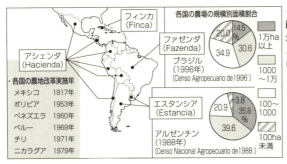

◀大土地所有制と農地面積割合（『新詳資料地理の研究』帝国書院より）　□内は各地における大農場の呼称。

96　第Ⅰ部　さまざまな地域

2 大土地所有の農業

　中南アメリカの農牧業は，**大土地所有制**を起源とする**単一栽培**(モノカルチャー)に特色がある。この制度は，植民地時代，征服者にその功績として広大な土地を与えたのが始まりである。外国の食品会社の所有する大農園もみられるが，その多くは，ヨーロッパ産業革命の進行にともなって，商業的農畜産物の生産地として開発されたものである。

　広大な沃野(よくや)である**アルゼンチン**のパンパは，19世紀後半，イギリス・フランス資本による鉄道の建設と冷凍船の発明により，ヨーロッパ市場と結び付いて発展した。

　大農場の**エスタンシア**は，大都市に住む農園主から経営をゆだねられた支配人によって管理されるが，実際に家畜の飼育や作物の栽培に当たる**借地農**は，短い契約期間内に最小の費用で最大の利益を上げようとして，略奪的な土地利用を行なう傾向がある。また，有り余る土地を持つ地主が積極的な農業投資を行なわないこともあって，豊かな土地もその生産力を十分に発揮していない。

　カリブ海沿岸や南アメリカ北部の太平洋岸にみられる**プランテーション**は，大地主が所有する農園のほか，アメリカ合衆国の果物会社によって経営されるものが多い。広大な農園内には施設・鉄道をはじめ，近代的な設備がみられる一方，多数の現地人労働者や移民労働者が雇われ，その生産物は主としてアメリカ合衆国へ輸出されている。これらの国では，一国の経済が一外国資本である会社の生産・販売政策に，大きく左右される危険性を持っている。

　世界経済に大きく影響を及ぼす小麦は，アルゼンチンやブラジルの**エスタンシア**，大豆はブラジルの**ファゼンダ**，またブドウ酒はチリの**アシェンダ**で生産され，その伝統的な大農場は近代的・企業的な大農場に変質しつつある。とくに，北半球と農事暦が夏冬逆転しているので，発展の余地は大きい。

第6章　中南アメリカ　97

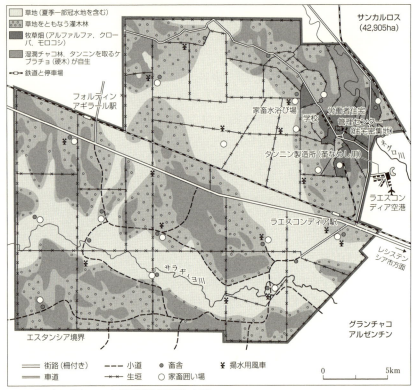

▲**エスタンシア**（ディールケ世界地図〈1973〉より）

3　ブラジルの農業発展

　ブラジルでは，まず17世紀に北東部の**レシフェ**から**サルヴァ
ドール**，**リオデジャネイロ**へと海岸にそってサトウキビが栽培
され，また内陸に向かって畜産が広がった。18世紀に金が発
見されると，畜産は内陸の**マットグロッソ地方**に拡大した。さ
らにさまざまな工芸作物は19世紀に現われ，アマゾン川流域
でゴム栽培，北東部で綿花，サンパウロ周辺の**テラローシャ地
帯**でコーヒーが栽培されるようになった。

　20世紀になると，内陸への道路整備が進み，南部では，コー
ヒーの大農園(ファゼンダ)が内陸の**パラナ州**に広がった。これ
は，**コロノ***が開墾したものである。コーヒー豆は手作業が中
心で，生産量が天候に左右されるので，農業労働者の生活は厳
しい。近年は，労賃の高騰によって，コーヒー畑がサトウキビ
や小麦畑に転換されている。**コロノ**が減少し，収穫期にやって
くる日雇い移動農業労働者の**ボイア・フリア**(原義は「冷えた弁
当」)が増加している。

　　＊コロノは，未開墾の土地を地主から借り，コーヒー樹を植え，
　　自給作物として豆やトウモロコシを間作する。この作物だけが
　　彼らの収穫で，コーヒーの実が取れる頃(3年目)には土地を地
　　主に返し，彼らはまた新しい土地を開墾しなければならなかっ
　　た。コロノは4～6年の短期契約農民である。しかし，あらた
　　な開拓地がなくなると，コロノは要らなくなり，しだいに減少
　　しつつある。

　また，北東部のサトウキビの大農園では，自給用作物をつく
るためわずかな土地を借り，引き換えに週4日も地主の農場で，
無給で働かされる例もみられる。一部の大農場では，サトウキ
ビは刈り取られて直接工場に運ばれ，しぼられ，そのまま流れ
作業でアルコールに加工されている。しぼりかすは燃料として
火力発電に用いられ，電力は工場，あるいは農場で用いられ，
余裕があれば直営牧場の牛の飼料として利用される。牛は，農
場内のコロノの食料として消費されるものもある。

第6章　中南アメリカ　99

ファゼンダの生活

大農園の入り口をはいると，農園主の邸宅（通常は都市に住んでいる），支配人の事務所と住宅，教会，学校と教員の住宅，工場（機械の修理），サッカー場，売店とバー，コーヒー豆の干場などが集中して中心部をつくり，周辺に広くコーヒー畑が広がる。コロノの住宅は，中心部から畑に向かう道路にそって並び，カサグランデと呼ばれるボイア・フリア（日雇い移動農業労働者）の宿舎や一部のコロノの住宅は畑のなかにも小集落をつくっている。

ファゼンダの内部では，金銭をほとんど持たない。給料日に事務所で個別の出納帳に書き込んでもらい，日常生活の必需品はすべて売店で，飲み物も内部のバーで，つけで買っている。売店にないものは取り寄せてもらう。移動農業労働者は，出発の日に清算して給与をもらう。コロノも必要なときに事務所で現金を引き出すが，何年もファゼンダから外に出ない人もいる。

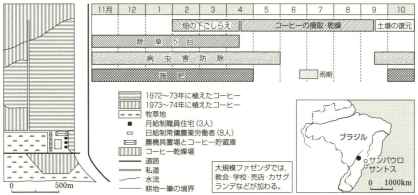

▲**ファゼンダと農事暦**（1979年，BretおよびMartinsによる） サンパウロ北西500kmにある農園。128ヘクタールの農場に10万5000本のコーヒーの木がそだてられ，年に40kg入り6000袋のコーヒー豆を収穫している。草地では牛を飼っている。牛乳と住宅は無料で電気代は自弁。労働者の日給は除草や摘み取りで約150円である。管理は職員の支配人が行ない，農園主は都会に住んでいる。本図は小規模なもので，一部施設が欠けている。さらに大きなファゼンダでは，サッカー場，教会，小学校，教師住宅，売店，バーなどが設置され，労働者は常雇の所帯用と臨時労働者の寄宿舎がある。

ブラジル高原では，内陸でも交通条件が改善された**マットグロッソ地方**に小麦や大豆の生産が広まり，元来，大農園であった規模を生かして，企業的農場経営が拡大している。そのため，東北部の貧しい地方から内陸に向かう農村から農村への農業労働者と，農村から都市への第二・第三次産業労働者との二重の

人口移動がみられる。これは，ブラジル国内における豊かな南西部と貧しい東北部の地域格差を和らげている。

4 アンデス山地と零細農家

　世界経済，とくにヨーロッパとアメリカ合衆国に対する農産物供給地として発達した大規模な企業的農牧業に対して，**アンデス山地**の高原では，インディオによる小規模な自給的農牧業がみられ，ジャガイモ・トウモロコシ・麦類などの栽培と，リャマや羊の粗放的牧畜が中心となっている。また，熱帯雨林の広がるアマゾン盆地では，原始的な焼畑農業が主であり，世界市場との結び付きがほとんどない地域である。

　南アメリカは，ジャガイモ，サツマイモ，トウモロコシ，カボチャ，トマト，ピーマン，トウガラシ，ココア，落花生，パイナップル，コカやタバコの原産地で，スペイン人が種や苗木を持って帰る約500年前まで，ヨーロッパやアジアにはこれらの食品がなかった。

　豊富な農作物の種類は，アンデス山地における気候の**高距変化**に関係している。気温は高度100mで約0.6度下がるので，熱帯アンデスのエクアドルでは海岸に近い1000m以下の平地（チャラ）は年平均27度の熱帯気候，2000～2300m（ユンガ）ま

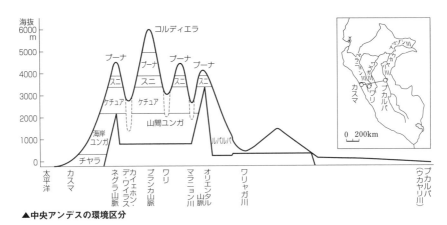

▲中央アンデスの環境区分

第6章　中南アメリカ　101

では年平均23度の亜熱帯，あるいは温帯気候，3200〜3500m
までの高原（ケチュア）は快適で冷涼な気候，4600〜5000mま
ではプーナと呼ばれる草原で寒冷地帯，それ以上はツンドラや
氷雪の山地となる。

　この高距変化は，熱帯アンデスでも地域によって異なるので，
ペルーではやや高く，エクアドルではやや低い。図（前頁）は，
ペルーの例である。高度の低い交通条件のよい地域では，バナ
ナ，ココア，サトウキビなどのプランテーション農業が大規模
に行なわれているが，その労働者はしばしば自給農業も行なう
零細農民である。貨幣経済の浸透から，子どもの教育費，医薬
品や農機具の購入などのために，プランテーションで現金収入
を得ると同時に，条件の悪い急傾斜地で伝統的な作物を栽培し
ている。近年，農地改革によって不在地主のプランテーション
の土地を，農業労働者が分割する事例もみられるようになった。

5　特産品に頼る経済

　中南アメリカは，地下資源の種類が多く，その埋蔵量もきわ
めて豊富である。基礎資源と言われる鉄鉱石の採掘は，近年，
ブラジル（イタビラ鉱山・カラジャス鉱山）やベネズエラなどで進
められている。ベネズエラやメキシコの石油，ジャマイカやス
リナム・ガイアナのボーキサイト，ペルー・ボリビアの錫，チ
リ（ラエスコンディーダ・チュキカマタ鉱山）やペルー（アンタミ
ナ鉱山）の銅などは，それぞれ世界有数の産出高を示している。
また，アマゾン川の水力発電も有望である。
　中南アメリカでは，これら特定の鉱産物や単一栽培による農
産物，あるいはペルーのアンチョビー（かたくちいわし）の肥料
用魚粉のように，少数の特産物の輸出に頼っている国が多い。
しかも，その農園や地下資源は，アメリカ合衆国をはじめとす
る外国資本によって開発・経営されているため，その利益は利
子や配当として国外に流出してしまう場合が多い。

また，ほとんどの国が**米州機構**(OAS)によって政治的な結び付きの強いアメリカ合衆国を第一の輸出相手国としていることも大きな特色であるが，近年，チリ・ペルー・アルゼンチンなどから中国への輸出も増加して，アメリカ合衆国と拮抗しつつある。

このように，輸出品が片寄り，特定の国に強く結び付いた貿易構造は，特産物の作柄・生産量や国際市場における価格の変動の影響を強く受け，中南アメリカ各国の経済を著しく不安定なものにしている。

この現状を打破するために，チリではアメリカ資本であったチュキカマタ鉱山，ベネズエラやボリビアでは欧米国際資本(石油メジャー)の持つ石油事業の国有化が進んでいる。19世紀の独立は，スペインからのスペイン人の子孫による政治的独立であったが，近年に進んでいる国有化の波は，インディオを含む現地人の欧米資本からの経済的独立と言われる。

6　都市に集まる人びと

中南アメリカには，現代都市につながる伝統的な歴史のある都市と呼べるものは少ない。アステカ王国の首都があった**メキシコシティ**は，スペイン人侵略者の**コルテス**が16世紀に徹底的に破壊したので，旧都としてより，現代世界有数の大都市として有名である。また，**インカ帝国**の首都があった**クスコ**も，**ピサロ**が征服して破壊したが，土台となる石組みなどに先住民族の文化的遺構が認められる。

クスコは海抜約4000mの高地にあり，他にもアンデス山地には**ラパス**，**キト**，**ボゴタ**など，首都が高地にある。高地都市の特徴は，第一に酸素濃度が薄く生活しにくいので，高地のスラムなどに低所得層が住み，都心の高所得層が住む低地には酸素はあるが，汚れた空気や排水が停滞しやすいこと，第二に**常春気候**とも呼ばれ，昼夜の気温変化は大きいが年間の気温変化

世界遺産と観光

　中南アメリカには，インカやマヤ，アステカなど先住民族の残した文化遺産があちこちにみられる。クスコの石壁にみられる石組みは，その緻密さによって有名である。またアンデス山中のインカの都市マチュピチュは，谷から直接遠望できず，天空に浮かぶ「空中都市」とも呼ばれ，そのために20世紀まで存在が忘れられていた。

　ペルー南部ナスカの地上絵も20世紀になってやっと再発見されたもので，数十メートルの巨大な絵は，空中から

みないと何が描かれているのか判別できない。研究の結果では，インカ以前の文化を示しているとされる。しかし，観光客が自動車のわだちの跡で地上絵を消し去る環境問題に地元は頭を痛めている。

　太平洋上のガラパゴス諸島は，ダーウィンの進化論の誕生地として有名で，島固有の生物が多く生息している。その生態系を破壊から守るために，観光客の上陸数を制限している。環境が守られてこそ，観光である。

は少なく，夏と冬がないことである。

　気候の快適性を求めた高地都市を別にすれば，中南アメリカの都市の多くはヨーロッパとの交易を中心に**港湾都市**から発達している。また，植民地的都市構造を示して，中心部に広場（プラーザ）を囲んで植民者の指導層が集まり，電気や水道の不十分な周辺部に**スコッター**（不法占拠住宅）とも呼ばれるスラムが広がり，公共交通機関の発達が不十分で，郊外に住む低所得層の都心への通勤の負担が大きく，自動車交通に頼るので，大気汚染が問題となっている。この問題は，サンパウロやリオデジャネイロなど，人口の集中が激しい都市にも共通している。

　内陸開発の拠点と期待されて計画された首都の**ブラジリア**も，スラムなど低所得層が郊外に広がって，都心の塵芥処理など単純労働を扱う人びとが遠距離バス通勤を余儀なくされている。都心には，官庁街とホワイトカラーの美しい町並みがみられるが，郊外の無秩序な町では，汚水が路上を流れ，バラックの粗末な住宅と商店が雑然と集まり，混在している。

7 発展への努力

　発展の方向としてまずあげられるのは，農業の多角化と工業化によって，特産物の輸出に頼る経済構造からの転換をはかることである。ブラジルでは，広大な**アマゾン**や**マットグロッソ地方**の開発をめざして，また南部への人口と産業の集中を緩和するために，首都を内陸のブラジリアに移転し，**アマゾン横断道路**など交通網の整備に乗り出した。また，豊かな鉄鉱石を利用して**イパチンガ**に製鉄所を建設するなど，「21世紀の国」と言われる豊富な地下資源を基礎に，工業化にも力をいれている。またメキシコでも，銀をはじめ高原の豊かな鉱産物とメキシコ湾岸の石油を基礎に，外国資本を導入して工業化を進めている。

　ブラジルでは，コーヒーの単一栽培から脱して，綿花やサトウキビの栽培にも力をいれており，**アマゾン流域**では日本人移民の手で始められた農産物の黒こしょうやジュートなどの栽培がみられる。

　しかしなお，ラテンアメリカでは貧しい生活を強いられている土地のない農民や未熟練労働者が多く，国内の購買力が弱いため，工業は十分な国内市場を確保できないでいる。また，激しい人口増加が続いているため，食料輸入が激増し，輸入が輸出を大きく上まわって工業製品の輸入代金にも事欠く状態である。さらに，ブラジルのように膨大で急激な開発政策を行なった国では，政府の支出の増大によって激しいインフレーションが進行し，資産を持たない農民や労働者の生活は苦しいものとなっている。1年で，物価が10倍を超えるときもあった。

　最近では，**資源ナショナリズム**の台頭によって，自国の資源開発から外国資本の支配を除こうとする動きがあるにもかかわらず，工業の技術水準が低く，資本が不足しているために，資本や技術を外国にあおがなければならないなどの矛盾に悩まされ，累積債務も大きな負担となっている。

8 未来への期待

　中南アメリカの国々は，貧困から脱出するために，さまざまな努力をしている。たとえば，社会構造の変革をはかるために，メキシコやペルーでは，**アシェンダを解体して農地改革による自作農創設**を行なっており，さらにペルーでは，外国資本の支配下にあった漁業会社や銅山会社の国有化を行なっている。また，**キューバは社会主義国**となり，1959年以来，国営農場を組織してきた。

　ブラジルではサトウキビやコーヒーの**プランテーション**が数

▲**中南アメリカの土地利用**(ナタン社：21世紀アトラスによる)

マキラドーラと国境

　メキシコのアメリカ合衆国との国境周辺には，原材料を輸入し，安い労働力を利用し，加工して輸出する，マキラドーラ(保税輸出加工区)の工場が多い。NAFTA は，この加工貿易の関税を免除している。そこではメキシコ人労働者を雇用しているが，それでもアメリカ合衆国に職を求めて密出国する人が多い。

　それは，農地改革によって創出された自営小農民のメキシコ農業が，NAFTA のおかげでアメリカ合衆国の安い農産物から壊滅的な打撃を受け，マキラドーラに雇用されない未熟練労働者を生み出しているからである。

　カリフォルニアからテキサスにかけて，諸州はもともとメキシコの国土であったから，アメリカ合衆国への併合以前の住民とあたらしいラテンアメリカからの移民も少なくない。これらの諸州では，カトリックが比較的多く，スペイン語が日常的に用いられており，そのような人びとはヒスパニックと呼ばれている。

年契約の**短期契約農民**(コロノ)から 2 〜 3 カ月の収穫期だけ雇う季節農業労働者(ボイア・フリア)に変わりつつあって，作目も小麦や大豆など機械化された企業的大農場へと変貌しつつある。中南アメリカの農業は，このアメリカ合衆国型の農業と，農地改革によって自営小農民の意欲に期待する農業との二つの選択肢を前にしている。

　とくにブラジルは，ほぼ同規模の国々にくらべて，砂漠と山地がなく，さまざまな地下資源に恵まれているので，食料増産のための農地はなお広がっている。ただ，アマゾン流域の開発には「**地球の肺**」とも呼ばれる原生林の伐採に対する批判もあるが，現地の人びとからは，先進国こそ自分の伐採した耕地を森林に戻すべきであるとの声が上がっている。

　メキシコは，ラテンアメリカから脱してアメリカ合衆国やカナダと**北アメリカ自由貿易協定**(NAFTA，1994 年発効)を結び，北アメリカ大陸の国へと近づきつつある。EU にくらべて対外共通関税や労働力の移動の自由を含んではいないが，相互間の貿易の自由化を進めて，とくにメキシコの工業化をうながして

第6章　中南アメリカ　107

いる。

　しかし，アメリカ合衆国の企業が安い労働力を求めて工場を
メキシコに移すことによって，従来のアメリカ合衆国側の工場
が閉鎖されるなど，労働者の利害がくいちがって，アメリカ合
衆国の労働者の反発は大きい。

　中南アメリカの人口は，人口転換期の爆発的増加をすぎて，
穏やかな安定期に入り，平均余命もアフリカにくらべて上昇し
つつある。ただ，都市への人口集中が都市の居住環境の改善を
遅らせており，中産階級の増加はみられるものの，なお所得格
差は大きい。

第7章 オセアニア

1 遠いヨーロッパ

ヨーロッパ人の到着以前のオセアニアには，先住民族，**オーストラリアのアボリジニーやニュージーランドのマオリ人**などが居住していたが，彼らはせいぜい部族か小王国程度の組織で，近代的な意味での国家を持っていなかった。加えて，大海に孤立した少人口の島嶼では，疾病に対する免疫も対抗する戦力もなかったから，たちまちオセアニア全域がヨーロッパ列強の植民地となり，接触のあった先住民は人口を減らした。

なかでもイギリスは，**オーストラリア大陸**と多くの島々を植民地とした。オーストラリアとニュージーランドはカナダとともに20世紀初めに自治領として事実上独立したが，今なお元首はイギリス国王である。その意味ではこれら3カ国は，先住民の影が薄いヨーロッパ人の植民地である。

同様に，フランスも多くの島々を植民地とし，海外領として現在も維持し，世界で広い海洋面積を支配するアメリカ合衆国についで世界第2位の海洋大国となっている。イギリスとは異なり，独立させるのではなく，**海外領**として特別の地位を与えて，フランスの領土に結び付けている。

実際，フランス領ポリネシアの住民は，欧州議会の投票権も有し，EU市民である。他方，イギリスの太平洋上の旧植民地の島々は，イギリス継承国のオーストラリア・ニュージーランドが支配し，EUとは関係が薄くなっている。その結果，両国は広大な海洋，**排他的経済水域**を得て，世界有数の海洋国家に

第7章 オセアニア 109

白豪主義

オーストラリアは，当初，アメリカ合衆国の代替地として扱われ，アメリカ合衆国の独立によって流刑地とされた。19世紀にアメリカ合衆国の開拓が鈍化してくると，開拓者が大量に流入してきた。内陸にはいった人びとは先住民族から土地を取り上げ，先住民は「保護」の名のもとに差別された。

アボリジニーとも呼ばれる先住民の人口は，ヨーロッパ人が上陸した18世紀当時，少なくとも30万人，多くて150万人と推定されるが，入植者が狩猟の対象として殺戮したり，疾病を持ち込んだり，あるいは土地を収奪して，20世紀初頭には約7万人にまで激減した。タスマニア原住民は1876年には絶滅している。

1850年代にゴールドラッシュが起こると，中国人をはじめアジア系移民を排斥した。安い労働力を利用できる経営者が彼らを受け入れようとしたが，労働組合など左翼が白豪主義を主張した。

1901年の移住制限法は，とくにアジア系民族の流入を制限し，たとえば移民希望者にヨーロッパ系言語による書き取りテストを課した。しかし，ヨーロッパ移民も東・南ヨーロッパが多くなり，とくにイギリスの1973年EU加盟によってアジアとの関係が重視されるようになり，1975年には人種差別禁止法が制定され，白豪主義は影をひそめるに至った。しかし，アボリジニーが国民として市民権を得たのは1967年である。

なっている。

アメリカ合衆国も，ドイツ・スペイン・日本の旧植民地を含め，多くの島々を植民地としている。ハワイ諸島は例外的にアメリカ合衆国を構成する州となったが，グアム島など軍事基地として利用されている島々が多く，広大な海洋面積をもたらしている。軍事的にいかに利用しているかは，アメリカ合衆国，イギリス，フランスの核実験がいずれもこれらの島々で行なわれたことで証明済みである。

110 第Ⅰ部　さまざまな地域

フィジーの風土と産業

フィジー島は，南太平洋の南回帰線の赤道側にある。太陽が真上にある夏季には，ほぼ毎日太陽に熱せられた大気が上昇し，午後はスコールが襲う。しかし，冬季には太陽が赤道方向に遠ざかり，赤道に向かって南東貿易風が吹き，島の南東側に降水がある一方，北西側は風下になって乾期となる。

その結果，南東部は通年雨が降る熱帯雨林気候で，北西部は夏季だけに降水をみるサバナ気候である。

北西部はサトウキビ栽培を行ない，

イギリス植民地時代に農業労働者として連れてこられたインド人が多く，島の先住民族であるフィジー人は南東部で伝統的なヤムイモやバナナなど，熱帯作物の自給自足的農業に従事してきた。

近年，観光業が盛んになり，貨幣経済が浸透してくるにしたがって貧富の差が広がり，民族対立が起こり，政治的に不安定である。なお，フィジーには近隣12カ国が共同で設立した南太平洋大学がある。

2　海洋州

オセアニアは，文字通り日本語にすれば**海洋州**である。世界には3大洋(太平洋・大西洋・インド洋)が存在するが，太平洋の多くの島々と**オーストラリア大陸**とをあわせた，面積は広いが陸地は狭いという，他の大陸とは異なる形状をみせている。

点在する島々は，イギリス継承国のオーストラリア・ニュージーランドとアメリカ合衆国・フランスにほぼ分割され，国際連合に参加するのは20世紀も末である。

これら島嶼国の悩みの第一は狭小性で，人口が少なく領域が狭いことである。テレビの番組制作，あるいは書籍の発行に必要な経費を得るには十分な市場がないので，みたこともない雪の降る場面がはいった旧宗主国のドラマを放映し，旧宗主国の言語による教科書を学校で用いる。その過程で，自分の言語を失い，元来，継承してきた文化を失っていく。

狭い領域は，資源が乏しいことにつながる。一時期，豊かに

西サモア——ポリネシアの独立国

1962年，ポリネシアにはじめて独立国が生まれた。これが西サモア共和国である。しかし，領土はウポール，サバイイの両島とその属島だけという小さな国で，人口も約12万人にすぎない。島は火山島であるため平地は少ないが，肥沃な土壌にめぐまれ，バナナ，コプラ，ココアの産が多い。これらはこの国の経済を支える重要な輸出品である。そのほとんどはもとの統治国ニュージーランドへ輸出されるが，市場の拡張を求めて日本への関心も高い。

ウポール島の北岸にある首都アピアは小さいながら，中心部には木造の銀行，教会，ホテルなどもあり，近代的なたたずまいをみせている。しかし，島の村では伝統的な大家族制が生活の基本であり，マタイと呼ばれる家長が家族の中心となっている。タロイモやヤムイモが主食で，魚介類，豚やニワトリなどの肉が副食である。男も女もラバラバという腰巻き風のスカートをまとう軽快な服装ですごす。

諸外国の利権争いのために，かつて東西に分割されたサモアは，西サモア独立に際しても，東サモアがとり残され，アメリカ合衆国の支配下にあり，ここにも民族分断の縮図がある。

みえた資源，たとえばナウルのリン鉱石も今や枯渇し，海外からの支援なくしては国自体が存続できない。旧宗主国は，多くの離島に財政支援を行なっているが，それによって経済的に自立できている島は少ない。

第二は隔絶性，すなわち遠い距離を輸送する輸送費と輸送時間が問題となる。島外に生産物を輸出するには，より安価な生産が必要であり，島外から輸入するには，より高価に購入しなければならない。しかも輸送時間がかかるために，南洋諸島の特産品である熱帯果物は傷みやすく，ふるわない。しかも，先の狭小性から大量輸送の採算が取れない。

隔絶性と狭小性は，**観光**にも影響をもたらしている。空路の便が多い風光明媚なリゾートを別にすれば，陸半球の中心であるヨーロッパから水半球の太平洋まで片道2日かかる観光旅行には，長期間休暇のあるヨーロッパ人でも参加しにくく，また

回遊式の観光も難しい。

3　狭小の大陸

　大陸と呼ばれる陸地のなかで，オーストラリア大陸は最も小さい。しかも通年，大陸中央部には，**中緯度高圧帯**の高気圧が居すわって，砂漠が広がっているので，人が居住する領域はさらに狭小である。植民地時代の初期には，海岸に近い湿潤な地域を中心に自給的農業が営まれていたが，1796年に導入されたメリノ種の羊が，南東部海岸地方で飼育され，牧羊が始まった。その後，移民が東部山地を越えて内陸に進出し，**マーレー川・ダーリング川流域**に大規模な牧場を開いてからは，イギリス向けの羊毛の輸出増大とあいまって急速に発展をとげた。

　羊は国民一人当たり10頭以上をかぞえ，クインズランド州を中心として，年降水量200〜750mmの地域で飼育されている。内陸の中心的な牧羊地域は**大鑽井盆地**，**マーレー・ダーリング盆地**で，掘り抜き井戸による豊富な水が羊の飲料水となっている。

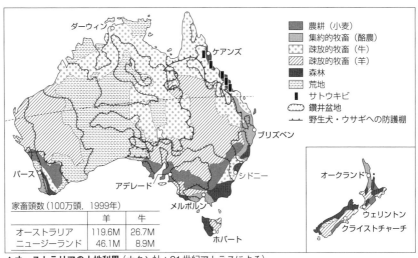

▲**オーストラリアの土地利用**（ナタン社：21世紀アトラスによる）

第7章 オセアニア　113

牧場の面積は，内陸盆地では数十万ヘクタールに達するもの
もある。一牧場当たり約5000頭の羊が，おもに家族の労働力
で飼育される。羊の毛刈りの作業は，剪毛団と呼ばれる専門の
業者が年に1回行なう。

羊ほどは目立たないが，東部から北部にかけて飼育される肉
牛も人口以上に多く，大都市周辺の乳製品とともに世界へ輸出
され，日本への重要な輸出品となっている。しかし，チーズは
輸送に時間がかかるため，大企業によるプロセスチーズ生産が
中心で，生チーズがフランスから航空機で輸入されるほどであ
る。また，機械化された小麦栽培が南東部・南西部の大農場で
行なわれ，その輸出量はアメリカ合衆国・カナダ・フランスに
ついで多い。

世界的に大きな比重を持つ農産物は，ほかにワインがあげら
れる。19世紀に導入されてから，おもに南東部から南西部に
かけて，比較的温暖な気候の地域で栽培され，世界第4位の輸
出国になっている。北半球の主要産出国と季節が逆転するため，
6月頃に出荷されるオーストラリアンサマーヌーヴォなど，比
較的若い熟成のワインが有名である。

4　地域開発と鉱工業

オーストラリア農業の最大の課題は，水資源の不足である。
内陸は年降水量が500mmの地域が広く，灌漑用水が確保され
なければ，安定した農業を営むことが難しい。連邦政府は，
1949年にスノーウィ・マウンテンズ計画を立て，水力発電を
行なうとともに，マーレー川流域の耕地に大量の灌漑用水を供
給する事業を実施してきた。

ニューサウスウェールズ州南部のスノーウィ山地は，この国
で最も高く，降雪がある。開発事業は，この山地の降水のうち，
東斜面を流れるスノーウィ川上流の水を西斜面のマーレー川・
マランビジー川に落そうとするものである。山地内にダム17，

114　第Ⅰ部　さまざまな地域

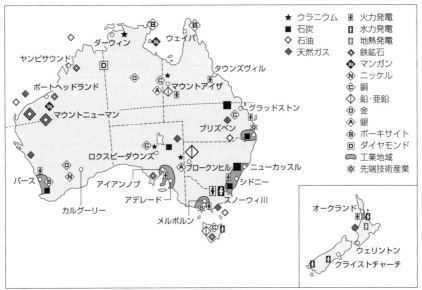

▲オセアニアの鉱工業 (ナタン社：21世紀アトラスによる)

発電所9カ所をつくり，ダムを導水トンネルで結び，水の有効利用をはかっている。これは，アメリカ合衆国の**テネシー河谷開発**に匹敵する大規模なもので，電力は約400万kW，用水は年間約250億tを供給している。

　鉱山開発では，石炭・鉄鉱・ボーキサイトなどが重要である。鉄鉱石の生産はブラジル・中国につぎ，輸出はブラジルにつぐ。生産の3分の1は，露天掘りの**マウントニューマン鉄山**で採掘された。鉱山のある西オーストラリアのピルバラ地区からポートヘッドランドまで専用鉄道が敷かれ，日本や中国に輸出される。日本は鉄鉱石輸入の過半をオーストラリアから受けているが，中国はその2倍以上も輸入している。また，この国はボーキサイト・亜鉛・鉛・銅・ウランなどの資源も恵まれている。

　ヨーロッパから遠かったので，当初は**輸入代替工業**が海岸に始まった。しかし，人口が少なく，労働力が不足し，賃金が高く，市場が狭いなど，工業発展には多くの障害がある。販路が狭く多種類少量生産の採算が取りにくく，ファッション性のものは輸入に頼らざるを得ない。また，輸出するにも隔絶性が悩みである。そのため，鉄鋼・化学・機械・食品などの主要な工

第7章　オセアニア　115

業は，少数の企業に支配され，外国資本の進出も激しい。

5 福祉国家ニュージーランド

　ニュージーランドは，オセアニアのなかでは大陸となっているオーストラリアを除けば，比較的大きな島国と呼ぶこともできるが，人口は 2016 年推計で約 470 万人の小国である。日本と同様に，火山・地震・温泉が多い。しかし，日本より高緯度にあるため，南島では気温がやや低く，サザンアルプス山脈には氷河があり，海岸ではフィヨルドがみられる。ここでは，西からの偏西風が山地に豊富な雪をもたらすからである。

　人口密度が低く，草地が広く，人口より羊の頭数が多い国と呼ばれるように，羊を中心とした牧畜が盛んで，国民一人当たりの羊の数は約 7 頭，オーストラリアの 2 倍である。羊毛だけでなく，肉用にもなる**ロムニー種**が 3 分の 2 以上を占め，経営規模は大きく，農民一人当たりの収益は世界一高い。

　ニュージーランドは，最も完備した福祉国家である。働く意志と能力のあるものには，すべて仕事が与えられ，最低賃金が保障されている。そのほか，早くも 19 世紀の終わりから，世界に先駆けて女性に参政権が与えられ，65 歳以上の高齢者に対する無拠出（税金でまかなうこと）の年金制が実施されている。

　このような保障のもとに，国民は高い生活水準を保ち，医療は保険でまかなわれるので無料である。ニュージーランド人は，貧富の差の小さい社会をつくり上げている。しかし，1973 年にイギリスが EU に加盟したために，イギリス連邦の市場を失い，引き続いて起こった石油危機によって不況にみまわれ，ニュージーランドはインフレーションと増税にあえぐことになった。福祉政策の修正が検討されている。

　オーストラリアと兄弟のような国とも言われるが，先住民と入植者との関係は異なっている。ここには，ハワイ・タヒチ・トンガなどと同じポリネシア系のマオリ人が部族社会を形成し，

116　第Ⅰ部　さまざまな地域

1840年にイギリスとワイタンギ条約を結び，現在はマオリ語も英語と並ぶ公用語となっている。

6 地球温暖化と島国

太平洋の島々には，珊瑚礁の国が多い。それは形態から環礁，堡礁，裾礁に分類される。サンゴは，水温25〜30度で太陽光のよく通る水深30mまでの浅くきれいな海に生息する。その骨格が堆積して，珊瑚礁をつくる。したがって，海面水位が上昇すれば海面に向かって，低下すれば水平に成長する。サンゴの成長に応じた海面変化は問題ないが，地球温暖化によって急速に海面が上昇する場合には，水没してしまう危険がある。

世界で4番目に小さな，人口1万人足らずの国ツバルは，最高地点でも海抜4mで，年に1cm前後の水面上昇が続いている。このままいけば，50年ほどで島の大部分が水没すると言われている。とくに，大潮のときには，首都の市街地で地面から海水が噴き出し，数十cmの浸水をみるなど，地球温暖化の脅威は身近なものとなっている。

島の隔絶性から観光業の発達は不十分であり，塩分が浸透するので農業も望めない。わずかに，自給用に漁業が行なわれる程度である。したがって，国の収入は海外からの送金，あるいは支援のほかは，ツバルのドメイン名TVをアメリカ合衆国のテレビ企業にリースして，そのリース料や，切手・コインの販売で支えている。しかし，現在までの海水面の上昇が続けば，島が水没することは自明であるため，ツバル政府は環境難民として自国民の海外移住を諸外国に要請している。実際，すでに人口の3分の1が国外に移住している。

このような海面変化の脅威にさらされている国々は，キリバス・バヌアツ・マーシャル諸島・ツバルといった海抜の低い南太平洋の島国など，珊瑚礁の島々に多い。これらの諸国はカリブ海・インド洋・大西洋などの小規模な島国42カ国とともに

小島嶼国連合（AOSIS）を結成して，おもに国連の外交を中心に
ロビー活動を行ない，温室効果ガス排出削減を，とくに先進工
業国における Cox や Nox のガスの排出削減を訴えている。

7 アジアに向かう目

　オセアニアの先住民は，ヨーロッパ人が進出してきたとき，
技術的に十分な武器を持っていなかったし，狭小性は戦闘員の
数の点でも対抗できなかった。また遠隔性は，近隣の島嶼から
支援を受けることを阻害していた。オセアニアは，文字を持た
ず，契約の方式の異なるヨーロッパ人の意のままに植民地化さ
れたのである。

　以後，肥沃な土地はヨーロッパ人の農地となり，資源の豊か
な土地は開発され，オセアニアはヨーロッパの食料・原材料の
供給地となった。オーストラリアとニュージーランドを除けば，
多くの島はサトウキビ，ココヤシなどの農業か，真珠・サンゴ
などを採集する水産業が中心であった。比較的交通条件の整っ
た島々には観光業もみられるが，国の経済から言えば，海外か
らの経済援助と出稼ぎからの送金が重要な財源であった。

　また，多くの島にあったリン鉱石は，ほとんど掘り尽くされ
て，わずかにナウルのリンだけが産出量を減らして続けられて
いる。ほかに，ニューカレドニアがニッケルとコバルトを産出

主要国の相手先別貿易（2014年）

		輸出			輸入	
		百万ドル	%		百万ドル	%
オーストラリア	中国	81 057	33.7	中国	46 775	20.5
	日本	43 266	18.0	アメリカ合衆国	24 190	10.6
	韓国	17 862	7.4	日本	15 518	6.8
	インド	7 983	3.3	シンガポール	11 415	5.0
	アメリカ合衆国	10 155	4.2	ドイツ	10 700	4.7
	計×	240 639	100.0	計×	227 762	100.0
	EU	10 850	4.5	EU	40 191	18.0

◀変わるオーストラリアの
　貿易相手国（矢野恒太記念会編
　『世界国勢図会』2016/17年版
　による）

している。そのほかの島は，かつては捕鯨基地として，ついで原爆実験を含めた軍事基地として，現在は海洋資源の領海の根拠として活用されている。

　このように，ヨーロッパやアメリカとの関係が大きく変わってきたのは，イギリスのEUへの加盟と東アジア・東南アジアの経済発展以降である。小さな島国の多いオセアニアにあって，ヨーロッパと結び付きの強い代表のオーストラリア・ニュージーランドでは，輸出相手国が中国・日本・韓国がアメリカ合衆国とともに上位を占め，イギリスは貿易相手国として姿を消してしまった。この状況は，近年のイギリスのEU離脱をもっても大きく変わりそうにない。

　両国は，植民地と旧宗主国との歴史的関係以上に，東・東南アジアに近いという地理上の位置に影響を受けざるを得ず，また人びとの交流もアジアと密になってきている。

8　南極，白い大陸

　南極大陸は小さい大陸だが，6大陸のなかではオーストラリアより大きい。ほぼ全土が雪や氷河におおわれているので，その色から「白い大陸」と呼ばれているのではあるが，比喩的に地図上，国境線が引かれていない白地の土地という意味がある。

　しかし，チリとアルゼンチンのほか，ヨーロッパの国々やイギリスの継承国であるオーストラリア・ニュージーランドをはじめ7カ国が領有権を主張しており，オーストラリアは**排他的経済水域**を設定している。鉱山開発は行なわれていないが，各国の観測基地要員が冬季で約1000人居住している。

　イギリス・フランスやアメリカ合衆国・ロシア・日本などは，**南極条約**(1961年発効)を結び，南極大陸の領有権問題の凍結と平和利用を決めている。そのため，30カ国以上の国が領有権の有無に関係なく，科学的観測のために観測基地をおき，日本も昭和基地やふじ基地などを開いて通年観測を行なっている。

第7章　オセアニア　119

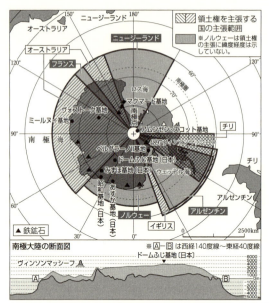

▲南極地方の概観図と各国の領有権主張の範囲（『新詳資料 地理の研究』帝国書院より）

　近年，問題になっているのは，南極上空の**オゾンホール**である。地上に放出されるスプレーや冷媒の**フロンガス**などによって上空のオゾン層が破壊され，それによって保護されていた紫外線が直接地上に降りそそぎ，皮膚ガンなどを引き起こしている。

　南極は気候が厳しく，通年，氷点下1度の気温である。周辺海域の南緯60度周辺には，常時，偏西風が吹き付け，「吠える海」と呼ばれる荒れた海域がある。南アメリカ大陸南端のマゼラン海峡周辺は，「荒れた海」として有名である。

　北半球の北緯60度は西ヨーロッパから**シベリア**にかけて陸地が広がる。夏季には大西洋から低気圧が温暖湿潤な大気を送り込み，冬季はシベリア高気圧によって低気圧の侵入を抑さえるが，南半球には陸地が少なく，低気圧が暴風をともなって南極大陸を取り巻いている。しかし，海域の生物は豊かで，最大の哺乳類であるクジラをはじめ，ペンギンなど，独特の海洋生物が生息している。

第8章 中南アフリカ

1 失われた歴史

中南アフリカは，別に**ブラックアフリカ**とも呼ばれる。また人類発祥の地，全人類のふるさとであるとされている。にもかかわらず，われわれが学習する世界史に登場するのは，ヨーロッパ人が探検と称して出かけた15世紀以降である。

まず，無文字社会であって，古文書がなく，厳しい自然環境で遺跡を発見しにくく，あるいは植物を材料とした遺跡が残りにくく，さらに民族の移動が激しいことが，この地域の歴史を失わせてしまったのである。

当初は，地中海世界と**サハラ砂漠**を越える交易路によって，あるいは**アラブ**世界と**インド洋**を経由した海路によって，外部と関係を持ち，王国を建設してはいたが，本格的な交流は15世紀にヨーロッパ人との交易が始まってからである。ヨーロッパ人は武器など工業製品をアフリカに運び，引き換えに奴隷を買って，あるいは買い取ってアメリカに運び，アメリカで得られる銀・砂糖・タバコをヨーロッパに運ぶ**三角貿易**を始めた。このような交易を1〜2年で一回りする。

アフリカでは，工業製品の流入によって工芸が破壊され，2000万人とも言われる奴隷として最良の労働力を奪われて，市場は衰退して都市の支配力も衰えた。ヨーロッパ人による富の略奪と発展の阻害は，アフリカ人の人格を破壊し，人種差別の意識を増長させた。

18〜19世紀に産業革命が進み，自分の意志で働く労働者と

第8章 中南アフリカ 121

人類の発祥地？── リフトバレー

アフリカ大陸の東側には，ほぼ南北に走る谷や湖の連なる地球の割れ目の線がある。北はヨルダン川・死海から紅海を経て南下し，南側はヴィクトリア湖を挟んで2列となり，東側はエチオピア高原からいくつかの湖を経てキリマンジャロ山・ケニア山などを連ね，西側はウガンダからブルンジを経てタンガニーカ湖に抜けている。割れ目には湖が生まれたり，地殻を押し上げた山地が形成されている。

この大地溝帯（グレート・リフト・バレー）は約800～1000万年前に形成され始め，西からの湿潤な赤道西風をさえぎり，アフリカ大陸を西側の熱帯雨林と東側のサバナとに気候帯を分けた。それが，密林の樹上生活をしていた人類の祖先が地上に降りて直立二足歩行を始めたことを助け，この地溝帯がいわば人類の誕生地になったとされてきた。実際，ここでは多くの初期人類（猿人）の化石が発見されているが，近年，西側の密林にも化石がみつかり始めて，なお議論の余地が出てきた。

原材料供給地，及び製品市場を必要とするヨーロッパは，奴隷貿易を禁止し，アフリカを**植民地化**した。アフリカはヨーロッパ人に対抗する国の組織を持っていなかった。第一次世界大戦時，地形的に高地で守られていた**エチオピア**とアメリカの解放奴隷がつくった**リベリア**の2カ国だけが独立国であった。文字を持たず，部族（近年では，**エスニック集団**の語が用いられる）ごとに多様な言語を用いていた国々は，植民宗主国の言語を作業言語とし，自分の歴史文化を失っていった。

2　熱帯雨林とサバナ

アフリカの**熱帯雨林**は，西アフリカの**ギニア湾岸**からコンゴ川盆地にかけて広がっている。それは，高木層がつくる樹冠の下に1～3層の中低木樹冠がつくられ，つるや着生植物も多く，地上には日光が通らないので下生えは少なく，歩きやすい。各気候帯のなかで最も生物種が多様で，枝から降りてくる**気根**で，

122　第Ⅰ部　さまざまな地域

▶板根（左）と気根（右）
熱帯雨林では多雨による土壌流出が多く，樹高30〜50mもの巨大樹木を支えるために幹の基部が薄い板状に肥大した状態を板根と言い，幹や太い枝から空中に出た根が気根。（ユニフォトプレス提供）

　湿度の高い大気から水分を吸い上げ，地上まで届けば**支根**になり，表土が薄く大木を支えるために板のような**板根**を持つ樹木もある。いったん伐採してしまうと，表土が洗われて酸化鉄の赤い色を帯びた不毛な**ラテライト**(ラトソル)が広がり，低木やつる植物の多いジャングルとなって通過しにくくなる。

　かつては，世界の地表の14％を占めていた熱帯雨林は，おもに先進国が用材のために伐採し，あるいは原住民が森林の回復しないうちに，ふたたび伐採して焼く**移動耕作**(焼畑)などの農業開発によって，現在は数％以下となっている。

　サバナは，ハイランドとも呼ばれる東アフリカの高原や熱帯雨林帯の北に広がり，草原に樹木が点在するので，熱帯疎林とも熱帯草原とも呼ばれる。とくに，ここではゾウ・キリン・シ

▶**ケニアのサバナ**（ユニフォトプレス提供）

第8章　中南アフリカ　123

マウマ・ヌーなどの草食動物や，ライオン・チータ・ヒョー・
ハイエナ・ジャッカルなど肉食動物，その他さまざまな野獣が
生息している。**ケニアのマサイマラ，タンザニアのセレンゲ
ティ，ザンビアのサウス・ルアングア**の各国立公園は有名であ
る。

　この動物の楽園は危機にある。理由の第一は密猟で，毛皮や
象牙などを取って販売する，あるいは単に野獣を趣味的狩猟の
対象にする。これはペットとしての購入も含めて輸出入が**ワシ
ントン条約**(1975 年発効)によって国際的に禁止されているにも
かかわらず，あとを絶たない。第二は家畜の放牧場や農場とし
て農地を拡大し，草食動物のえさ場を奪い，草食動物を食糧と
する肉食動物の減少を招くのである。また，家畜を守るために
肉食動物を殺すこととなり，農業の侵入が野生動物を減少させ
る。

3　サヘルと砂漠化

　地中海沿岸の北アフリカと中南アフリカの間には，世界最大
の砂漠，**サハラ砂漠**が広がっている。**中緯度高圧帯**と呼ばれ，
恒常的なアゾレス高気圧が支配している。これは夏にはやや北
に位置を変え，冬に南下するから，中心部は別にして，北縁の
地中海は冬季降水型の**地中海性気候**であるが，南縁は夏季降水
型になり，南側なので気温が高く，北にくらべて乾燥が強く，
ステップ気候からサバナ気候，熱帯雨林気候へと続いている。
　このサハラ南縁は，「岸辺」の意で**サヘル地方**と呼ばれ，南側
の緑豊かな土地の砂漠側の岸辺であって，マリのトゥンブク
トゥやナイジェリアのカノなどは，金などを積んだラクダのサ
ハラ砂漠を越える**隊商**の出航地として栄え，地中海地方からは
塩をもたらした。隊商の中継地には中世に王国が栄えたが，や
がてヨーロッパ人の大西洋経由の海路の開発とフランスの植民
地化によって，隊商そのものも衰退した。隊商による交易を行

なっていたベルベル人系の**トゥアレグ人**が国を持たない民族と
して，周辺諸国と対立したこと，各国の国境が交易路を分断し
たことも隊商衰退の理由としてあげられる。

サヘルでは，ヤギや羊の遊牧が行なわれているが，降水が不
安定で，旱魃が発生しやすい。人口増加と定住化にともなって
飼育頭数が増加し，**過放牧**となり，これに薪炭材の過伐採が加
わり，1968年頃から旱魃が起こり，植生が回復せず**砂漠化**(水
が少ないという意味で砂漠を沙漠と表記することもある)が進んだ。

また遠因として，二酸化炭素などの大気中への排出が，地球
温暖化を進め，世界的な気候変動を起こしているとする考え方
もある。地球温暖化は両極地方の融氷による海面上昇がよく指
摘されるが，サヘルや世界各地の砂漠周辺における植生の減退，
砂漠化も，その結果の一つとされる。

しかし，空気中の汚染物質の拡散が日射の減少を引き起こし
て気圧の配置を変え，砂漠化を促進しているのだと，日射の増
強による温暖化と矛盾する意見を主張するものもある。いずれ
も，大気汚染が原因であることに変わりはない。

4　民族と国家

アフリカにおける民族は，言語・文化・宗教や歴史的・政治
的体験を共有するヨーロッパにおける概念とは異なって，とき
には特定の空間的領域さえ持たない集団である。したがって，
どの地域においても特定民族の地域があるのではなく，お互い
が混住して各地に比較的多数の部族がいるということである。
ヨーロッパのように，境界を画然と引けるのではなく，**漸移帯**
があって，その上に**植民宗主国**が上置境界(P.30参照)をおいた
のである。

これらの新興国は，血族関係にある多くの部族を単位とする
社会や言語・文化を共有する多様な民族から構成されている。
独立直後には，民族・部族間の対立する動乱が続発したが，各

第8章　中南アフリカ　125

アフリカ最古の独立国 —— エチオピア

アフリカは人類の発祥地で，古代文明に近い地域であったにもかかわらず，近代以降，大部分がヨーロッパの植民地に分割された。そのなかでエチオピアは，一時，イタリアに占領されたものの，神話時代から続くアフリカ最古の独立国である。また，周囲をイスラム教徒に囲まれながらのキリスト教国で，ヨーロッパのいずれのキリスト教派にも属していない。

この孤立性は，自然環境に助けられている。エチオピア高原は，北緯10度前後の低緯度ではあるが，平均高度が約2300mで快適な温帯夏雨気候であるため，人口の大部分がここに集中している。南部は，サバナ気候に属するが，コーヒーの原産地として有名で，生産量はブラジルの10分の1であるが，アフリカでは第1位である。しかし，多くのアフリカ諸国と同様に工業化は遅れ，人口の過半が農民で，輸出の大部分はコーヒーやトウモロコシなどの農産物で，輸入はエネルギーや工業製品である。

国は，民族・部族間の融合を進め，その統一によって国民社会の成長をはかってきた。

しかし，一つの国に民族を単位とする多数の言語が存在するため，それぞれの言語を文字化して低い識字率を高めつつ，民族・部族対立を克服することは容易ではない。

多民族の国々では，旧植民地宗主国の言語を共通言語として用いざるを得ず，比較的多数民族の言語を用いれば，行政を通じて言語間に不平等を生む。また，その国内部で少数民族であっても，植民地分割によって隣国にはいった国境の向こう側には十分大きな人口を持つ民族もいることになる。

ただ，その隣国と宗主国がイギリス・フランスと異なる場合には，同一民族間であるから日常会話などは問題ないが，複雑な会話やとくに文字を使用するとなると，英仏語間の翻訳が必要となる。実際，高等教育を現地語で行なう例はほとんどない。

また，地下資源のような富が偏在している場合には，富を持つ地域が独立を求め，持たない地域が独立を認めず，ここに旧宗主国の利権が重なって，さらに事情が混乱している。いわば，

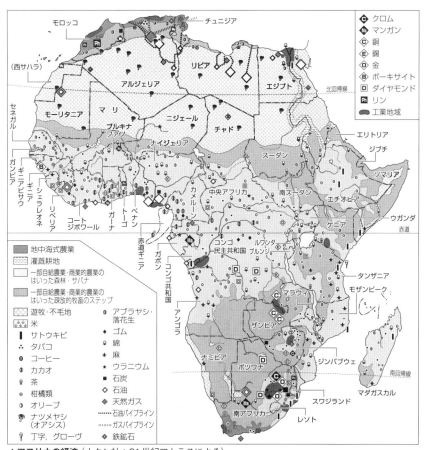

▲**アフリカの経済**（ナタン社：21世紀アトラスによる）

混在し，あいまいであった**エスニック集団**の意識が，国家の成立によって覚醒させられたのである。

5 第一次産業と鉱業への依存

ブラックアフリカでは，経済的には第一次産業・鉱業が最も重要であり，ごくわずかな種類の第一次産品・鉱産物が輸出額の大部分を占めている。なかでも，多くの人口が従事する農業は，**低木 休 閑**による自給作物の栽培が中心である*。
　　　ていぼくきゅうかん

＊低木が育った程度の土地を火入れによって開き，3～6年耕作

ダイヤモンドの誘惑

ダイヤモンドは研磨された宝石の美しさと，その価格の安定した高さが，多くの人びとを魅了してきた。世界の産地は，当初，インドが中心で，やがてブラジルに，現在は南アフリカが有数の産地となっている。その研磨の技術は，オランダ・イスラエル，日本では山梨県が有名である。しかし，その生産量と価格はほぼロンドンで決められている。

ロンドンの会社が南アフリカのキンバリー鉱山など，主要な鉱山を支配

し，生産量を抑えて希少価値を維持し，支配外の産出があれば全量を買い上げて値崩れを防ぎ，独占価格を維持して支配外の取引があれば，その関係研磨業者・小売業者・関連金融機関はすべて閉め出すという，徹底した管理方式で利益を上げ，その利益が原料の買占めにまわるのである。

原石を販売する独占企業であるから，だれでもが買えるのではなく，仲買人もこの会社から認定されなければ直接購入はできない。

した後，5～10年間休閑する耕作様式で，住居は定着しているので，移動耕作の焼畑とは異なる。

綿花・カカオ・落花生・油ヤシ・ゴムなどの商品作物の栽培は一部で行なわれているにすぎない。商品作物のうち，輸出用作物は，一部にヨーロッパ人の経営する**プランテーション**による生産もみられるが，原住民の小農による生産が一般的である。

この商品作物の生産が不振なのは，交通・通信機関の発達が十分でないからである。ことに交通機関は貧弱で，鉄道は海港と内陸の鉱産地あるいは農業地域を結ぶだけの一本の路線配置が多く，道路もその総延長が短いばかりでなく，雨期に使用できる全天候道路はきわめて少ない。ルワンダ・ブルンジのような内陸国では，ヨーロッパへ物資を輸送するのにも6～7回の積み替えが必要であり，輸送経費の負担を増大させている。

アフリカの地下資源は豊かである。**サハラ砂漠**やナイジェリアからギニア湾にかけて石油が埋蔵され，コンゴのシャバ州からザンビアにかけて**カッパーベルト**と呼ばれる銅鉱山地帯があ

り，コバルトも世界的な産地となっているが，政情が不安なために生産量は限定されている。内陸からの搬出は，中国が敷設したタンザン鉄道でインド洋岸に向けられ，海外に輸出される。
　また，南アフリカは金やダイヤモンドの産出が有名であるが，とくにダイヤモンドは事実上ロンドンに本拠をおくヨーロッパ資本が生産の大部分を買い取り，価格を決定し，販売を独占しているので，世界のどこでもヨーロッパ資本が認めた仲買い人のみを通して，ほぼ決められた値段で販売され，地元への利益は低い労賃のみとなっている。

6　ナイジェリアの農牧業と資源

　ナイジェリアでは，土地は，村あるいは共同体に属し，これを耕作する農民には利用権が認められている。最近は，私的土地所有制度が生まれつつある。耕作形態は**移動耕作・低木休閑**，屋敷畑における恒常耕作などがみられ，低木休閑が最も広い面積を占める。移動耕作は，植生が十分発達している土地を伐採・火入れによって開き，2～3年耕作した後，15年間休閑する。これに対し，低木休閑は植生の回復が不十分な土地を火入れに

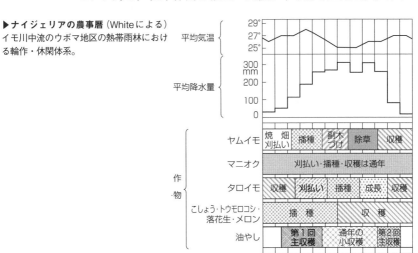

▶**ナイジェリアの農事暦**（Whiteによる）
イモ川中流のウボマ地区の熱帯雨林における輪作・休閑体系。

第8章　中南アフリカ　129

よって開き，3～6年耕作したのち，15年間休閑する。屋敷畑は住居の周辺にある耕地であり，集約的な利用が行なわれている。

作物の栽培は，同一耕地に多種の作物を同時に栽培する混作（同時栽培，ポリカルチュア）が，一般的である。混作は，単位面積当たりの作物全体の収量を上げ，密植することにより雑草の繁茂や土壌浸食を防ぐことなどを意図したものである。

農家の経営は零細で，一家族当たり0.4～2ヘクタールの土地を耕作するにすぎない。その生産物は主として自給用で，余剰が販売される。

農作業は手労働で，各種の鍬・鎌・なた・斧（おの）・ナイフ・堀棒（ハック）が用いられ，機械化は遅れている。肥料は草木灰・家庭ゴミ・あり塚の有機物や微細な土壌などで，化学肥料はほとんど使用されない。

ナイジェリアの換金作物は，地域の気候・土地条件に適した作目が選ばれ，北部のハウサ・フラニ人*地域はおもに落花生・綿花を，東部のイボ人*地域はココアとオイルパームを，西部のヨルバ人*地域は南部でオイルパームを栽培している。彼らにとって，自給作物栽培は副次的であるが，そのお蔭で換金作物を低価格で輸出することが可能となっている。

> *インド・ヨーロッパ系言語では，地名の形容詞形をもって人種・民族名とし，日本語ではフランス人，ベンガル人などと表記している。他方，地名を用いない人種・民族名は「定冠詞＋固有名詞」で表記し，日本語ではイボ族，マオリ族と表記することが一般的であった。このインド・ヨーロッパ系表記にならって，これらの民族を「族」と表記して地名ではない民族名であることを明確にしてもよいが，近年，族を人と表記することが多くなり，本書では一部を除き，人を用いている。

ナイジェリアは，1960年頃から石油生産でも外貨を得られるようになっているが，油田の多くが石油メジャーの支配するところで，国営石油会社は技術的に未熟で，まだ石油の富を十分に獲得できないでいる。

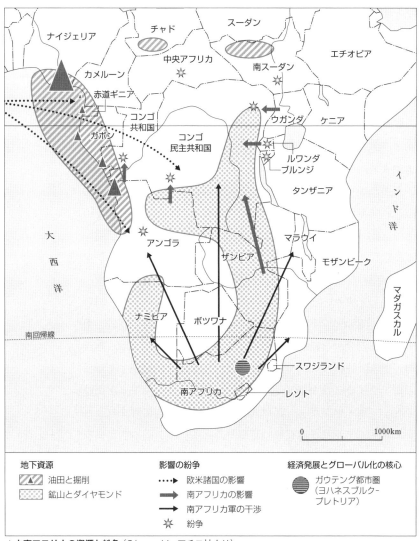

▲中南アフリカの資源と紛争（Géographie アチエ社より）

7　南アフリカの発展と問題

　南アフリカでは，長い間，人種差別の考え方があって，1948年以降はアパルトヘイト（人種隔離政策）によって国民を白人と非白人に分け，食堂やバー・バスや鉄道・海浜や公園のベンチ

第8章　中南アフリカ　131

などの一部，特定部分の利用を白人のみに許し，人種間の結婚をも禁じた。また，黒人労働者の賃金は白人の1割ほどしかないなど，就職と賃金が差別されるだけでなく，教育・医療においても差別を受けた。

　南アフリカが強硬にこの政策を続けることができたのは，この国がレアメタルの重要な供給国であるために，先進資本主義諸国が強い反発をみせなかったからである。日本人も当時は名誉白人という不名誉な称号を受けていた。

　だが，アパルトヘイトは東西対立が解けると，国際社会から激しい非難を浴び，経済制裁やオリンピックからの追放などの処分を受けた。また，この差別政策のための警察や社会機構の維持に膨大な財政支出をしなければならず，結局，1991年から1993年に関連法律の廃止と国際社会復帰が行なわれた。

　しかし，黒人の熟練労働をはばんできた教育の差別は，高い失業率・犯罪発生率をもたらし，諸外国からの投資を妨げ，南アフリカの経済を劇的に成長させることはできていない。今なお，黒人居住区は灯火や水道の少ない劣悪な居住環境である。

　南アフリカは豊かな国で，金・銀・白金・ダイヤモンドだけでなく，鉄・マンガン・クロム・ウランなど鉱石に恵まれ，とくにレアメタルは世界有数の産出を誇っている。しかし，主要都市では夜間に外出することが危険であると，今，なお言われている。実際，高い犯罪発生率は，豊かな経済力が，なお十分には黒人労働者に分配されていないことが背景にある。

　農業は，白人が経営する企業化が進み，最良の土地でブドウ園や果樹・園芸農業を行ない，またトウモロコシをはじめ白人大地主の土地を，土地を持たない黒人が耕してきた。政府は農地改革によって白人から黒人に土地が移るよう誘導しているが，なお不十分で，白人地主が黒人に襲撃される事件が起きている。

第9章 北アフリカ・西アジア

1 ヨーロッパとの戦い

　西アジア・北アフリカは，古代から中世にかけて世界文明の
指導的地位を占めていたところである。古代ギリシャとペル
シャとの戦いやトロイとコリントの戦いを記録した古文書にあ
るように，たびたび**ヨーロッパ**と戦った。古代ローマは成立前
後に，カルタゴやエジプトと戦っている。7世紀に**イスラム教**
が成立してからは，イスラム教徒がバルカン半島からイベリア
半島まで支配下におき，地中海世界の4分の3を手中にした。

　この地域は，柑橘栽培を可能にした灌漑技術，起源は**インド**
だが0記号のあるアラビア数字など，さまざまな先進文化を
ヨーロッパ人に教えた。アラビア語起源の言葉が星の名前に多
いのは，**サハラ砂漠やルブアルハリ砂漠**など，乾燥地帯が広が
り，砂漠や海洋を旅行するうえで方角と時間を計る重要な名前
であったからであり，化学・医学用語が多いことにもイスラム
文明の先進性がうかがえる。たとえば，アルコール，アルカリ，
コットン，ギプスなどの例があげられる。

　11～13世紀にかけて，ヨーロッパ側は十字軍をパレスチナ
に送ったが，結局，イスラム軍に追われた。しかし，イベリア
半島ではキリスト教徒による国土回復運動によって，1492年
に最後のイスラム王が退去した。他方，バルカン半島ではオス
マントルコが支配を広げ，キリスト教徒と戦った。オスマン帝
国が瓦解してイスラム圏が現在のように収縮するのは20世紀
であり，今でもボスニア・ヘルツェゴヴィナやアルバニアのよ

うにイスラム教徒の多い国々がある。

とくに，**イギリスとフランスは**北アフリカ・西アジアを**植民地化・保護国化**し，あるいは治外法権を設置し，19世紀末にはほぼ全域を支配下においた。この地の先進文明とその弟子であったヨーロッパ文明との対立は，パレスチナの地におけるユダヤ教とイスラム教との争い以上に，歴史的に長期にわたり，地域的に広域であるとも言える。

2 乾燥帯と農牧業

北アフリカから西アジアにかけては，**中緯度高圧帯**が通年常駐し，わずかに冬季に南下するので，大西洋から地中海に向かって低気圧が東進する。したがって，地中海地方南岸と中東は冬季降水型の**地中海性気候**となり，**地中海式農業**が行なわれる。

低地には，オリーブなどの樹園地に小麦や牧草があって，羊やヤギの牧畜が行なわれる。家畜は，山地の近いところでは夏季の乾燥期に山地に移動させていて，いわゆる移牧である。しかし，砂漠はこの地域の大部分を占め，年降水量がほぼ200mmである。地表面は，降雨ののち短い期間にわずかな雑草や低木の緑がみられるほかは，褐色の岩石や砂でおおわれている。

他方，北アフリカの**アトラス山脈**やトルコの**アナトリア高原**から東に派出するエルブールズ山脈・ザクロス山脈などでは，年降水量が600mmを超え，一部の地域では2000mmになる。その大部分は冬の雪であり，高山では夏まで消えずに残っている。この雪が**チグリス川・ユーフラテス川**をはじめとする諸河川の水源となり，流域を涵養している。

緑のオアシスは，これらの河川から直接引き水（ときには地下水道）するか，あるいは伏流した地下水を利用して，山麓の扇状地や涸れ川（ワジ）や河川流域に形成され，周辺の砂漠ときわだった対照を示している。なかでも，「肥沃な三日月地帯」と呼ばれるチグリス川・ユーフラテス川の中・上流地域や外来河

沙漠の風景

沙漠は，砂原と砂丘の砂沙漠（エルグと呼ばれる）ばかりではない。むしろ岩石沙漠（ハマダと呼ばれる）が広く，岩石の上に礫が乗っている礫沙漠（レグと呼ばれる）もある。「沙」という字の通り，沙漠は降水が少なく，北アフリカから西アジアにかけて広がっている。

しかし，沙漠に水がないとは言えない。むしろ，降水が不規則な地域と言うべきで，数年降水がなくとも，突然豪雨が襲う。とくに，この地方はサハラをおおう高気圧が南下した冬季に降ることが多く，気温も低いので，西アジアではときに降雪をみる。雨は涸れ川（ワジ）を一気に流下し大洪水が起こる。洪水が去った後に，いっせいに植物が芽生え，花を開き，種を付けて，つぎの降水を待つ。そのお花畑は実に美しいという。

水が引いたあとのワジや地下水脈が地表に近いところで，運よく水脈に根が届いた樹木が残り，オアシスが生まれる。オアシスは，天然のものもあるが，降水のある山地から地下水道で水を運ぶ人工的なものもある。イランではカナートまたはカレーズ，アラブ世界ではフォガラと呼ぶ灌漑用地下水道である。

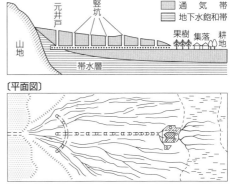

▶カナートの模式図　イランなどの乾燥地域では，地上に直接水路をつくっても蒸発してしまったり，地中に浸透してしまうため，地下に人間がくぐれるぐらいの水路を掘る。山麓の元井戸（深さ20～50m）から集落まで数十kmもの地下水路で水を引き，人工的なオアシスをつくる。〇印は通風と水路の土砂搬出のための竪坑。

川のナイル川の三角州は最大のオアシスで，小麦・大麦・綿花・コメなどが栽培され，乾燥の厳しい地域ではナツメヤシがみられる。

しかし，オアシスは全面積のわずかな部分で，ほとんどの土地は遊牧に利用される程度である。**サウジアラビア**では，現在も全人口の4分の1が羊の毛で織った黒いテントで生活する遊

牧民のベドウィンである。ここで行なわれる農牧業は，伝統的な粗放なもので，住民のおよそ半分を占める人びとの貧しい生活を支えている。

3　水主と砂漠化

　乾燥地域では，土地があっても水がなければ農作物は育たず，生活そのものが成り立たないため，地主より**水主**が大切である。砂漠の周辺では，地底に水さえ得られれば**ナツメヤシ**などの樹木が育つので，大地深くに根を張るまで水をかけて苗木を育てられる。

　しかし，水を手にいれることは困難なために，盗水が行なわれる。**オアシス**周辺の地主のいない土地に，闇夜にまぎれて水主に無断でビニールホースを用いて送水し，ナツメヤシを植える。都市に居住している水主の見回りを逃れ，また昼間は送水せずに摘発されなければ，数週間で根付き，半年もたてば結実する。たとえ非合法でも，樹が育ってしまえば，地主に関係なく，その樹は育てた農民の所有物となる。もちろん水主の現地差配人も，当然自分のナツメヤシを育てる。ただ，実際には水の総量に限りがあり，塩害も加わって，すべての苗木が育つわけではない。

　不十分な灌漑は，土壌中の塩分を毛細管現象によって吸い上げ，地表に塩類を集積させる。そのために植物が育たず，砂漠化がさらに進む。この**塩害**を防止するには，十分な水が必要となり，盗水による少量の水はかえって塩性化を進める。

　また，人口増加に対処して収入の必要から家畜の頭数を増やせば，飼料の草木の成長以上に家畜が若葉を食べ尽くし，消費し，いわゆる**過放牧**が砂漠化を進める。家畜の集まる水飲み場の周辺は，とくに植生が被害を受ける。その点では，砂漠には植物だけでなく動物を育てるにも限度があって，その限界を超えたときに**砂漠化**が進行する。

▶砂丘がせまる集落（アルジェリア，ユニフォトプレス提供）

　この地域の水問題は，河川の下流で地中浸透する水を十分に活用できないことや，上・中流での無計画な灌漑のために消費されてしまうことである。とくに，チグリス川・ユーフラテス川やヨルダン川のように上流と下流とで国が異なる**国際河川**の場合には，しばしば国際紛争を招くのである。

4　ナイルの恵み

　エジプトでは，外来河川の**ナイル川**を利用して，河谷と三角州（デルタ）に長大なオアシスがつくり出され，古くからナイル川の洪水を巧みに利用した灌漑農業が行なわれてきた。

　ナイル川の上流の，**エチオピア高原**から流れ下る青ナイル川とアトバラ川は季節的に著しく増水し，このため7月になると，ナイルの水位は急激に上昇する。エジプトではこの水を耕地に引き入れ，約2カ月間，水をためて土壌に吸収させる古代からの灌漑方法をとっていた。この方法は，耕地の土壌が自然に更新される利点はあったが，土地利用が冬作に限られるのが欠点だった。

　19世紀後半になると，伝統的な灌漑に代わってデルタの頂

第9章　北アフリカ・西アジア　137

▲ダム建設によって氾濫(はんらん)しなくなったナイル川下流の農地(エジプト) 1970年のアスワンハイダム完成以後,年間を通じて農地を利用できるようになった。(ユニフォトプレス提供)

◀アスワンハイダム
(ユニフォトプレス提供)

部に初めて堰堤(えんてい)がつくられ,水路によっていつでも灌漑できる近代的な方法がとられるようになった。そして,1902年に完成した**アスワンダム**や,その後,河谷部に建設された堰堤などによって,灌漑はさらに近代化され,1970年に完成した**アスワンハイダム**には,これらの利点が総合的に取り入れられている。その結果,作付面積は増大し,土地利用も1年1作から1年2作,2年3作が可能となり,小麦・大麦に代わって,夏作の綿花・トウモロコシ・コメなどが重要な作物となった。

しかし,近代的灌漑農法の進行によって,一方では多くの損失がもたらされた。ダムから放出される上澄みの水は,耕地に肥沃な土壌を運ばなくなり,そのために多量の化学肥料が必要となった。さらに,土砂や有機物を含まない水は,河床を掘って橋を危険にさらし,東地中海のプランクトンを減少させて漁獲量に影響を与えた。また,これまでのようにナイル川からあふれる水で洗われなくなった耕地には塩分が残り,荒廃が進んでいるといわれる。氾濫による自然の恵みを与えなくなったナイル川は,このような損失・荒廃を通じて,今後,乾燥地にお

ける近代的な灌漑の意義を人間に問いかけてくるであろう。

5 黒い黄金・石油

　西アジアを特徴付ける最も重要な色が,「黒い黄金」の石油である。石油は古くからその存在を知られていたが, 近代的技術による採掘は, 1908年にオーストラリアの鉱山開発で成功したイギリス人技師ダーシーが, イラン南西部のマスジド＝イ＝スレイマン地区で, 西アジアにおける最初の油井掘削に成功してからであり, 1912年に本格的な生産が始まった。

　その後, 1920年代にイラク, 30年代にバーレーン・サウジアラビア, 40年代にクウェート・カタール, 60年代にアラブ首長国連邦・オマーンで採掘に成功し, しだいに生産量が増加した。現在, 西アジアは世界の石油の30％ほどを生産し, その確認埋蔵量は60％近くを占め, 世界最大の油田地帯である。

　しかし, 産油国がその富を十分に享受できるようになったのは, ごく最近のことである。近代的技術と巨額の資本を必要とする石油開発は, **メジャー**と呼ばれる国際石油資本によって進められ, 産油国は初め, これらの資本からのわずかな利権料を手にするにすぎなかった。産油国は, **石油輸出国機構**(OPEC)

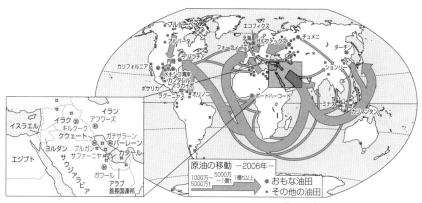

▲油田の分布と原油の移動 (『新詳地理資料』帝国書院より)

〔Energy Statistics Yearbook 2006, ほか〕

イスラム国家のイメージ

西アジアから北アフリカにかけて，ほとんどの国がイスラム国家と呼ばれるほど，他の宗教は少数派である。ここでは，イスラム法を生活規範とすると同時に，ヨーロッパの植民地時代には，イスラム法と植民本国の法とが併用されていた。教育でも，イスラムの宗教や文学などはアラビア語，ペルシャ語，トルコ語などで行なわれているが，近代科学は英語やフランス語で行なわれる場合が多かった。

また，イスラム国家の多くは，王制がみられる一方，選挙制の場合でも政権が非常に長く，政権交代がみられず，独裁的な色彩を帯びている。

多くの国は，産油国で豊かな石油輸出が国家財政をうるおしているにもかかわらず，その富を一部指導者が専有していることに対する国民の不満は，政権を不安定にしている。また東南アジア・南アジアからの低賃金労働者も多い。他方，国民の関心を外に向けるために，若者を聖戦（ジハード）に駆り立て，仮想敵国をつくってテロリズムに走る党派もある。

やアラブ石油輸出国機構（OAPEC）を結成してメジャーに対抗するようになり，1970年代の2回の石油危機を通じて，産油国は原油価格の大幅な引上げと経営参加，さらには油田の国有化を実現した。このように，西アジア・北アフリカの産油国は，世界でも有数の富める国に変貌したが，石油のみに依存する経済は原油価格の変動に左右されやすく，不安定な構造はいまだに解決されていない。

7〜8社あったメジャーは，合併などによって大規模化を進めているが，支配する石油生産量は10%程度に低下し，各国の国営企業の比重が高まり，イラン・サウジアラビア・中国・ベネズエラ・ブラジル・マレーシア・ロシアの7カ国の国営会社の合計は30%に及んでいる。また，メジャーは天然ガスや燃料電池などに投資して，総合エネルギー商社に向かっている。

140　第Ⅰ部　さまざまな地域

6　世界の火薬庫とイスラム教

　西アジアは，古くから東西交通の十字路としての役割を果た
してきたが，現在でも東西世界の接点としての重要な戦略的位
置を占めており，しばしば戦火を交え，その意味で「世界の火
薬庫」と呼ばれている。たび重なる中東戦争，1980 年に起こっ
た**アフガニスタン問題**とイラン・イラク戦争，1991 年の湾岸
戦争，2003 年のイラク戦争など，一連の戦争はこの地で起こっ
ており，しばしばイスラエル対アラブ世界の枠組みで，あるい
はパレスチナ問題と小地域の問題としてとらえられている。

　しかし，その背後にはかならずヨーロッパやアメリカ合衆国
の関与があって，欧米の植民地支配の名残りが存在する。また，
欧米に利用されやすい民族間の対立は，イラクとイラン，イラ
クとクウェート，アラブ諸国内に，アルカイダや IS などのヨー
ロッパ・アメリカなどにテロ行為を輸出する党派も現われている。

　この地域の民族は，**ユダヤ人とアラブ人**だけではない。ユダ
ヤ教もイスラム教も豚肉や動物の血を口にすることはタブーと
して禁じられ，両者が兄弟宗教であることを明らかにしている。
しかし，同じイスラム教徒でありながら，少数派として独自の
言語を話す先住民の**ベルベル人**がアフリカ北西部のマグレブ地
方から南部に，また**クルド人**がイラク・トルコ・イランの交叉す
る地域に住む。また，サウジアラビアなどの砂漠に住む遊牧の
アラブ人をベドウィンと呼んでいるが，アラブ化したベルベル
人も含まれている。レバノンにはキリスト教徒のアラブ人もいる。

　イスラム教の最も厳格な生活では，1 日に 5 回，**メッカ**の方
角を礼拝し，一生に 1 度は巡礼に出かける。年に 1 度はラマダ
ン月を迎えて昼間は絶食する。成人女性は男性に素顔をみせな
い。妻を 4 人まで持つことができる場合がある。豚を食べない
など，他の宗教の人にはわかりづらい。したがって，一部の国
のオリンピック代表，とくに水泳や肌をあらわにする競技選手
に女性がいない国もある。

第 9 章　北アフリカ・西アジア　141

パレスチナ問題

パレスチナ問題は，ユダヤ教徒とイスラム教徒との土地争いとされやすいが，それはパレスチナを植民地としたイギリスのユダヤ人とアラブ人との矛盾した約束に始まった。一方でシオニズム（ユダヤ人の祖国復帰運動）を主張するイスラエル建国を支持して，他方でオスマントルコからのパレスチナの独立を約束したからである。

シオニズムは，ヨーロッパからのユダヤ教徒追放の動きと連動して，イギリスだけでなく，アメリカ合衆国やソ連も賛同した。欧米のユダヤ資本が資金を提供し，パレスチナにキブツ（土地所有・農作業・食事・教育などを共同化した社会）など，ユダヤ人共同農場が生まれた。当初，アラブ人地主は喜んで荒れ地をユダヤ人に売却したので，イスラエルの国土はアラブ人との合意で生まれたとする主張もある。実際，アラブ人の売却した土地をユダヤ人が開発し，国土の基盤としたのである。1948年，イギリスの委任統治終了と同時にイスラエルの独立宣言が発せられ，第一次パレスチナ戦争が始まった。かつて過半の人口を占めていたパレスチナ人は，難民となった。ヨーロッパがつくった問題とする所以である。

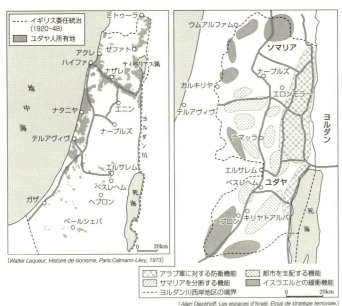

▲ユダヤ人のパレスチナ土地保有（1942年）
▶ヨルダン西岸地区へのユダヤ人の入植
（1980年代）

第10章 南アジア

1 ヨーロッパからの独立と分裂

　南アジアは，ほぼ全域がイギリスの旧植民地である。ポルトガル・フランスなども一部を支配したが，旧英領インド（インド・パキスタン・バングラデシュ・スリランカ）が大部分で，山岳国（ネパール・ブータン）とインド洋の島国モルディブもかろうじて独立を維持したが，イギリスの支配を受けていた。

　英領インドは，1947年にインドとパキスタンが，翌年にスリランカが独立するまで，ヒンドゥー・ムスリム・仏教の3宗教の教徒たちが混住していた。しかし，人口の大移動によって，ヒンドゥー教徒のインド連邦，ムスリムのパキスタンに分離・独立した。

　スリランカは，仏教徒の国とされた。だが，実際に移住できても新入移住民で，亡くなったもの，取り残されたものもあった。のちに，人為的に統合された東・西パキスタンは分裂し，東はバングラデシュとなった。

　現在でも，インド各地にごく少数派として仏教徒はおり，イスラム教徒も少なくない。また，スリランカは仏教徒の国とされているが，総人口の4分の1はヒンドゥー教徒・イスラム教徒・キリスト教徒が占めており，彼らは英領インド時代に交流があった地方と，多くのネットワークを持ち，スリランカ国内の人口比重以上に強い発言力を持っている。

　インドの3大宗教のなかでも，**ヒンドゥー教**の地方では**カースト制度**が厳しい。カーストは4大ヴァルナの下にジャーティ

第10章　南アジア　143

カースト

カーストとポルトガル語で呼ばれる「ヴァルナ」は，元来，「色」を意味する言葉で，アーリア人がインド侵入時に支配者(肌が明色)と被支配者原住民(肌が暗色)の程度を示していた。日本では，ブラーマン・クシャトリア・ヴァイシャ・スードラからなる「四姓」と訳される。これにハリジャン(不可触賎民)を加えた5区分は，さらに細分化され，2000以上のジャーティに細分化されて「世襲的職業身分集団」と訳される。

カースト制度は，農村部では同一カースト内部の結婚制度とジャーティ別職業分担，及びカースト別居住として，今なお根強く残っているが，都市の大企業ではIT関連産業のようなジャーティ外のあらたな職業が多くなってきている。また，ヴァルナ外とされるイスラム教・キリスト教・仏教徒は農村ではハリジャン扱いだが，都市ではむしろカースト制度の外となって，ジャーティが専有する職業以外に自由に就業している。

ただ，今でもカーストの異なるもの同士，結婚や会食などはほとんど許されない。

(世襲的職業身分集団)が全体で2000ほど存在する。なお，特定ジャーティの上位ヴァルナへの移行もある。また，カースト制度から離脱するために，とくにヴァルナ外の**不可触賎民**(ハリジャン)が仏教徒，あるいはイスラム教徒に改宗したものもあった。

また言語は，僻遠の地に点在する先住民の少数言語，半島南部の**ドラヴィダ系言語**，北部に侵入してきた**アーリア語系言語**などがあり，全体としての共通語は英語で，ここでは民族の概念があいまいである。

2 インド工業の脱植民地的基礎

イギリスは，当初，3大港湾(ムンバイ・コルカタ・チェンナイ)を起点として，工業製品の市場として，また原材料の供給地として植民地支配を行なった。ムンバイはインドへの入り口とし

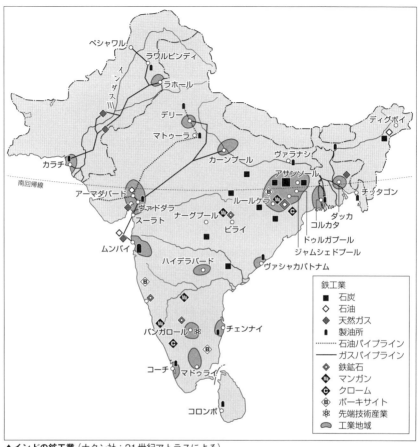

▲インドの鉱工業（ナタン社：21世紀アトラスによる）

て，コルカタはベンガルからミャンマーにかけての中心地として，チェンナイはさらに東南アジアへの中継地として栄えた。

　19世紀には，イギリスの輸出が重工業製品に変わるとともに，これら港湾都市に特産の綿花やジュートを加工する近代的な工業が起こった。20世紀になると，**ジャムシェドプール**に鉄鋼業が起こった。とくに2度の世界大戦に際して，イギリス工業の**輸入代替工業**(P.84, 115参照)の発展によって経済力を強めた。

　独立後，1950年以降の数次にわたる5カ年計画により，政府主導による重化学工業の振興がはかられ，鉄鋼業についで機械工業・セメント工業・化学(肥料・薬品・石油)工業など，工

第10章　南アジア　145

業の多様化が進んだ。なかでも鉄鋼業は，国内産の鉄鉱石や石炭を利用し，諸外国の援助を受けて，ビライ(旧ソ連支援)・ドゥルガプール(イギリス支援)・ルールケラ(ドイツ支援)に国営の製鉄所が建設された。

　こうして，植民地の遺産とも言うべき3大港湾都市を中心としたインドの工業中心地の比重は下がってきた。とくにデリーは，ヒンドゥー・イスラムの諸王国の首都であったが，19世紀にイギリス軍が占領し，1912年にイギリス領インドの首都がコルカタからデリーに移転してから，政治の中心として発達し，独立後は政府主導の工業化にあわせて周辺にあらたな工業地域が生まれた。

　国内産業の発展によって，アーマダバードを含めた4大港湾から個別に内陸に入る植民地支配のシステムであった鉄道網が，デリーを含む内陸全体を結び合うシステムに代わり，その発達を上まわって道路網が広がり，航空輸送も拡大した。交通網の整備は，各地方をインド経済として統合する力となっている。

3　新興工業国

　1980年代より，社会主義のような政治規制の強い工業化の限界を打破するために，経済の自由化が進められた。とくに，1990年代になると，外国資本によるインド国内での企業設立が自由化され，公営企業も市場原理にしたがい，海外からの技術や機械類の購入も自由になった。やがて，イギリス・アメリカ合衆国を中心とした外国資本が直接投資を進めた。植民地時代に，海外に移住したインド人の資本の回帰も大きかった。旧社会主義国の市場を失ったが，それ以上にアメリカ合衆国への輸出が増大した。また，インドの科学技術教育は英語であったから，高度な技術者が大量にIT産業に流入した。

　IT産業は，通信設備が整備されれば，伝統的な港湾都市に立地する必要はなかった。もちろん，他の産業が集積している

146　第I部　さまざまな地域

３大港湾都市やデリーに立地した IT 産業も多いが，高温・多湿を避けて，内陸の乾燥した比較的気温の温和な「インドのシリコンバレー」と呼ばれるバンガロールや一部はハイデラバードに立地した。またこの産業は，国際的な立地上の利点，時差の利用を可能とした。たとえば，アメリカ合衆国のロサンゼルスとの時差は 11 時間半であるから双方の土地に事業所をおけば，事実上，24 時間操業が可能で，ソフトウェア開発の所要時間が半減し，技術者の渡航・滞在費も不要となり，しかも労賃が低いので，その人件費の節約はアメリカ合衆国企業のコスト削減に大きく貢献する。

　また，インドの所得水準と道路や住宅事情にあわせたオートバイや自動車産業も，デリーやチェンナイに起こった。この急速な工業化はインドを BRICS（ブラジル・ロシア・インド・中国・南アフリカ）と呼ばれる世界経済の有力な中堅国としている。とりわけインドが重要視されているのは，その巨大な人口で，間もなく中国を抜くと推計されている。インドの生活水準は，平均すればなお決して高くはなく，また階層格差も大きいが，富裕層が１割いれば日本の総人口と同じになる。大都市にあった旧イギリス軍用地は，工場や高級住宅地に開発されている。

4　インドの農業

　急速な工業化を進めているインドでも，農業は重要な産業である。国内総生産での比率は，近年，低下して十数％となったが，就業人口の約 47％がなお従事しているからである。

　インドの主要作物は，コメ・小麦・雑穀（モロコシ・ヒエ・トウモロコシ）の穀類である。コメは半島沿岸や東部の降水が豊かな，あるいは灌漑の発達した地方に，小麦は北部のやや乾燥した地方にみられる。雑穀は減少しつつあるが，西部とデカン高原の降水が不安定な地方で栽培されている。

　主食としては，穀類に貴重なタンパク源としての豆類が加わ

第 10 章　南アジア　147

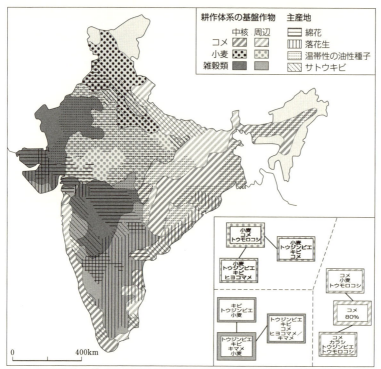

▲**インドの耕作体系**（『ベラン地理大系12』朝倉書店より）　耕作体系は「食用種子」や穀類，豆類に基づいて分類される。どの耕作体系でも，一つの作物が支配的な形態と，もっと複雑な組み合わせによる遷移的な形態がみられる。こうして中核地帯と限界部に分かれるのである。

る。穀物の多くは自給用である。第二の作物群は採油作物で，落花生・菜種・ゴマがあげられる。第三は生活必需品の購入や納税のための換金作物で，サトウキビ・綿花などが世界有数の生産量を誇っている。多くの植民地にみられた**モノカルチャー的なプランテーション**はごく限られ，ヨーロッパ人やアラブ人が入植したコルカタ近くの**アッサム地方**の紅茶，半島南部のコーヒーが重要な輸出農産物となっている。

　インドの農地は，とくに灌漑設備の普及によって改良・拡大し，世界の灌漑面積の5分の1を占めるに至った。日本の河川用水路灌漑より，むしろ井戸灌漑が主流で，とくに**ガンジス川**流域に広くみられ，半島南部には溜池灌漑もみられる。灌漑は，掘削技術の進歩と揚水機械の普及が誘因となっている。ただし，**デカン高原のレグール土**は綿花に適してはいるが，保水力があ

ラビ季とカリフ季

　インド農業では，農事暦をラビ季とカリフ季に分ける。ラビ季は乾期でも涼しい蒸発の少ない冬作で，まだ熱と水分の十分な乾期の始まり(10～11月)に播種し，雨季の前(2～3月)に収穫する。カリフ季は雨季(6～7月)の初めに播種，乾期(10～11月)の初めに収穫の夏作である。綿花・サトウキビ・ジュートは一年生作物であるが，パンジャブ地方ではラビ季は小麦が多く，カリフ季はコメが盛んで，水利の不安定な土地ではキビもつくる。

　ラビ季は本来乾季なので，溜池や用水路などの農民の灌漑技術が大切である。とりわけ，カリフ季のモンスーンがもたらす降水は不規則で，ラビ季の終わりの雪解け水が重要であり，それだけにダムと灌漑水路をめぐらしたインダス川流域のパンジャブ地方はまとまった灌漑体系をつくっている。しかし，インド・パキスタンの分割で，水源を押さえたインドと下流に広い乾燥地域を含むパキスタンとは，対立しながらも一つの水系を管理している。

るために灌漑は広がっていない。

　農民は，70%以上が土地を持たない小作人か，小作地もない農業労働者である。平均耕地面積も一戸当たり2ヘクタール，農民一人当たり0.6ヘクタール前後の経営である。だが，「緑の革命」とも呼ばれる高収量品種の普及，農村電化の進行，化学肥料の投与などによって，穀類の収量が上昇し，食料の輸入が激減し，ときには輸出できるまでに生産性が上昇している。

5　インド世界とイスラム国家

　東パキスタンが，バングラデシュとして1971年に独立して以降，西側があらためて新「パキスタン」となった*。

　　*パンジャブのP，アフガニスタンのA，カシミールのK，バルチスタンのstanからとった造語で，当初からバングラデシュのBは入っていない。

　パキスタンは，同じ植民地ではあったが，インドと異なり，

第10章　南アジア　149

議会制民主主義が根付かず，軍部独裁が強く，カシミール紛争もあって，バングラデシュにくらべてインドとの対立も激しく，イスラム的色彩が強く，イギリス統治の影が色濃い。イギリスは，第一にアフガニスタンとの国境線をあいまいなままに引き継がせた。北西国境地帯は部族地域とされ，中央政府も十分に統治権を発揮できないでいる。

第二に，**カシミール**の所属を未定のままにした。藩王は20%余りの住民とともにヒンドゥー教徒としてインドに，大部分の住民はパキスタンに所属を求めたので紛争は現在にまで続き，両国がともに核兵器を手にする動機をつくっている。

第三は，**パンジャブ地方分割**の人為的な国境画定である。この地方は，古代文明の発祥地として名高く，**インダス川の5支流**が集まる肥沃な平原である。19世紀半ばにイギリスは植民地とするや，大灌漑用水網を開き，アメリカ合衆国の南北戦争時には綿花の供給地とし，小麦やサトウキビなどの大供給地とした。イギリスによるパンジャブ分割は，宗教上の多数派を原理としたために，用水路は分断され，中心都市ラホールは周辺農村から切り離された。用水路は，世界銀行の仲介でインダス川の支流ごとに両国の分割管理となっている。

「**緑の革命**」のお蔭で，小麦生産は盛んになり，**ラビ季**の作物として自給用に栽培され，コメと綿花は**カリフ季**作物として輸出されている。輸出は**カラチ**が最大の港湾都市として諸外国に開かれているが，新首都は，西にカイバー峠からアフガニスタン，東にパンジャブからインド，北にカラコルム峠から中国に通じる戦略的位置にイスラマバードを築いている。

6　デルタの国バングラデシュ

ベンガル語で，「ベンガル人の国」の意である**バングラデシュ**は，**ガンジス・ブラマプトラ・メグナの3大河川**がつくる「デルタの国」であり，無数の大小の河川や水路が走り，湖や沼沢

が広がる「水の国」でもある。

　デルタは，海抜 10m 以下の平定な土地であるために，毎年
6 ～ 10 月の雨季の期間に川が氾濫して洪水を起こすと，広大
な土地が水没してしまう。また，洪水期には河川の流路がしば
しば変わるので，これらの河川に橋を架けることもできない。
このため，水上交通が発達しており，3 大河川やその支流が水
路で結ばれ，定期船の往来が頻繁である。

　住民は，その大部分が農民・農業労働者であり，農村に住み，
洪水による水没から逃れるために，自然堤防や人工的に土盛り
した比較的高い土地に集落を設けている。それぞれの家は，堤
と樹木で囲まれ，泥壁・泥床・トタンか木の葉の屋根であり，
粗末なつくりである。農家一戸当たりの平均耕地面積は 1.2 ～
1.3 ヘクタールで，その耕地は洪水期の水位におうじて巧みに
利用されている。すなわち，帯水が浅く，その期間が短い耕地
では 8 月と 12 月に収穫される水稲の二期作が行なわれる。

　帯水が深く，その期間が長い耕地では**ジュートや浮き稲***が
栽培されている。12 ～ 4 月の乾期に水の引いた耕地では，近年，
多収穫品種の水稲が人工灌漑によって栽培されるようになって
いる。このように，耕地はその大部分が稲とジュートによって
占められ，ほかには野菜類・サトウキビ・小麦・茶などがわず
かに栽培されているにすぎない。

　　＊水かさが増えるにしたがって，水中の茎を伸ばし，穂先が水面
　　に浮く稲。アフリカのニジェール川，タイのチャオプラヤ川下
　　流域，バングラデシュ・インドのガンジス川下流域に多い。

　ジュートは，かつてインドの**コルカタ**に送り輸出したが，旧
イギリス領インド植民地が分離独立して，バングラデシュ農村
とコルカタのジュート工場との間に国境線が敷かれ，バングラ
デシュでは首都のダッカ，あるいは港のある**チッタゴン**に工場
が新設され，コルカタは原材料の不足に悩んでいる。

第 10 章　南アジア　151

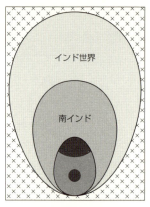
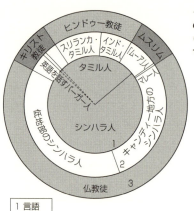

▶飛び地としてのスリランカ
(『ベラン地理大系12』朝倉書店より)

インド世界に内包される飛び地的南インド，そのなかに含まれるスリランカ，さらにそこには人種差別的飛び地の縮図が内包されている。

1 言語
2 民族性
3 宗教

住民の分類

7 民族対立とスリランカ

　スリランカは，ヨーロッパ・中東から東南アジア・東アジアへの東西交通と，アフリカ南端からベンガル湾への南北交通の交叉点として，イギリスにとって戦略的な海運基地であった。夏には南西季節風，冬には北東季節風が吹いて，帆船にも最適な立地であった。

　古代，北のベンガルから島の湿潤な南西部にやってきた**シンハラ人**は，**アーリア系言語**と先進の稲作技術とを伝えた。紀元3世紀には，盛んであった仏教が導入された。また，インド南部から島の北部にわたってきた**ドラヴィダ系タミル人**は，上位ヴァルナ（ブラーマン）が少なく，イスラム教徒もいた。

　イギリス植民地となるのは18世紀で，イギリス人の支配のもと，シナモン・コーヒー・ココヤシ・茶・ゴムなど，多様な**プランテーション**が経営された。英語の使用，**プロテスタント**式教育などが普及し，コロンボはイギリス風の港町となった。

　タミル語は，シンハラ語とともに公用語として認められているが，共通語としての英語は周辺の旧イギリス植民地だった

152　第Ⅰ部　さまざまな地域

ヒマラヤ

インドと中国の境界に位置するヒマラヤ山脈は，インド亜大陸とチベットとの衝突によって衝き上げられてできたもので，1000年に1mずつ上昇し，現在でも地震が起こる。実際，多くの河川がヒマラヤの北側に発して，主稜を越えてインド洋にそそぐ先行河川となっている。

ここには，世界最高のエベレスト(チベット名はチョモランマ)山など，高峻な山岳群が多くの登山家を引き付けている。ただ，登山の賑わいはゴミなどを山地に置き去りにするなど，環境問題を引き起こしている。

この山中には，ネパールとブータンの小さな山国がある。これが，インド・中国間の緩衝国と呼ばれるのは，イギリスからインドが独立してからである。とりわけ，中国のチベット争乱(1959年)後はチベット仏教が流入し，他方ではヒンドゥー教が多数派を占める両文化の接点となっている。北側のシナチベット系言語と南側のインドヨーロッパ系言語とが接し，人種と民族との混合地帯である。

国々との交易に有利に働いている。

イギリス人は，インド半島からはタミル人を**プランテーション**の労働者として，またコメや織物を扱う商人として移住させた。彼らはインド＝タミルとして，先住のスリランカ＝タミルとは別のグループである。

スリランカ北部には，南インドから移住していたタミル人などを中心に，十数％のヒンドゥー教徒，イスラム教徒が数％，キリスト教徒が若干居住し，中南部には多数派の仏教徒でシンハラ人が多く，全人口の4分の3を占めているが，ごくわずかながらイスラム教徒やキリスト教徒もいる。

1970年になると，プランテーションの国有化にあわせて，インド＝タミル人のインドへの送還が始まり，タミル人とシンハラ人*とは泥沼の武力対立にはいっている。

    *シンハラの形容詞形はシンハリであるため，単にシンハリと言えばシンハラ人，シンハラ語となる。シンハリ人としては「シンハラ人」人となってしまう。

第10章　南アジア　153

第11章 東南アジア

1　ヨーロッパからの解放

　東南アジアは，イギリス・フランス・オランダ・スペインなど，ヨーロッパ諸国の**植民地**とされた国が多い。約330年余り，スペイン領であったフィリピンは，19世紀末の米西戦争の結果，アメリカ合衆国に売却され，独立したのは1946年である。
　その他，インドネシアがオランダ，インドシナ3国(ベトナム・ラオス・カンボジア)がフランス，またミャンマー（旧名ビルマ)・マレーシア・シンガポール・ブルネイがイギリスから，それぞれ独立したのは第二次世界大戦後である。他方，イギリス・フランスの緩衝地帯としてタイは，この地域で唯一独立国だった。

▲アセアンの形成（Géographie アチエ社より）

これらの国々には，第二次世界大戦中に日本軍が進駐し，それが独立を早めたり，逆にベトナムのように混乱を生む結果となった。とくに，ベトナムはアメリカ合衆国軍の介入があって，最終的に現在の国が成立したのは1976年である。

東南アジア諸国10カ国の参加する**東南アジア諸国連合**（ASEAN）は，当初は5カ国で1967年に発足したが，順次拡大した。経済的な連合体として発足したEU（**ヨーロッパ連合**）と異なり，反共産主義的政治同盟としての色彩が強かった。しだいに経済関係を重視する方向に変化し，経済閣僚の会議が1975年から始まり，社会主義のベトナムも1995年に参加した。

こうして，人口はEUや**NAFTA**（**北アメリカ自由貿易協定**）をしのぎ，域外の世界の主要国との対話を始め，2006年には**ASEAN安全保障共同体**（ASC）の創設，2007年には**ASEAN経済共同体**（AEC），**ASEAN社会・文化共同体**（ASCC）を加えて，ASEAN共同体をめざしている。

EUやNAFTAと異なって，発展途上国同士の連合であるが，2009年には日本・中国・韓国の協力を得て，緊急時に外貨を融通しあう「チェンマイ・イニシアチブ」の多国間基金にASEAN各国が拠出することになった。

2 植民地主義の残したプランテーション

大部分の国が，ヨーロッパ列強の**植民地**であった歴史は，ヨーロッパ風の建築や町並みだけではなく，経済や社会の仕組みに残っている。旧本国で聞かれる氏名や，外国語として英語・フランス語・オランダ語の堪能な人に出会う。高等教育では，現地語の使用が少ない。

かつて，ヨーロッパ人が東南アジアに持ち込んだ**プランテーション農業**もその一つで，広大な農園を開き，現地の農民にバナナ・ゴム・サトウキビ・コプラ・カカオ・コーヒーなど一種類の商品作物を栽培させていた。これを**モノカルチャー**（単一

第11章　東南アジア　155

◀マレーシアにおけるゴム=プランテーション（Wilhelmyらによる）

栽培）農業と呼んでいるが，労働者の原住民には，間作に自給用作物の栽培を許し，それだけに低賃金と並存していた。しかし，単一の作物では国際価格変動や自然災害の影響を受けやすく，ときには国の経済が打撃を受ける。

　ヨーロッパ人が引き上げ，独立した現在でも，ベトナムがラオス・カンボジアで，中国がラオス・マレーシアで，原生林を買収して開拓し，プランテーション型の大農園を経営している。マレーシアでは，賃金の高いマレーシア人ではなく，インドネシア人の出稼ぎ労働者を雇っている。

　このようなプランテーション経営は，外国資本だけでなく，ときには出ていったヨーロパ人のプランテーションをそのまま引き継いだ現地資本によるものもみられる。ベトナムのコーヒー・ゴム，インドネシアの油ヤシ・ゴム・コーヒー，フィリピンのバナナ・サトウキビ，マレーシアの油ヤシ・ゴムなど，特定作物のプランテーション農業の形態をとっている。

　モノカルチャーは，農業経営から始まった言葉であるが，特定産物に特化した植民地の輸出構造を表わすためにも使われ，この鉱業におけるモノカルチャーの特徴は，原鉱のまま安価で輸出される場合が多い点である。東南アジアではインドネシアの銅・ニッケル，マレーシアの錫などがあげられる。

東南アジアの森林

熱帯雨林は，世界で最も成長力があり，豊かな種を育くむ森林で，アマゾン，アフリカ，東南アジアにみられる。なかでも，海岸から近く，人口の多い，開発に適した東南アジアの熱帯雨林は，早くから伐採が進んだ。

森林破壊の始まりは，ヨーロッパの植民地としてゴムや油ヤシのプランテーション開発で，ついで人口増加と貨幣経済の進展による焼畑農業の拡大や回転期間の短縮による過伐採が続き，独立後はダム・道路・工場などの国家プロジェクトによる伐採があり，林地全体を伐採する皆伐が進んだ。

樹木の被覆が失われると，熱帯の豪雨と日射が表土をあらい，栄養分の少ない土壌には樹木が育たなくなり，回復には長い年月がかかる。特定の樹種や成木のみの択伐は，経済的に採算が取れないことから，避けられるのが現状である。この地域の木材は，とくに日本や中国に輸出するパルプや用材として，毎年大量に伐採されている。

3　モノカルチャー経済からの脱出

東南アジア諸国の輸出品は，現在でも**モノカルチャー的影響**を残し，特定の食料・原料が多い。しかし，その輸出先がヨーロッパの旧宗主国や先進諸国に集中していた状況は，中国，アメリカ合衆国，日本や ASEAN 諸国相互間に広がり，旧宗主国を含む EU だけではなくなり，平均化してきている。

やや，モノカルチャー的構造の輸出を示している**インドネシア**では，かつては輸出の半分以上を占めた石油・ガス部門の割合が 20% 近くまで下がったが，ココヤシの実やコプラから採取するパームオイル・石炭・ニッケル・ゴムなどの原材料が 40%（2009 年）を超える。ミャンマーも，天然ガスの 38% に加え，豆・木材・ゴムなど一次産品が輸出の過半を占める。

しかし，工業化の初期段階に達した国々では，安価な労働力を利用した軽工業製品の輸出が加わり，**ベトナム**では**ホンゲイ**炭で有名だった石炭やプランテーション農業の代表的な産物の

第 11 章　東南アジア　157

ASEAN（アセアン）

東南アジアの10カ国は，ASEAN（アセアン，東南アジア諸国連合）を結成している。当初は反共産主義的な安全保障を中心とする同盟であったが，シンガポール・タイ・マレーシアなどの高度経済成長と，ベトナムなど旧敵国であった国々の参加とともに，経済分野に重点を移し，社会・文化を含めた総合的地域共同体へと変換しつつある。

しかし，域内諸国の政治体制は王政から社会主義政権まで多様で，EUなど他の地域共同体にくらべて内政に関与することは難しく，経済担当相の会議もやっと2006年に開始され，地域共同体としては発展途上にあると言える。

タイを除いて，いずれも旧植民地であり，経済力も不十分で，開発のための資金（ASEANインフラ基金）も，アセアン＋3（日本・中国・韓国）が拠出することになり，拡大外相会議はさらにアメリカ合衆国・カナダ・EU・ロシア・インド・オーストラリア・ニュージーランドの周辺大国を含めたアセアン＋10カ国となって，大国に依存する部分が大きい。

ゴム・コメ・コーヒーは，数％以下に落ちて，縫製品や履物などが原油と並んで上位の輸出品となっている。この傾向は，カンボジアでさらに顕著で，衣類と履物などの軽工業製品は総輸出額の90％（2009年）にせまっている。

工業化の進んだタイ・マレーシア・フィリピンなどでは，先進国からの工場移転にともなって，電気・電子機器・機械やその部品などが輸出の重要な部分を占め，モノカルチャー的輸出の構造は姿を消し，タイのコメ・ゴムやマレーシアのパームオイル・原油・ガス・木材が，各々数％を占めているだけである。また，中継貿易港であるシンガポールは，原油を輸入して石油製品を，パームオイルを輸入・加工して輸出しているが，電子・電気・機械工業の製品も目立ち，機械・輸送用機器の輸出額が過半（2009年）を占めるに至った。

だが，旧宗主国の力は残存し，シンガポール・クアラルンプールなどに取引所があるとはいえ，多くのプランテーション作物の価格はロンドンやニューヨークなどで決められている。

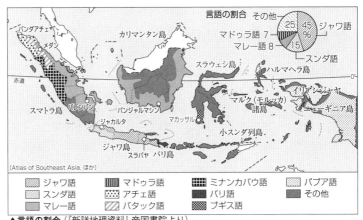

▲**言語の割合**（『新詳地理資料』帝国書院より）

4　多様な民族と文化

　東南アジアは，中国とインドの間で，太平洋とインド洋を結ぶ海上交通の通過点であったから，西方や北方から多くの民族が先住民族の間にはいり，小国家をつくった。現在の国々は，その民族領域にヨーロッパの植民地支配が重なって生まれた。

　さらに19世紀以降，植民地には西方からのインド系（印僑）や北方からの中国系（華僑）を，ヨーロッパ人がプランテーションの農園や鉱山の労働者として雇い，随伴して商人や金融業者など，商業活動に従事するインド人や中国人が流入した。

　中国系の人びとは，ベトナム戦争や中国人排斥運動の結果，ベトナムやインドネシアから国外に脱出したものも多いが，とくに現地の国籍を取得した人びとは，ときにチャイナタウンを形成して，大都市の一角に集住している。そのため，東南アジアの国際会議には，華人があちこちの国の代表として現われる。たとえば，1970年代，ユネスコの人口教育地域会議の場合，タイ・インドネシア・マレーシア・シンガポールの代表が華人で，いずれもイギリス留学生でたがいに英語・中国語で話していた。

　多様化した民族は言語だけでなく，宗教でもタイ・ミャン

第11章　東南アジア　159

上座部仏教

東南アジアにおいて，広く信仰されている仏教は，上座部仏教，あるいは小乗仏教とも呼ばれ，アジア南部に伝えられたので，南伝仏教とも称される。これは，厳しい修行を通じて自己の悟りに至ることを目的としている。他方，中国・韓国・日本やベトナムなど，東アジアの中国文化圏に広がる大乗仏教は，自己だけでなく在家を含む一切衆生の救済を説き，菩薩信仰に基づいている。

上座部仏教は，戒律が厳しく，男子は一生の間に一度は短期間でも出家して，修行を積まなければならない。その間は黄色い僧衣をまとって，在家から托鉢によって得られた布施のみで生活し，結婚しない。一般の民衆は，僧侶に食物を与え，寺院に寄進することによって功徳を積み，道徳の向上と来世の安泰とを得ようとする。タイ・ミャンマー・カンボジア・スリランカでは，寺院が多数みられ，一生僧籍のまますごし，尊敬を受けている僧侶もある。

マー・インドシナ3国の**上座部仏教**，インドネシア・マレーシアの**イスラム教**，フィリピンの**カトリック**に加えて，各国に移住したインド系の**ヒンドゥー教・イスラム教**，中国系の**大乗仏教・道教**がみられる。また，山岳地などの少数民族では，アニミズム（物神崇拝）のような原始宗教を残している。

とくに，シンガポールは，旧イギリス領として多くの印僑・華人が移住したので，先住民の**マレー系**とともに，ヒンドゥー教・道教・イスラム教や仏教・キリスト教などが混在し，多様な寺院がみられる。使用する言葉も，英語・中国語・マレー語・タミル語と多様な言語が飛び交っているが，国際都市として英語がたがいの共通語となっている。

5 都市国家

イギリスの**植民地**経営は，長い間，海軍力と海運とによって支えられていた。その海軍と植民地向け交易の基地は，ジブラ

160 第I部 さまざまな地域

ルタル・コロンボ(スリランカ)・シンガポール・香港へと，いずれも大陸に近い利便性と大陸からやや離れて安全を確保できる島嶼，あるいは半島の先端におかれた。香港は，中国に返還されたが，シンガポールはそのまま独立国となった。

イギリスとアジア・太平洋地域の中継貿易港として，イギリス人のもとに，先住民のマレー系，あとからきたインド系(主にタミル人)，中国系民族が集まり，この地域の主要な3言語(マレー語・タミル語・中国語)と通商用の英語が話され，それぞれの宗教が寺院を建て，必要な生活用品が用意された。そのため，独立後は東南アジアにおける多国籍企業の拠点となり，空路と海路の交通業が発達し，企業向けの金融業や情報通信業が発達した。

シンガポールは食料を自給できなかったが，植民地時代には周辺のイギリス領植民地から無関税で輸入できたし，水は対岸のマレーシアからパイプで引き込むことができた。しかし，独立後は水も輸入することになり，日本の技術を用いた下水の再処理や海の入江をせき止めて淡水化して，一部を自給しようとしている。水問題のためにもマレーシアとの関係を良好に保つ必要があり(水輸入契約は2061年まで)，また中継貿易港としても，近隣のASEAN諸国との友好関係を維持しつつ，先進工業国とも連携を保っており，台湾の中華民国と軍事協力も維持している。

また，工業化も積極的に進め，電気・電子・家庭電器・工作機械など，多くの製造業が立地する工業国でもある。労賃の上昇による工場の海外移転が起こっているが，高い技術と金融力，立地の利点が工業を助けている。また，治安の良さと使用言語の多様さは，観光業の発達をうながし，史跡やビーチのない弱点を補うために，リゾート施設・ホテル・ショッピングモールなどの観光資源の開発に力を入れている。

第11章　東南アジア　161

6　唯一の独立を守ったタイ

　タイは，この地域でヨーロッパの侵入に対して唯一独立を維持した国である。イギリス領のミャンマー・マレーシアとフランス領インドシナ3国との**緩衝地帯**として，存在が許されたとする消極的な見方もあるが，列強の進出を前に，開明的な君主がいち早く近代化を受け入れたからであるとも言われる。

　とくに，ラーマ5世（在位1868～1910）は，日本の明治維新に匹敵する大改革を行なった。王朝の名前をとってチャクリー改革とも呼ばれ，司法・行政制度の整備，郵便・通信・鉄道・教育制度・軍制の改革，奴隷制度の廃止など，タイの近代化を進め，諸外国との国交を開いた。その後，1932年には立憲君主制となって，国家の体制はほぼ現在のヨーロッパの王制国家に近づいた。

　人口は，日本人口の半分ほどだが，国土の40％近くが農地で，日本の3倍以上であり，なかでもコメは世界の総輸出量の4分の1以上を占めている。日本の1993年の冷害時にタイ米の輸入はあったが，緊急の輸入発注であったためタイの高級米は売約済みで，低い品質のコメが輸入されて日本ではタイ米の評判が悪かった。実際，高級タイ米はおいしいので，多くの国に輸出されている。ただ，現在，コメはタイの輸出の5％にも満たず，過半は工業製品となって，近年の工業化は著しい。

　第二次世界大戦後，当初は**輸入代替工業**（P.84参照）として始

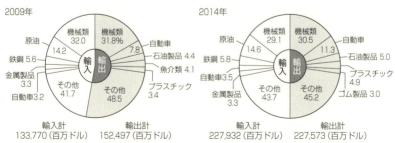

▲タイの輸出入品目〔矢野恒太記念会編『世界国勢図会』2016／17年版などによる〕

まった工業部門では，とくに**プラザ合意**(1985年)後のドル安政策で日本円の高騰による日本資本の進出が，自動車・コンピュータなどの輸出向け工業の発展をうながした。工場の多くは首都のバンコク周辺に立地し，農村人口は所得の高い職場だけでなく，質の高い教育・医療や商品・サービスを求めてバンコクに集中した。その国で最も多い人口を擁する**プライメートシティ**(首位都市)が，いよいよ人びとを引きつける力を，他方，農村は押し出す力を発揮し，第2位のチェンナイを大きく引き離している。

7　モンスーン下の農村と都市

　東南アジアは，全体として厳しい自然環境のもとにおかれている。**マレーシア**から**インドネシア**にかけては，ほぼ通年降水がある**熱帯雨林**であるが，ジャワ島以東は乾季を持つ**熱帯モンスーン気候**で，サトウキビ栽培が行なわれる。熱帯雨林のなかで営まれる**焼畑農業**や，やや進んだ水田耕作などの原住民農業は，**プランテーション**と二重構造をなしている。

　焼畑耕作は，原住民が交通の便の悪い奥地の森林地域で行なっている。たとえば，**マレーシアのサラワク州**の奥地に住む**イバン族**は，**ロングハウス**の村から1〜6kmも離れたところに2ヘクタールほどの焼畑地を開き，そこで陸稲・タロイモ・カボチャ・トウモロコシなどを栽培している。焼畑は2〜3年続けて利用されたのち，放棄されてあたらしい土地が開かれる。

　一方，原住民の多くは平野に水田を開き，山地斜面に棚田をつくっているが，その耕地面積は一戸当たり1〜2ヘクタールにすぎない。水田の多くは一期作しかできないモンスーンの雨に依存する天水田で，二期作・三期作を可能にする灌漑施設のあるものは少ない。農作業は，耕起から収穫までほとんど家族の手労働によって行なわれ，わずかに水牛や牛などの畜力が用いられているにすぎない。収穫物の大部分は家族によって消費

第11章　東南アジア　163

火山と地震

　この地域は，地震や火山の活動が激しく，アルプス造山帯と環太平洋造山帯が合流する場である。地震は，近年，インドネシアのスマトラ島西岸で頻発し，21世紀にはいってから震度7を超える地震が数回にわたり，2004年の震度9.3という途方もない大地震では，津波がインド洋を越えてインドやアフリカに到達し，22万人の犠牲者を出している。

　また，19世紀に大噴火を起こして消滅した2000m級のクラカタウ火山は，ジャワとスマトラ両島の間にあるスンダ海峡にあって，その爆発は世界各地で観測され，翌年は凶作となったとされる。また，それ以来の大噴火といわれるピナトゥボ火山(フィリピン)の大噴火(1991年)も，全地球的気温低下をもたらしたとされる。

　このように，この地域の地殻変動は激しく，日本の地震帯・火山帯に匹敵している。それだけに，ボルネオのキナバル(4095m)やスマトラのクリンチ火山(3800m)など，高山が多い。

▶世界遺産にも指定されたルソン島の棚田
(フィリピン，2003年撮影)

され，その残りが華僑の手を経て，集荷・販売される。

　モンスーンの雨季には，降水によって平野では洪水が起こる。これには，**浮き稲**で対応する。タイの**チャオプラヤ川**，ミャンマーの**エーヤワディー川**，ベトナム・カンボジアの**メコン川**などの流域で，河川の増水にともなって，急速に茎を伸ばし，つねに穂先が水面に浮く稲で，収穫は船で穂先だけを刈り取っている。

　モンスーンの影響は，都市でも顕著である。都市化地域では，強い熱帯の太陽と日々雨が運んでくる高い湿度とが，都市のコンクリートなどの腐食を早めている。また，都市周辺部では，宅地が造成された丘陵地に地滑りを起こす。

| 第12章 | 東アジア |

1　欧米からの相対的独立

　近代化がヨーロッパから始まり，北ユーラシア・アメリカ・オセアニアに広がり，アフリカ・西アジア・南アジア・東南アジアを支配下においたが，**東アジアでは植民地支配による近代化は成立しなかった。中国・大韓民国**(韓国)・**朝鮮民主主義人民共和国**(北朝鮮)**と日本**は，歴史・文化的にも深い関係を持ち，長い間，文学や思想の流れを共有してきた部分が多く，長らく共通の漢字を用いていた。

　なかでも中国は，古くから黄河中流域に文明が開花し，みずからを世界の中央にある高い文化を持つ国として位置付け，東アジアの政治・文化の中心としての役割を果たしてきた。しかし，19世紀以降，ヨーロッパ列強や日本の侵略を受け，半植民地的な状態のもとにおかれるようになった。また，14世紀以来，李朝の王制下にあった朝鮮半島も，1910年に日本に併合され，**植民地**になってしまった。これら諸外国の勢力は，第二次世界大戦後，東アジアから一掃されるとともに，中国・北朝鮮では**社会主義革命**が起こり，あたらしい国づくりが進められた。

　東アジアでは，日本・韓国の自由主義国と，中国・北朝鮮・モンゴルの社会主義国の2つのグループが形成された。両グループは，当初，厳しく対立し，1950年には朝鮮戦争も勃発したが，中国とソ連の離反，ソ連の消滅にともなう緊張緩和と世界の多様化が進むなかで，とくに中国の1978年来の改革・開放政策の進展にともなって，日本・韓国との交流も盛んになっ

モンゴル

モンゴル人の土地は，モンゴリアと呼ばれ，モンゴル(外モンゴル)と中国内の内モンゴル自治区をあわせた領域で，両者はゴビ砂漠が分けている。その周辺は，ステップ気候の草原である。

全体が高度1000mほどの高原をなし，住民はおもに羊・ヤギの遊牧に携わってきたが，人口増加にあわせて頭数が増加し，過放牧が草地の減少を招き，砂漠化が心配されている。また，教育のために子どもは寄宿舎にはいり，国全体の都市化も進んでいる。

かつて，北ユーラシアを席巻したモ

ンゴル帝国はしだいに分裂し，17世紀には清国の支配下にはいった。2度にわたるキャフタ条約は，1727年にロシアと清国の境界を定め，1913年にモンゴルの内外分割を定め，外モンゴルはロシアと中国の緩衝国となった。以後，モンゴルは旧ソ連の影響を受けて社会主義の道を歩み，1941年には文字をキリル文字に変え，内モンゴルはウイグル文字に由来するモンゴル文字を残した。ソ連の崩壊は，モンゴルの自由主義社会への接近をもたらしている。

てきている。

　日本の高度成長(1955～1973年)は日本の経済を世界第2位に押し上げたが，中国経済の資本主義化が進み，その高度な経済成長によって，ついに2010年には中国が日本を追い抜いて，アメリカ合衆国につぐ世界第2位の国内総生産(GDP)を達成している。東アジアは，世界経済の一つの中心地となっており，欧米とは異なる「もうひとつの」世界文明を示している。

2　鉱工業の発展

　旧中国は，半植民地的状態であったから，関税によって自国の工業を保護・育成できず，近代的な工業発展が阻まれていた。わずかな工場も，大部分が外国資本によるもので，ほとんどが沿海地域に立地していた。たとえば，綿紡績工業はイギリスや日本の資本により，シャンハイ(上海)・テンチン(天津)・チンタオ(青島)などの沿海都市に集中していた。

166　第Ⅰ部　さまざまな地域

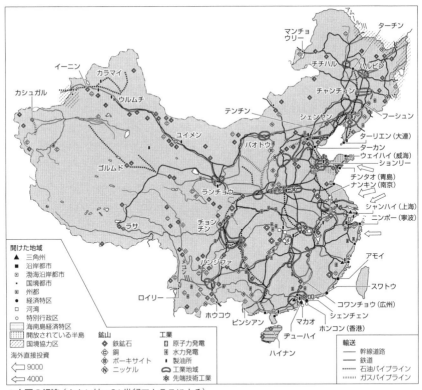

▲中国の経済（ナタン社：21世紀アトラスによる）

　中華人民共和国の成立後，鉱工業の建設はおもに旧ソ連の援助によったが，1960年の中ソ対立後は，自力で鉱工業の開発を進めた。まず，鉱山資源の開発から始め，北西では従来の**ユイメン**（玉門）**油田**が拡張され，さらに北西の**カラマイ**（克拉瑪依）が開発された。現在は，東北・華北が主要産地で，**ターチン**（大慶）**油田**をはじめ，**ションリー**（勝利）・**ターカン**（大港）などがこの地域の工業化の基礎となっている。

　石炭は，日本やイギリスの資本による炭田が**フーシュン**（撫順）をはじめ東北地方や華北の沿海地方にあったが，さらに内陸部や長江以南でもあらたに開発された。そのほか，鉄鉱石・タングステン・マンガン・錫・アンチモンなども開発された。

　これらの資源は，国営・集団経営の企業によって開発され，数次の5カ年計画のなかで，鉄鋼・機械・自動車・化学肥料・

第12章　東アジア　167

三峡ダム

　長江の中流域，四川盆地の入り口には，三峡(西陵・巫峡・瞿塘の3峡をさす)と呼ばれる大峡谷が200km余り続く急流があって，漢詩にも詠われる名所であるが，交通上の隘路で，しばしば洪水も起こしていた。その治水と電源開発のために，高さ185m，長さ3km余りの三峡ダムが1994年に着工され，2006年に最大出力1846万KWで運転開始された。これは，ほかにも水運・養殖・観光・灌漑など多目的に活用できると期待されている。

　しかし，完成とともに沿岸の多くの町村が水没することになり，家屋は斜面上部に移転し，道路や橋の付替えが必要となった。現在の中国の政治体制から，国家事業は私権に優先し，土地はすべて国有であるため，沿岸の住民は強制的に転居させられた。

　このような方式は，道路・鉄道・水路などの大工事に共通で，土地を少しずつ買収して工事を進めるのではなく，計画を実行する際に，いっせいに移転・着工が行なわれることが多い。

石油製品などの生産を中心に，重化学工業化が進展した。

　以前の沿海地域に立地していた工業都市の改良・拡張が行なわれ，他方，内陸部では資源立地のターチン・ランチョウ(蘭州)・パンジファ(攀枝花，旧名渡口)などの工業都市が建設された。また農村では，当時の**人民公社**が多くの小工場をつくった。

　最近では，先進国の進んだ技術や資本を導入して近代化を進め，シェンチェン(深圳)・ヂューハイ(珠海)・スワトウ(汕頭)・アモイ(厦門)に設定の**経済特区**や沿岸14都市に設けられた**経済技術開発区**(2000年，49カ所)では，種々の優遇措置がとられ，雇用の増大と輸出産業の育成がはかられ，シャンハイ郊外には外国との技術協力によって新鋭の製鉄所が建設されている。

3　世界の工場

　改革・開放政策への転換以降，中国経済の発展はめざましい。とくに，安い労働力によって製品を安く製造できることから，当初は中国に工場をおき，海外から原材料を輸入し，製品を海

外に輸出する，一種の**腰掛け**(間借り)**工業**であった。したがって，上海・天津・コワンチョウ(広州)など，沿岸に工業が集中した。やがて，日本や欧米諸国の大企業が，製造コストの削減をはかって，製品の生産拠点を中国に移してくると，部品工場や付随する商業・サービス業も進出し，中国は「**世界の工場**」となった。

　世界一の生産を誇っているのは，家庭電化製品(冷蔵庫・電子レンジ・洗濯機)，電子情報機器(DVD・携帯電話・パソコン)など，組立加工業を中心とした労働集約型の産業であるが，鉄鋼・石油化学・自動車などの素材工業や大型組立工業も工場設備を一新し，急速に生産を伸ばしている。

　とくに注目することは，研究部門の進出である。従来，研究開発部門は本社機能と並んで大企業の母国におかれるのが普通であったが，中国の安くて良質な労働力を用いることが，グローバル化した企業にとって魅力があるからである。

　中国人全体の所得水準が上昇して，自動車・家庭電化製品などを購入し，中国は「**市場**(消費地)」としても，世界経済に大きな影響を持つようになった。とりわけ高所得層は，総人口の10%だけでも日本の人口に相当するだけ存在するのであるから，その市場規模は大きい。

　安い単純作業に向く労働力と部品工場のない工業として，繊維や食品の軽工業は，外国資本の進出の先駆けとなった。しかし，賃金の上昇とともに，一部は東南アジアに転出していくか，所得水準のまだ低い中国内陸部にはいっていった。それとともに，製品も当初の輸出用デザインから中国向けデザインへと変更が進められた。たとえば，淡く渋い日本向け色彩のアパレル製品が，赤や黄色など中国向けの色彩に変質しつつある。

4　食糧の大生産国

　中国は，第一次産業人口の比率が高く，なお発展途上国と自

第12章　東アジア　169

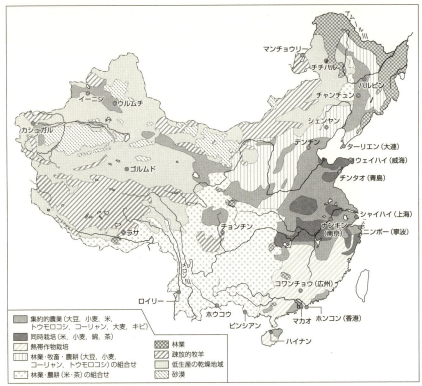

▲中国の農業（ナタン社：21世紀アトラスによる）

称している。コメ・小麦・甘藷（かんしょ）・馬鈴薯（ばれいしょ）などは世界第一の生産国であり，トウモロコシや果物，野菜類でも世界で1, 2を争う。しかし，膨大な人口がそのほとんどを消費し尽し，輸入も多い。

中華人民共和国の誕生により，農村ではいち早く**土地改革**が行なわれ，没収された地主の土地が貧農や小作農に分配された。しかし，生産力を高めるために，その零細な農地を集団化し，1958年に**人民公社**を発足させた。ここでは農作業を集団で行ない，収益は作業量におうじて各農家に配分された。また，農作業に必要な機械の修理工場を持ち，地方の衣料品・道具類の需要にこたえる生産活動を行なった。各家庭に自由に使える自家菜園(**自留地**)が与えられ，そこで得られる野菜や豚などの収益は，個人のものとなった。面積は全耕地の5〜7%であったが，その野菜生産量は，全野菜生産量の半ばを占めた。

170　第Ⅰ部　さまざまな地域

中国料理

中国料理は，フランス料理と並んで世界的に有名な料理で，日本料理にみるような寿司・刺身・天ぷらなど，特定の料理というよりは，食材・調味料などの多様なメニューから構成され，各地の材料を取り入れている。

モンゴルや回族の影響が強い北京料理は，肉料理が特色で，麺や餃子も北の料理と言える。海と湖に恵まれた上海料理では，エビ・カニを含めて魚貝類が多く，米飯が中心となる。

四川盆地は霧がよく発生し，夏は暑いので，風土病を予防するために，四川料理は香辛料を使うとされ，医食同源・薬食帰一という中国料理の思想が表われている。

華僑が世界に広めた広東料理は，中国料理の代表とされ，北方から異民族に追われた漢族の宮廷料理の名残りであるとも言われる。

世界の中国料理は，それぞれの地域に溶け込んで，日本の中国料理は日本人向けに味付けされ，ベトナム系華僑がわたったフランスの中国料理は香菜を使ったタイ料理に近い。

しかし，集団作業では，個人の技術や努力に関係なく，収入が平均化されるため，農民の生産意欲が低下した。そのため，生産責任制が導入された。この制度は一定量の生産物を供出すれば，超過分は各自の所有となり，創意工夫も生かせるため，商品作物を中心に生産量を著しく増加させた。そこで，1982年には人民公社の行政と生産の分離が決められた。

おもな農業地域は，万里の長城以北の**東北地方**と，長城以南のチンリン（秦嶺）山脈・ホワイ（淮河）川を境とする北の**華北地方**，南の**華中地方**・**華南地方**の３地域に大別される。東北地方は１年１作で，春小麦・大豆・ジャガイモ・大麦などを栽培したが，革命後は水稲・トウモロコシなどの栽培が盛んになった。

華北地方は１年２作あるいは２年３作で，冬小麦・水稲・トウモロコシ・コウリャンなどが栽培されている。華中・華南は１年２作か，水稲の二期作と裏作を含めた１年３作が行なわれており，ほかに茶・サツマイモなどが栽培されている。

5 西と東 —— あるいは西域・内陸・沿岸

　中国の農業は，気温の関係で作目などに南北の違いが現われているが，降水量の点で東西の違いを理解する必要がある。さらに，工業や所得の点で，東側は沿岸と内陸に分けられる。

　第一に，**モンスーン**の影響を受け，夏季に湿潤な東部と通年乾燥する西域が分けられる。西域には，モンゴルに続く**ゴビ砂漠**と，その南西に**タクラマカン砂漠**が広がる。降水は西部を東西に走る**テンシャン**(天山)**山脈**や南を画する**クンルン**(崑崙)**山脈**などにあるので，流下する河川が砂漠周辺に**オアシス**をつくる。**シルクロード**は，そのオアシスを伝わって東西に走り，西域南道・天山南道・天山北道などの中継基地となっている。

　第二は，所得の差が明らかな東部の沿岸地方と内陸地方である。その内陸地方は，なお不安定な自給用農作物に依存し，現金収入を出稼ぎに頼る農民が多い。単純労働者として都市に出るが，職を得ることができずに**盲流**（もうりゅう）と呼ばれて，最低の労働環境・賃金で働いている。鎌一本で豊かな農村に出かける春耕や収穫の出稼ぎも，農業機械を持つ沿岸地方の富農に就業先を奪われている。東部の沿岸地方は，春から夏は降水があり，気温も高く，平野に恵まれて農業生産に有利である。商品作物を生産し，機械化と化学肥料が広まり，まだ経営規模は大きくないが，収入も豊かである。南から北にトラクター・コンバインなどが数百 km にわたって移動することで，農業機械の採算を向上させ，農業の企業化に近い状況をつくっている。

　また，海外貿易に好都合な港湾には工場立地が進み，そこに内陸から出稼ぎ労働者が集まり，さらに人口増加に対応した商業・サービス業も盛んである。平均的にも所得水準は高いが，その上層を占める富裕層は年収でも日本の富裕層（約日本円で，年収 2000 〜 3000 万円）にひけを取らず，**農村戸籍**の貧困層を家事使用人などに雇用し，別荘を持ち，しかもその数は数十万人にのぼっている。

172 第Ⅰ部　さまざまな地域

ホンコンとマカオ

　旧イギリス植民地だったホンコンが1997年に,旧ポルトガル植民地だったマカオが1999年に中国に返還された。以来,20年近くを経ているが,両地域は独特の通貨を維持し,出入域にパスポート（中国人は身分証明書）を必要とし,荷物には税関検査を課している。走る車でさえもイギリス式の左交通であり,通常は越境できない。出入域の検査場には東南アジアからの中国語を話す華僑・華人も加わって国際色が豊かである。

　大陸や東南アジア・インドから富裕層がショッピングと観光にやってくるので,町には巨大なブランド品のショッピングセンターや大型ホテルなどが建ち並び,英語・ポルトガル語・中国語が飛びかっている。経済特区に指定されていた隣接の深圳や珠海で発達した工場は,内陸から労働者人口を呼び,その人口が急速に商業を発達させ,その先の広州を人口670余万人を超える巨大都市に成長させ,工場はさらに内陸へと拡大・移転しつつある。

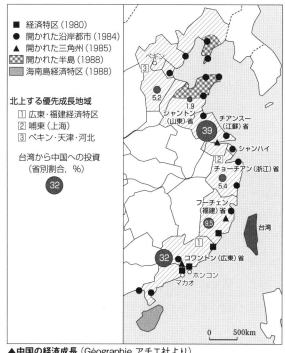

▲**中国の経済成長**（Géographie アチエ社より）

第12章 東アジア　173

6 都市と農村

　元来，中国語で都市は「城市」と表現されるように，大部分の都市は城壁に囲郭され，農村とは明確に区別されていた。シーアン（西安）はその構造をよく残しているが，ペキン（北京）も代表的な囲郭都市で，かつての城門も残されている。

　なかには，シャンハイ（上海）のように，かつての囲郭が，拡大した大都市のなかに埋没して，都市内の一街区になっているものもある。日本の京都や奈良は城壁をつくることはなかったが，中国の**囲郭都市**，長安を参考に計画された。

　囲郭には歴史があるが，都市と農村の住民を峻別する戸籍制度はごく最近のことで，1952年に制定された。それは，城壁より乗り越えることが難しく，人口の約75％を占める**農村戸籍**の者は都市に自由に移動できず，いわば無許可のままで都市に不法滞在することになる。正規の就職が難しく，それだけに低賃金で医療保険・年金などで差別され，その子どもも都市の公立学校には行けない。

　一生で，ただ一回**都市戸籍**に移る機会は大学進学で，このとき初めて**大学戸籍**に一時的に移り，都市に就職できれば都市戸籍に移動できる。それ以外には，たとえ都市化によって郊外になってしまった地域に住んでいても，**農村戸籍**のままとされる。

　とくに，改革・開放政策によって沿海部や大都市の工業発展が進むと，安い労働力を必要とする企業に非正規労働者として就職する農村出身者が都市に流入した。彼らは「**民工**」と呼ばれ2005年で1.5億人いたとされるが，肉体労働の単純労働者で，この農村から都市への民工の流れは「**民工潮**」と呼ばれる。そのなかでも，都市の労働力が飽和になり，あるいは不況で解雇されると，都会に出た農村戸籍の「**盲流**」と呼ばれる失業者が生まれ，その数は約7000万人とも言われる。中国の戸籍制度は，農村から都市への人口の流れを押さえてはいるが，他方で，農村戸籍の人びとの居住と職業の自由を奪っている。

174 第Ⅰ部　さまざまな地域

村から都市への人口移動を抑制する戸籍制度にもかかわらず，都市に定住する住民は増加し，現実との乖離が進んだ。この流入人口を管理するために1985年に都市暫住証を発行し，さらに2010年には都市居住証に切り替えられた。しかしさらに都市戸籍への変更は，ときに10年の期間が必要となり，またその実施はごく一部の大都市だけである。

7　巨大な人口

　中国は，巨大な人口(日本の約10倍)を擁しており，その9割以上が**漢族**である。そのなかには，共通言語の**中国語**(北京官話)以外に，上海語・広東語・福建語・客家語などを用いる人もいるが，北京語と広東語の会話は難しくても，**漢字**のお蔭で相互に文書は理解でき，公文書・学術書・文学の読み書きは，単一言語のごとく流布される。したがって，文字で送られる電送メールやFAXでは問題なく，相互理解が可能で，東南アジアの華僑・華人を加えると，十数億人の世界最大の言語人口を持つことになる。いわば，読み書きでは，単一の中国語である。

　この膨大な人口は，中国の強みでもあった。たった1割でも，大変な数である。近年の中国における経済発展は，高所得層を生み，彼らは日本の中産階級の収入をしのぎ，総人口の1割で日本の全人口に等しい。彼らの消費を当て込んだ企業進出はめざましく，高速道路・高速鉄道が北京や上海を結び，ブランド店が出店し，ショッピングモール・高層住宅が建設されている。

　人口増加を抑制するために，1979年に中国政府は**少数民族**を除いて出産を一人と制限する**一人っ子政策**を発動した。政策初期の世代は，結婚適齢期にさしかかっているが，男子選好の中国人の価値観から女性不足となり，東南アジアから花嫁を呼ぶか，独身でいるかという事態になっている。

　やがて，**生産年齢人口**(15〜64歳)が急速に減少し，**老年人口**(65歳以上)が増加するので，賃金の高騰が起こり，一人っ子

第12章　東アジア　175

北京と上海

　中国は，政治と経済の二大中心都市を持つ。北京が首都となるのは13世紀の元代からで，西安と同様の囲郭都市として始まった。明代の紫禁城の城郭は残っているが，旧来の囲郭は城門の一部を残して，環状道路になっている。囲郭内には官庁・商店・胡同（細い路地の居住区で，共同の井戸やトイレがみられる）があるが，郊外にハブ空港・大学・工場などの都市施設が建設され，人口の急増・水不足・大気汚染・ゴミ問題など，都市問題に悩まされている。

　上海は，長江の河口に位置し，中国第一の経済中心地である。19世紀にアヘン戦争敗北で開港され，イギリス・フランス・アメリカ合衆国などが自国で警察・行政権を持つ租界を獲得し，治外法権の自由都市となって，外国銀行が立地し，経済の大中心地として発展した。

　第二次世界大戦後，新中国の成立によって外国資本は去ったが，郊外の浦東地区をはじめ工業開発やハブ空港・ハブ港湾の開設など，商工業の中心地としての地位は東アジア全体を影響下におさめている。

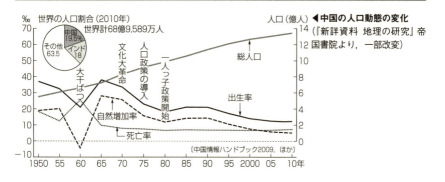

◀中国の人口動態の変化
（『新詳資料 地理の研究』帝国書院より，一部改変）

として小皇帝・小公主と呼ばれて甘やかされ，労働意欲がなく，両親と双方の祖父母の6名を扶養する場合もあり，中国経済の優位が損なわれることも予想される。

　この少子高齢化や性比の不均衡など一人っ子政策による矛盾を緩和するために，2016年に施行された新法は二人までの出産を認めた。しかしなお三人以上は認めないという計画出産の原則は完全撤回されてはおらず，また結婚年齢に達した世代自体が一人っ子であるために出生が急速に回復するわけでもない。ただ，出生増加に対応した育児休暇や託児所の制度整備を進め

▶中国の民族の分布と構成
(『新詳資料 地理の研究』帝国書院より，一部改変)

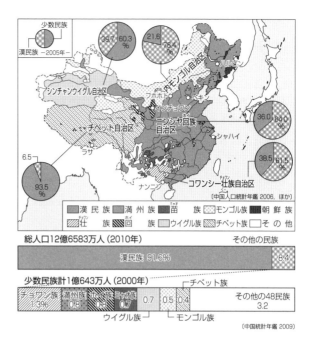

ており，産業界では，人口自体の巨大さから，出生増に対応する産業の振興が期待されている。

8 多様な少数民族

　漢族とは，漢王朝の人びとを周辺民族が呼んだ呼称で，この民族名は，インド・ヨーロッパ語系の地名の形容詞形の民族名表現とは異なる。漢族は周辺の諸民族を吸収したが，現代でもなお**少数民族**は50族余り，合計1億人を超える。
　たとえば，イスラム教(回教)を信仰する人びとを回族と呼ぶが，彼らは漢族の一部と言える。単に回教徒と呼べない理由は，宗教的に回教でなくとも，回族の家系に属する者は回族となっている場合が多いからで，民族分類を単に文化を指標とするのではなく，同族意識があるか否かが大きな意味を持っているからである。
　ウイグル族もイスラム教徒であるが，北東部のシンチャン・

第12章　東アジア　177

チベット

　チベットは，南にヒマラヤ，北にクンルン（崑崙），西はカラコルム山脈に挟まれた標高約4000mの高原で，東は南北に数本の峡谷が区切り，地形的に閉ざされている。政治的には1965年に中国の自治区となったが，文化的にはチベット仏教とチベット語の分布範囲となる青海・四川・雲南・甘粛やヒマラヤの南側にあるブータン・ネパール，シッキム・カシミールの一部も含み，その影響圏は自治区より広い。

　チベットは，18世紀以来，清国の支配下で争いながらも相対的な独立を保ち，イギリス・ロシア・インドなど多くの国々が，外交的には清国との間の緩衝国のような扱いをしてきた。1959年に中国からの自治権の維持を求めたチベット側は，武装蜂起して敗れ，ダライラマはインドに亡命した。従来の閉鎖的な厳しい環境のもとにおける自給的農業は，中国が道路や鉄道を敷設し，チベットの漢族化にともなって，観光業の影響を受けつつある。

ウィグル自治区で多数を占める民族で，羊の遊牧・果樹・園芸主体のオアシス農業と商業に従事している。行政官・軍人・商人などとして増加する漢族に対する軋轢が大きく，中央政府の悩みの種となっている。中国で生きるには，民族語の他に中国語が必須であり，就職には漢族が優位を占めている。

　また，**チベット族**はダライラマを指導者とするチベット仏教を奉じる人びとで，**ヒマラヤ山脈**と**カラコルム山脈**との間に広がる**チベット高原**に居住し，**ヤク**の放牧を中心とした生活を営んでいるが，観光が重要な産業となるにしたがって漢族が流入し，公務員・軍は漢族が圧倒的に多く，チベット族との収入の格差も大きい。

　モンゴル族も内モンゴル自治区を形成し，独自の文字と言語を持つ少数民族である。ステップ状の草地で羊の放牧を行なってきたが，鉄鋼やレアアースなどの開発など，鉱工業と商業や宇宙開発基地もおかれ，入植してくる漢族との軋轢は下火になり，今やモンゴル族はこの地域の人口の20％を割っている。

　また，**朝鮮族**は北朝鮮に近い東北に居住し，**ハングル**を用い，

中朝関係

　中国と北朝鮮との国境は，東はトゥーメン川(豆満江，中国では図們江)，西はヤールー川(鴨緑江)にあるが，火山のチャンパイ山(長白山，北朝鮮側では白頭山)では火口湖の天池の湖面に境界がある。北朝鮮側は閉ざされているので，韓国の観光客は中国から入山する。途上，朝鮮語が話され，ハングルの表示がみられる中国の延辺朝鮮族自治州を通る。

　中朝国境が現在の位置に固定されるのは15世紀頃で，それ以前，朝鮮が高句麗時代(前1世紀～後668)に中国の東北地方を支配下においたこともあれば，中国が漢の時代(前202～後220)に朝鮮半島を支配したこともあるので，中国史で朝鮮半島を扱うことに朝鮮側が反発し，中国の東北地方を朝鮮の旧領であると主張する極端な考え方が両者にみられる。

　しかし，朝鮮戦争以降，中国は中朝間の「血」の同盟を反故(ほご)にできず，他方，経済的に中国に全面的な支援を受けている北朝鮮も，国際社会の発言を中国に依存せざるを得ず，中朝関係は固まったままである。

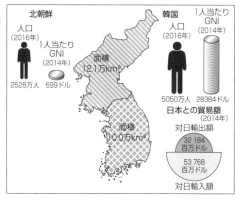

▶韓国と北朝鮮の経済比較
(矢野恒太記念会編『世界国勢図会』2016／17年版による)

南北朝鮮との交易にたずさわる者が多い。その他，少数民族は多く，なかには独自の文化によって**観光業**を発達させている。

......

9　朝鮮半島

　朝鮮半島は，1910年から日本の**植民地**であったが，1945年

第12章　東アジア　179

に北緯38度線を境にして，北を旧ソ連，南をアメリカ合衆国に分割・統治された。その関係から，1948年にそれぞれ**朝鮮民主主義人民共和国（北朝鮮）**と**大韓民国（韓国）**とに分かれて独立した。そのため，多くの家族が南北に離散したが，固有の文字ハングルは共通である。その歴史から，植民地時代に日本に在住した朝鮮人とその子孫は，日本国籍を喪失したあとも日本への永住資格を獲得し，いわゆる在日韓国・朝鮮人となった。この約40万人の人びとは，いわば日本の植民地時代の証人でもある。

北朝鮮は鉄鉱石・石炭をはじめ，**ヤールー（鴨緑江）川**（英語ではアムノック川）の水力など，豊かな資源に恵まれて工業が発達していたが，山地・高原が広く，気候が冷涼なため，農業は不振である一方，南の韓国は平野と水利に恵まれ，気候が温暖なために米作を中心に農業が発達して，対照的な国土と産業構造を持っていた。

北朝鮮は，建国以来，共産党の一党独裁のもとにあり，**ピョンヤン（平壌）**を壮大な首都として建設し，核兵器を持つまでに軍備を増強した。しかし，かつては南の韓国より進んでいた鉱工業の施設の老朽化を招き，洪水などの自然災害が重なり，多くの餓死者を出すまでに貧窮にあえいでいる。

他方，南の大韓民国は自由主義国として工業化を進め，大企業が育っている。資源に恵まれてはいないが，とくに日本と中国の中間にある位置を利用し，**ソウル郊外のインチョンに巨大なハブ空港**，**プサンにハブ港**を開設して，日本の中小地方港湾・空港を統括する機能を持たせている。また，プサンなど，沿海工業都市には大規模な工業団地を開き，原材料の輸入と製品の輸出に有利な工業立地をはかっている。

しかし，長い間の反日教育もあって，**竹島***の領有問題では先鋭な対立をはらんでおり，植民地支配や第二次世界大戦にかかわる事態が起こると，たちまち反日の動きが顕在化する。

*島根県沖の島で，日本は日本領であるとしている。韓国名は独島。現在は韓国警備隊が駐留している。

▶各国の国家戦略動向
(Le Monde Diplomatique, mars1996より)

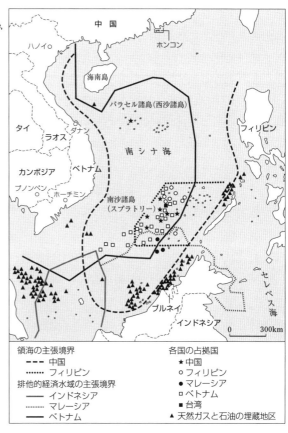

10　食糧・資源の国家戦略

　中国は，なお発展途上国と言われるが，核兵器を持つ軍事力と強力な工業力を持ち，国連の常任理事国でもあるため，国際社会での発言力は強大である。しかも，世界の5分の1を占める巨大な人口を擁して，農産物は第1位の生産高を上げながら，なお輸入に頼る部分が大きい。

　アメリカ合衆国についで第2位の生産高のトウモロコシは，第3位(2014年)の輸入国である。大豆は，世界貿易の上で総輸入量の64％(2014年)を輸入している。綿花も世界第1位の生産を上げながら，第1位の輸入国である。羊毛にかんしては，

第12章　東アジア　181

第1位の生産で，第1位の輸入国である。それでも，中国の所得水準の上昇にこたえるためには，さらに生産を上げるか，輸入を増加させなければならない。国家戦略としては，すでに輸出余力のある国々からの輸入の予約を進めていると言われる。

エネルギーも同様で，工業化の進展，とくに自動車の爆発的増加は石油消費の増加を招き，原油の消費量は1980年からの25年間で3倍になった。しかも，国内では世界第4位(2013)の原油産出量を示しているが，自給率は48.4%（2013)である。

エネルギーだけではなく，世界の鉄鉱石輸入の約65%(2014)，銅の約42%（2012)の量を輸入している。パルプ・綿織物・繊維製品の輸入量も大きい。

また，近年注目されているレアメタル・レアアースは世界第1位の供給国で，パオトウ(包頭)に近いバイユンオボ鉱床をはじめ，各地で開発されている。これは，自動車・携帯電話・医療用機械・半導体・光学製品など，現代の先端工業に欠かせない原料で，中国にとっては重要な戦略物質となっている。

これほど資源を抱えながら，国内での経済発展はさらなるエネルギー・資源・工業製品を必要とし，世界の工場としての輸出だけでなく，アメリカ・EU・日本にとって重要な市場となって，欠かせない貿易相手国である。

第Ⅱ部 世界をみわたす

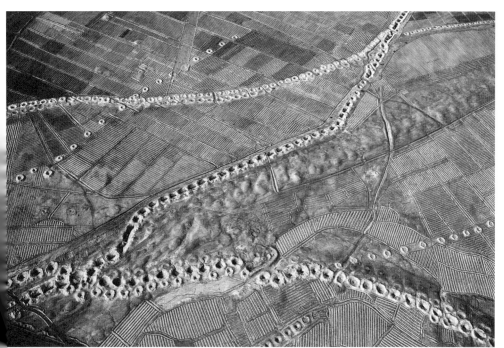

カナートとその改修作業（イラン，ユニフォトプレス提供）

━━━━━━━━━━ 第Ⅱ部を読むにあたって ━━━━━━━━━━

　地理学が地域に拘泥するのは，その地域にひそむ個性，地域性を調べあげることが，あらたな刺激を与えてくれるからである。その意味で，地理学は自己の視点を相対化するとともに，自然と人間との相互関係に関心を持たせてくれる。しかし他方で，確かによその土地なのに，どこか似通った土地があると知る。どこが異なり，どこが似ているのか，つい比較したくなる。地域性を超えた一般的な法則性があるのではないかという，いわば近代科学的予測を与えてくれる期待がある。

　第Ⅱ部は，一般地理学あるいは系統地理学という分野を扱っている。歴史が政治史・経済史・文化史などと分化しているように，本書の一般地理学も文化地理学，自然地理学，人口・都市地理学，産業・経済地理学，流通・交通地理学，などに分けて記述した。その諸分野を詳細に取りあげると，書物自体が非常に大部になるので，ここではごく基礎的・常識的な概念整理と簡便な解説にまとめてみた。地理学を理解し，地域をとらえる上で，あるいは世界を全体的にみわたすためには，この程度の一般地理学的まとめが必要ではないかということである。

第1章 世界を文化からみる

1 生活様式と自然環境

人類は，地球表面に繰り広げられる多様な**自然環境**や**社会環境**に応じて，さまざまな生活を営んでいる。文化の開けていなかった時代のわれわれの祖先や，今日でも原始的な生活を営む民族にとって，自然環境の及ぼす力は大きなものがある。

しかし，たとえ同じような自然環境のもとにあっても，国家や社会の制度・経済活動・技術・民族性などの社会環境が違えば，その地域の**生活様式**も異なるのが普通である。

人類がさまざまな自然環境に対して，技術的に，また社会的に適応しながらつくり出した生活様式は，ふつう人間の生活技術，または生業の種類によって，**採集・狩猟**，**農耕**，**牧畜**の3つに分けられ，これに現代の商工業などを主とする産業化社会，さらに脱産業化社会を加えることができる。

❶ 採集・狩猟

野生の動物や植物をみずからの食料として採取する採集・狩猟は，人類の最も古い時代からの生業と考えられ，現在もその様式を続けている民族*がいる。

> *移動しながら採集・狩猟する民族としては，東南アジア・アフリカ・ブラジルなどの熱帯雨林に住む人びとがあり，定住して採集・狩猟する民族には極北の**イヌイット**(エスキモー)，大平原の**アメリカ＝インディアン**がいる。

おもに暑熱・極寒・乾燥の地にみられるこの原始的な生活様式は，自然環境に恵まれていないために成立したものとはかな

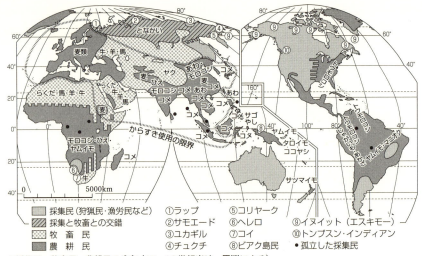

▲採集民・牧畜民・農耕民の分布（15・16世紀当時，馬淵による）

らずしも言えない。むしろ，そのような土地に追われたり，たまたま住み着いた人びとが，より高度の文化を持つ人びとから孤立して，発展しないまま今日に至ったものと考えられる。

❷農耕

今から約1万年前の新石器時代にはいって人類が発明した**農耕**は，採集・狩猟生活にくらべれば，安定した食料の供給を保障する点で，画期的なものであった。

簡単な掘棒や鍬などを使用して，穀物や根茎作物などを栽培する単純農耕民は，おもに熱帯雨林やサバナ地域に住んでいる**。

＊＊単純農耕民には，東南アジア・アフリカ・ブラジルなどの熱帯雨林やサバナに住む人びと，及び中央アメリカから南アメリカにかけての高地に住む人びとのような焼畑による穀物栽培民がある。また東南アジア・メラネシア・西，及び中央アフリカ・ブラジルなどの熱帯雨林の単純農耕民は，タロイモ・ヤムイモなどの根茎作物や，バナナ・ココヤシなどを栽培している。

単純農耕は，やがて灌漑による**集約的農耕**や，牛に唐鋤を引かせる**犁耕**へと発展し，各地に高度な農耕がみられるようになった。農民たちは穀物栽培と牧畜を組み合わせ，しだいに技術革新を進めて安定した社会を生み出した。そのことが，人口増加をうながすとともに，都市や国家の形成につながった。

❸牧畜

牛・馬・羊・ヤギ・ラクダ・トナカイ・リャマなど，大型の家畜の飼育を生業とする**牧畜民**は，広く世界に分布し，その範囲は陸地面積の約10分の1に及んでいる。彼らの生活舞台は，寒冷なツンドラ地帯，雨の少ない乾燥地にほぼ限られている。乾燥地では，オアシス農業から穀類などの供給を受ける，いわば補完的な存在を前提とした遊牧民が存在する。**遊牧****の移動経路や範囲はほぼ決まっていて，地中海地方の移牧に似ている。

> ***家畜を連れて移動する牧畜民(遊牧民)は，ユーラシアの極北のラップ・サモエード，中央アジアのモンゴル，西アジアのベドウィン，サハラのトゥアレグ，東アフリカのマサイなどの諸族が知られている。

❹産業化社会・脱産業化(ポストインダストリアル)社会

農耕文化の発達によって十分な食糧が保障された結果，それが社会の分業をうながし，技術革新を生み，各地に政治行政・商工業などの機能を持つ都市を出現させた。商工業の進んだ大都市は，その大部分が温帯から冷帯にかけて分布している。

都市は周りの農村に対する中心としての役割を持ち，たがいに補いあう関係にある。都市社会は，農村社会にくらべて人口が密で，社会的・技術的分業と巨大都市から大・中・小都市へと階層化が進み，社会的交渉が多様である。そのような社会の上に，現代の都市文明が生まれている。現在，先進工業国では都市人口が農村人口を上まわっている。

現代の産業化社会は，自然環境を制御し，人工的環境をつくり出し，農耕や牧畜も人為的に調達した肥飼料を用い，企業的経営を進めている。衣食住も，自分をとりまく自然環境から独立したものを利用している。しかし，それにもかかわらず，いったん地球の大きな環境変化が訪れると，たちまち災害や公害など，自然からしっぺ返しを食らう。自然の人類文明に与える限界や影響を，軽んじてはいけないということである。

さらに，産業化社会は脱産業化社会に突入しているという見解もある。技術革新によって自動化される工業から進んで，その技術を生み出し，伝達し，管理するサービス業を中心とした

第1章　世界を文化からみる　**187**

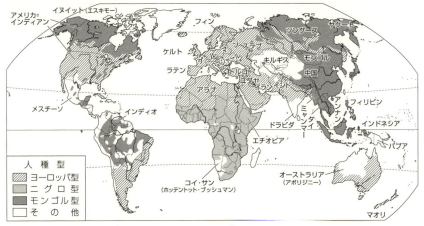

▲世界の人種・民族の分布（Alexander Weltatlasによる）

知識・情報産業が支配する社会である。

2 人種と民族

　人類を形質的（肉体的）な特色によって分けたものが**人種**であり、文化的特色によって分類したものが**民族**であるとされる。

　❶**人種**

　人類の形質は，皮膚の色・毛髪の色と形・目の色・鼻の形などがあげられてきた。その結果，人種は**ヨーロッパ型**（白色人種）・**モンゴル型**（黄色人種）・**ニグロ型**（黒色人種）の三大分類が一般に用いられてきた。これは，それぞれ**コーカソイド，モンゴロイド，ネグロイド**とも呼ばれる。

　しかし，近年の生物学的知見によって，人類がアフリカに誕生して以来，ユーラシア・オセアニア・アメリカへと分かれていった道筋が明らかになるにつれて，形質は，それぞれ異なる環境に適応して変化し，自然・社会環境の相違や，それに基づく遺伝子のわずかなずれによるものであることがわかった。たとえば，赤道付近で暮らす人びとの肌の色が濃いのは，紫外線を浴びすぎると皮膚癌になりやすく，それから身を守るために，

皮膚のメラニン色素がふえたためである。また，乾燥寒冷な気候では，凍傷の少ない平滑な体軀が有利であり，太陽光の少ない地方では白い肌が有利であるという。

人類がアフリカを出たのはたかだか数万年前のことで，現代人の各集団間の遺伝的な違いは，形質上の違いから受ける印象とくらべてごくわずかなもので，人種の間に知的な技能的能力の差があるとする考え方は，生物学的にみれば正しくない。

また，隣接する地域間では混血が行なわれ，形質的な特色は連続的に移り変わるものとなる一方，文化的・民族的に通婚が制約されたり，あるいは山地や島嶼など地理的条件によって孤立している場合には，独特の形質が強まる。人びとは，遺伝によって形質が似通い，人種的な特色をおびる民族が生まれる。その意味で，文化を共有する民族が人種をつくるとも言える。

❷民族

民族は，文化(言語や宗教，習慣など)によって人類を分類する用語とされるが，民族は**共属意識**(同じ仲間に属し，他の人びとと異なるという意識)による結合が重要な指標である。人種は，形質が似通っているために，共属意識を育む契機になるから，人種も民族を生む可能性を大きくする。したがって人種と民族はその形成の点で交互作用している。

民族の文化的特色は，**言語・宗教・習慣・家族**や社会の組織などであるが，そのすべてを考慮して分類することは困難である。民族がたがいに接触した場合，衣・食・住はその影響を受けやすいが，言語の構造はあまり変わらない。とくに言語は最も重要なコミュニケーション手段であるため，共属意識を高める重要な要素である。したがって，世界の民族を分類する場合，言語による分類がその基本的なものとなっている。

世界の言語は約数千語とも言われるが，たがいが意思疎通できる方言のような言語でも，国を異にすれば標準語として採用され，他方，国の公式の言語として認められない少数言語は方言とされることもあり，言語の数は確定できない。言語はその系統をもとに，インド・ヨーロッパ語族，ウラル・アルタイ語

聖地と芸術

木彫の仏像や教会の壁画を芸術品として鑑賞することは，観光旅行の重要な目的の一つとなっている。しかし，信者として参拝するものには，芸術鑑賞ではなく宗教的行為である。祈祷中の信者を撮影したり，彼に話しかけたりすることは，信者の信仰への冒瀆である。聖地では，しばしば奇跡が起こったという事蹟が語られ，そのために多くの信者が，とくに不幸を負った人びとが集まる。また，宗教指導者の故地で，その追体験を求める人びとも多い。他宗教のものには，単なる観光地であっても，その信者にとっては一生に一度の宗教的行為である場合もある。

このような聖地を，単に観光資源ととらえることは，宗教の冒瀆であるととらえるものと，聖地を詣でることによって宗教の影響力が強まるとするものと，人によって対応はかならずしも同じではないので，聖地における芸術鑑賞には注意が必要である。

族，北アフリカ・西アジア語族，アフリカ語族，シナ・チベット語族，マレー・ポリネシア語族，オーストラリア語族などに分類されているが，正確な系統分類は完成していない。

また，世界の文字は**ローマ字・漢字・キリル文字**など，数十あるが，国の政策によって変えられることがある。たとえば，朝鮮半島やベトナムで使用されていた漢字は，ハングルやローマ字に変わり，キリル文字のモンゴルではごく最近になってモンゴル文字の復活を検討している。

言語についで，民族の共属意識を強化するものは**宗教**である。世界宗教としては，**キリスト教・仏教・イスラム教**など3大宗教で，それぞれの教義・戒律は，人びとの生活のあり方を規定している。また，ユダヤ教・ヒンドゥー教・道教・神道など，特定の民族・地域に限定される民族宗教や，さらに狭い範囲の部族宗教など，宗教の数は算定できない。

❸衣服・食事・住居

民族は，言語・宗教などの**精神文化**の面だけでなく，衣・食・住などの**物質文化**の面でも特色を持っている。

衣服の材料となる木綿・羊毛・絹・麻は，それぞれの主産地

の特色ある衣服をつくり出してきた。近年では，産地も広がり，貿易が盛んになり，化学繊維も発達し，Ｔシャツのような共通デザインが流行して，地域的特色は薄れているが，なお世界各地の衣服・素材・デザインに民族的な伝統がみられる。

　食生活の内容は，各民族がおかれている自然環境と関係が大きく，宗教・社会的習慣によっても異なる。それぞれ独自の性格を持ちながら，現在，各地に普及している**食事文化**は，中国・インド・ヨーロッパ・イラン＝アラブ・オセアニアの島々の5つの型に大別できる。

　中国では，米飯，麦・雑穀のパン・ダンゴが主食で，豚や鶏肉の使用が多く，油脂を多用する。インドでは米飯，麦・雑穀からつくるチャパティが主食で，香辛料を用いるカレーを常用する。ヨーロッパでは，パンと肉の保存食の組合せに特色がある。イラン＝アラブ料理では，遊牧民はナツメヤシの実と羊・ラクダの乳を主とし，西アジアのオアシスの住民はパン・米飯と羊肉の組合せを主とする。メラネシア・ポリネシアの島々ではヤムイモ・タロイモなどが主食である。ただ，ファストフードの進出など，食の世界化の動きもある。

　人類はまた，長い年月の間に各地の環境に適応した特色ある住居をつくってきた。そのため，住まいの様式・構造・素材は自然環境や社会環境の影響を受け，地域による差異が大きい。熱帯地方の水上住居・樹上住居，モンゴル族の**ゲル**(パオ)，イヌイット(エスキモー)の**イグルー**などは，今なお原始的な形で土地の自然に適応している例である。地中海地方・西アジアなど，森林がとぼしく岩石が露出する地方には石造建築が，また森林の豊かな地域には木造建築が多い。しかし，世界各地にコンクリートとガラスの建物が広がり，あるいはトタンと木材の建物がみられる。

　以上のような，いくつかの文化の特色に基づき，世界の文化地域を設定することができる。しかし，伝統的な文化地域の特色は，19世紀以降の機械文明の影響により変容し，あたらしい文化の形式が創造されつつある。

3 人種・民族と国家

　一般に人びとは，人種・民族に関係なく，国籍を持つことによって，住む国の国民とされる。したがって，クウェートやアンドラのように，周辺の国々から働きにくる他国籍の人びとが多い国では，住民のなかに占める国民の割合が小さい。

　国民の大部分が，ほぼ一つの民族からなっているドイツや日本のような国を**単族国**，複数の民族からなっているスイスやマレーシアのような国を**複族国**，または**多民族国家**と呼ぶ。現代世界では，国家領域と人種・民族分布は一致しないことが多く，ある国では少数民族でも，中国のウズベク人とウズベキスタンのように，他国では多数民族となる場合がある。

　一つの国が複数の人種から構成される国々では，人種間の対立・差別などのいわゆる人種問題が起きやすい。南アフリカ共和国の**アパルトヘイト問題***，アメリカ合衆国の黒人問題，オーストラリアの**白豪主義**** などはその例である。

> *南アフリカ共和国では，人口の5分の4を占める黒人に対して，政治・経済を支配する少数の白人が，その政治参加を許さず，自由に生活できる範囲を制限する**人種隔離政策**をとっていた。これをアパルトヘイトと呼ぶが，国際社会の反発もあって，1991年に撤廃された。
>
> **ヨーロッパ系白人により，先住民族のアボリジニーの差別・迫害と黄色人種・黒人の移住制限・差別などが進められたが，1975年の**人種差別禁止法**で白豪主義は否定された。

　人種問題の多くは，人種間の文化的・社会的・経済的な格差を，先天的・遺伝的な人種の能力の差によるものとして，この格差を保とうとするところにある。実際に，そのような格差が生まれるのは，人種の能力によるのではなく，後天的な社会環境によるところが大きい。したがって，格差をなくすための社会条件を整えることこそ，重要な問題なのである。

　また，複数の民族からなる複族国では，異なる民族集団の間に対立が起きやすい。たとえば，マレーシアのマレー語と中国

ユーゴスラヴィアの分裂

かつてユーゴスラヴィアは「一つの国家,二つの文字,三つの宗教,四つの言語,五つの民族,六つの共和国,七つの隣国」という合言葉があるほどに,複雑な民族問題を抱えていた。民族は,言語でも宗教でもなく,強烈な共属意識によって対立しあった。セルボ=クロアチア語は,一つの言葉ではあるが,ラテン文字で書かれればクロアチア語,キリル文字ならセルビア語という文字の違いにすぎない二つの書き方の言語がセルビア語とクロアチア語の二つの言語となった。

しかし,ボスニア=ヘルツェゴビナではセルビア人(セルビア正教)・クロアチア人(カトリック)・ボスニア人(イスラム教徒)が血で血を洗う争いを演じたあげく,一つの国として存続することになった。結局,六つの共和国がそれぞれ独立したが,各国にはたがいに少数民族がおり,さらに民族間結婚のユーゴスラヴィア人が残存している。

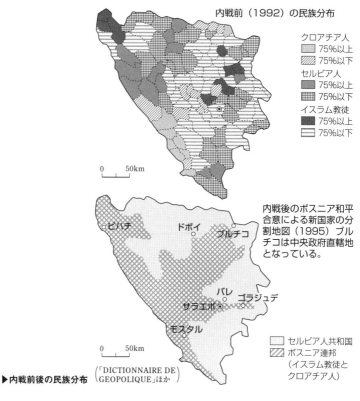

▶内戦前後の民族分布 (「DICTIONNAIRE DE GEOPOLIQUE」ほか)

語，カナダの英語とフランス語など，言語の違う民族間の対立
や，北アイルランドの**プロテスタント**と**カトリック**，イスラエ
ル周辺のユダヤ教とイスラム教，スリランカにおけるアーリア
系シンハリ族の仏教とドラヴィダ系タミル族のヒンドゥー教の
対立など，宗教や宗派の違う人びとの抗争などである。

　公用語としては，ふつう，政治・経済の実権を握る民族の言
語が用いられる。しかし，支配される民族は，自分の母語と公
用語との併用を強制されたり，使用言語を変更させられたりす
る。別に旧植民本国の言語を共通語とする国もある。

　ロシアや中国では，民族自治を認める自治区をつくっている
が，そのような国でも少数民族は国家全体の共通語であるロシ
ア語，または中国語と，その民族の言語とを併用する状態にお
かれている。**民族問題**は，民族間の文化の差異が，社会差別や
経済的格差の拡大につながっていく可能性を持つときに，深刻
な状況を生み出すことが多い。

第2章 世界を自然環境からみる

1 陸海分布と時差

　地球を陸地面積が最大になるように区分した**陸半球**は，フランスを中心として全陸地面積の84%を含み，陸地と海洋の面積比は49対51である。他方，その**対蹠点**のニュージーランドを中心とする**水半球**は全海洋の64%を含み，陸海の面積比は10対90である。その意味で，パリは時間的・距離的に世界各地から人びとが集まる絶好の位置を占めている。

　六大陸は，ユーラシア・アフリカ・北アメリカ大陸と南アメリカ大陸の過半が陸半球に属し，水半球には残余の南アメリカ大陸とオーストラリア大陸・南極大陸があるにすぎない。逆に，水半球には太平洋とインド洋の過半が含まれ，陸半球には大西洋が広くはいっている。

　地球は，経度360度を1日1回転するから，経度が180度ずれれば，半日の時差を生じている。世界の標準時経線を陸半球の中心に近いイギリスとフランスが争ったが，1884年の国

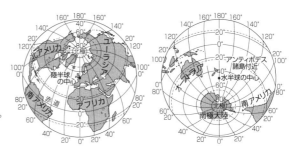

▶**陸半球**（左）と**水半球**（右）
陸地面積が最大となる半球を陸半球，海が最大の半球が水半球。陸半球には陸地の約84%が含まれるが，それでも海の方が51%と広く，陸地は49%である。水半球は90%が海。

（ランベルト正積方位図法）

際子午線会議で，ロンドンのグリニッジを通る**本初子午線**とし，世界の**標準時**（通称GMT）が定められた。現在は，協定世界時（UT）と呼ばれる天文学的観察と原子時計による計測によって測られている。

標準時は，経度360度を24時間で割って，本初子午線から15度へだてるごとに，時差を1時間とする地域的な標準時間帯を各国が定めるようになったので，日本は明石を標準に東経135度，すなわち時差9時間をもって**日本標準時**（JST）とした。

イギリスは，世界標準時の名称を獲得したが，ヨーロッパの西はずれにあるため，大部分のヨーロッパ諸国は1時間早い標準時を利用しており，日常生活の上で大陸諸国とは1時間遅れて，しばしば標準時に関して論争を起こしている。とくに，EUによって経済活動が活発になってくると，契約や時効の時間的ずれがわずらわしいことになる。

また，世界では多くの国が**サマータイム**（夏時間）によって夏季の標準時を1時間早めているので，夏時間のない日本との時差が変わる。

2　地形からみた世界

❶内力と外力

地表の大規模な地形分布は，**造山運動・造陸運動・火山活動**など，地球内部から働く内力によりつくり出される。これが，風化や河川・氷河・海・風の侵食，運搬・堆積作用などの外部から働く外力によって変化を受ける。内力の性質は地殻の動きによって異なり，外力はおもに気候の違いが関係する。世界の地形は，この内力と外力のさまざまな組合せによってつくり出されたものである。

❷山地

世界のおもな山地は，中生代終わりから新生代第三紀にかけての造山運動によってつくられた。これらは，**地中海＝ヒマラ**

ヤ造山帯（またはアルプス＝ヒマラヤ造山帯）と**環太平洋造山帯**と呼ばれる地殻の不安定な変動帯を形成している。

前者は4000mを超すチベット高原の南を限るヒマラヤ山脈を最高として，西はパミール高原・ヒンドゥークシ山脈・カフカス山脈を経てアルプス山脈・ピレネー山脈に至る。

後者は，ロッキー山脈・シェラネバダ山脈など北アメリカのコルディエラ山系がアンデス山脈へと続き，西部では山脈は日本列島からフィリピン・ニュージーランドに向かう島弧の列となっている。この地帯は，火山や地震活動が盛んである。

山地は傾斜が大きく，平地にくらべて気候条件が劣るので，一般には人類の生産活動に適していない。したがって，世界で人口の希薄_{きはく}な地域の一つである。アルプスでも1年を通じて自動車が通れる峠は少なく，2000mを超えるサンゴタルド峠や大サンベルナール峠などは，冬季の通行が厳しい。交通網の発達している北アメリカでも，西部の山地では鉄道やハイウェイの数が極度に少なくなっている。

しかし，アルプスのようにかつての氷河の侵食によってつくられた**U字谷**のある山地では，日本に多い**V字谷**にくらべ，牧畜などに利用される例が多い。また，低緯度山地は低地より気候条件が優れ，人口も多く，土地利用が進み，中南アメリカの高地ではラパス・ボゴタ・**メキシコシティ**などの都市も発達している。

❸高原・台地

侵食を受けた古い**褶曲山地**_{しゅうきょく}や造陸運動で隆起した土地は，高原・台地となり，あたらしい**褶曲山脈**に囲まれた位置に断片的に，またはかたまって分布する。

アジアでは，チベット・モンゴル・イラン高原などが乾燥した高原・台地の例であり，北アメリカでもコロンビア・コロラド高原は極端な乾燥地である。これにくらべれば，アジアの**デカン高原**は降水が多く，南アメリカのブラジル高原・アンデス山間の盆地状の高原は重要な居住地である。また，アフリカ大陸の大部分が高原または台地となっている。

高原・台地は山地にくらべて傾斜が少なく，表面は平坦であるが，深い谷が刻まれることが多い。熱帯アメリカや東アフリカにおける高原・台地の開発が，低地より進んだのは，適度な降水と気温などの気候条件によるところが大きい。

❹平野

平野は，その成因から**堆積平野**と**侵食平野**に分けられる。堆積平野には**沖積平野**と**海岸平野**がある。ライン・ナイル・メコン・チャオプラヤ(メナム)・エーヤワディー（イラワジ)・ガンジス・ミシシッピ・ラプラタ・長江(揚子江)・黄河などの下流に発達する大きな**三角州**は，沖積平野の代表的なものである。河川が山地から平野に出たところに発達する**扇状地**も，沖積平野に含まれる。

大陸棚の一部，すなわち浅い海に堆積した地層が陸化して平野となったものは海岸平野と呼ばれ，ときには隆起して台地状を示すこともある。北アメリカの東部から南部にかけては，典型的な海岸平野が発達する。

侵食平野で広い面積を占めるのは，地質構造上，古い陸塊（りくかい）がほとんど変動を受けずに，ほぼ水平な地層をたもち，ゆるい起伏の**構造平野**である。その規模は大きく，長い地質時代を通じて地盤の安定したところに発達している。北ドイツからヨーロッパロシアに至るヨーロッパ大平原・シベリア大平原・北アメリカ中央大平原・アマゾン低地などがその例で，山地が長い間に侵食されて波状地（はじょうち）になった**準平原**も侵食平野に含まれる。

地球上の人口の約60％は，海抜200m以下の土地に居住している。沖積平野は，土壌が肥沃で水利・交通などの便に恵まれているので，農業開発が行なわれ，人口が集積して灌漑農業が営まれ，アジアのおもな米作地域はここに展開している。ナイル，チグリス・ユーフラテス，黄河などの流域にある古代文明の発祥地も，水に恵まれた沖積平野である。

川が氾濫（はんらん）するたびに堆積した土砂は，河道にそってわずかな高まり(**自然堤防**)をつくり，そこに集落や畑ができる。しかし，低湿（ていしつ）すぎる三角州の下流部は開発が進まない。その例は，ミシ

198　第Ⅱ部　世界をみわたす

シッピ川やポー川にみられる。しかし，ライン川の河口部は干拓されて**ポルダー**と呼ばれ，集約的な園芸農業が行なわれている。沖積平野は，一般に水の便が豊かで，水質もよい。また土地の隆起は，しばしば河川の下刻をもたらし，旧氾濫原が高い位置に残る。これを河岸段丘と呼び，たびたび隆起のあったところには数段の段丘がみられる。

　他方，構造平野は水の便が悪く，地下水の質にも恵まれないことが多いので，耕地はおもに畑や牧草地として利用され，耕作景観は気候や土壌の違いを反映している。構造平野のなかでも，ヨーロッパや北アメリカの北部のように，氷河の氷食作用を受けた地方には，氷河の運んだ砂礫が**堆石**（氷河の端末や並行する氷河の間にできる。モレーンとも呼ばれる）や**エスカー**（氷河のなかを流れていた河川水が砂礫を堆積した列丘）となって残り，その間に湖沼をつくっている。このような土地は，やせて農耕に適さない。世界の平野のなかで，構造平野の占める割合は，沖積平野よりはるかに広い。

❺海岸

　海岸地形の特色は，海面の昇降や陸地の隆起・沈降によって決まる。海に面する山地が沈降してつくった**リアス式海岸**，氷食谷が沈水してできた**フィヨルド**，平野を流れる河川の河口部分が沈水してできた**三角江**（エスチュアリー）は，後背地が開けていれば，港の発達に都合がよい地形である。

　海岸付近が隆起すると，海岸平野や**海岸段丘**が現われ，海岸線は単調になり，遠浅の砂浜や磯浜が発達して，通常は港に適さなかったが，土木技術の進歩によって人工港を建設する適地となった。鹿島港は，そのよい例である。

3　気候からみた世界

❶気候区分

地球上の気候は，いくつもの因子が複雑に作用しあっている

第2章　世界を自然環境からみる　199

◀熱帯

ため、多様である。しかし、似通った指標ごとに世界の気候を分類して、それぞれが分布する地域、すなわち気候地域(または気候区)を画定することは可能で、それを気候区分という。

気候区分の方法として、環境としての気候をよく表現する自然現象、とくに植生の分布によるものと、気候現象の成因によるものとの二つがある。日本では前者に属するケッペンの区分が最もよく用いられている(折り込み図「世界の気候」参照)。

彼は、気温の月平均値と降水量の年変化の様式に基づき、植生分布を考慮して、世界の気候を12の型に分けた。気候要素の特色をいくつかの文字記号で表わし、気候型をその記号の組合せとして簡明に表現できる長所を持っているが、気候の成因を示していない欠点もある。しかし、植生は総合的な自然環境を示すので、本書ではケッペンの気候区分によって世界の気候を述べることとする。

❷熱帯(A)

赤道を挟んで緯度20度付近までは一年を通じて強い日射を受けるので、通年高温である。熱帯は、乾期のない多雨地域と、明瞭な乾期を持つ地域とに分けられる。

熱帯雨林気候 Af・Am アマゾン川流域・コンゴ盆地・東インド諸島など。

一年中高温で四季の変化がない。気温の年較差は5度以下のことが多く、年較差にくらべ日較差が大きい。朝は涼しいが、

▶乾燥帯

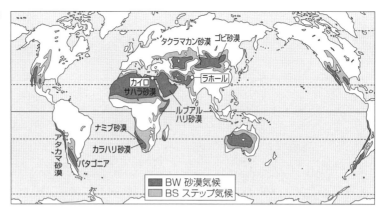

日中は30度を超え、日射も強く、午後は毎日のように驟雨があり、熱帯雨林が広がる。マラリア・睡眠病などの風土病も多く、土地はやせている。弱い乾期はあるが、熱帯雨林が生育する場合には熱帯モンスーン気候(**Am**)と呼ぶ。

サバナ気候 Aw ブラジル高原・スーダン・オーストラリア北部、インド中南部・インドシナ半島など。

熱帯雨林気候地域の周囲に分布し、明瞭な雨季と乾季があるが、Af・Amよりは雨が少ない。雨の大部分は雨季に降り、雨季には原野は見渡す限り丈の高い草におおわれ、その間に乾燥に耐える樹木が点在する。乾季には、台地が乾ききってひび割れ、サバナの樹木は落葉して一面に灰褐色の世界になる。年による降水量の変動が大きく、しばしば旱魃にみまわれる。

❸乾燥帯(B)

雨が少ないので森林が育たず、乾燥に強い植物だけが生育する地域が乾燥帯で、雨量の多少により、ステップ気候地域と砂漠気候地域とに分けられる。

ステップ気候 BS 北アフリカから中央アジアにかけての砂漠、オーストラリア、南北アメリカの砂漠などを取りまく地域。

砂漠の周りのステップ地域では、乾燥に耐える草が生え、広い草原になっている。その代表的なものが、ウクライナからシベリア南西部やモンゴルにかけて広がるステップである。

砂漠気候 BW サハラ、アラビア、内陸アジア、オーストラ

第2章 世界を自然環境からみる 201

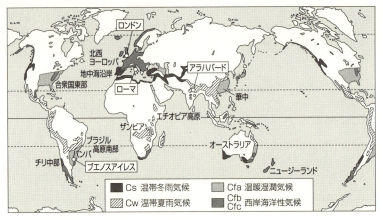
◀温帯

リア，南北アメリカの砂漠など。

　雨が極端に少なくて，ほとんど植物が育たない地方が砂漠である。水が少ないと言う意味で沙漠とも書く。砂漠には，砂丘の連なる砂砂漠と岩石や礫（れき）の露出した岩石砂漠・土砂漠がある。砂漠でも雨がないわけではなく，ときには豪雨が降ってワジ（涸（か）れ谷）に濁流がうず巻き，家や道路が流されることもある。平均年降水量は，150～250mm 以下のところが多く，年による変動が大きい。

❹温帯（C）

　熱帯の外側に当たり，四季の変化がはっきりしているのが，温帯の特色である。温帯は降水量の季節変化様式により，五つの気候地域に分けられる。

温帯多雨気候 Cf　日本や中国の大部分，アメリカ合衆国東部や南部，南アメリカ南東部，西ヨーロッパなど。

　一年を通じてとくに目立った乾季がないが，大陸の東岸と西岸では気温の季節変化に違いがあるので，これを温暖湿潤気候と西岸海洋性気候とに細分する。

温暖湿潤気候 Cfa　年降水量は1000mm を超えるが，夏の気温が高く，やや大陸性の気候を示す。アメリカ合衆国のプレーリー，アルゼンチンのパンパなどもこの気候に属する。

西岸海洋性気候 Cfb　一年を通じて偏西風の支配下にあり，海から東進する低気圧が雨をもたらす。夏は涼しく，冬の寒さ

202　第Ⅱ部　世界をみわたす

▶寒帯

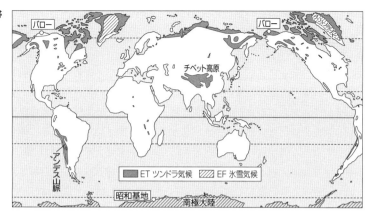

は厳しくない。温暖湿潤気候にくらべて高緯度にあり，極圏近くにまで分布する。西ヨーロッパには海からの風をさえぎる方向に高山がないので，この気候は内陸に広がっているが，南北アメリカの西岸では山脈にさえぎられて，沿岸の狭い範囲にしかみられない。

温帯冬雨気候(地中海性気候) Cs 地中海地方，カリフォルニア，オーストラリア南西部，チリ中部，アフリカ南端など。

地中海地方は，一般に降水量が少なく，夏に著しい乾季がある。冬季には北のシベリア高気圧と南のアゾレス高気圧に挟まれた地中海を低気圧が東進するので，雨季になる。この気候に適した有用樹木はオリーブ・コルク樫・ブドウで，灌漑のみられるところでは柑橘類も栽培されている。

温帯夏雨気候 Cw 中国中南部，インド北部，南アメリカと南アフリカの一部。

夏の雨季と冬の乾季の対照がきわだっているのが，この気候地域の特色である。中国・インドにおけるこの気候は，モンスーンの発生によるもので，しばしばモンスーン気候とも呼ばれる。また南アメリカ・南アフリカにおけるこの気候は，高原・台地におけるサバナ気候に似ている。作物の生育期に十分な気温と雨があるので，生産力の高い農業地域の一つである。

❺大陸性気候・東岸気候

ケッペンの気候区分にはないが，温帯気候の特殊な類型とし

季節風と台風

とくに，モンスーンと呼ばれる季節風は，大陸と海洋との間で，季節によって気圧が逆転して吹き出す。夏は熱せられた大陸に低圧帯が生まれ，海洋からの湿った南からの風が降水をもたらし，稲作には恵みの雨となる。冬は大陸に形成された高気圧から海洋に向かって乾燥した風となり，大陸西岸より気温を下げる。日本海はこの冬の季節風に湿気を与えるので，例外的に湿度の高い冬季季節風が山地に降雪をもたらすが，山の南面では乾燥する。

台風は熱帯性低気圧で，熱帯付近で生まれた低気圧の渦が貿易風によって西に向かい，偏西風帯に達すると東に方向を変えて激しい雨と風をともなって温帯地方を襲う。台風は東アジアの名前で，カリブ海ではハリケーン，インド洋や南半球のオーストラリアではサイクローンと呼ばれ，洪水や崖崩れなど気象災害をもたらすことが多い反面，少ない年には旱魃となりやすい。

てあげられる場合が多い。西岸海洋性気候に対照的な気候で，温暖湿潤気候に区分されている気候区のうち，とくに温度の年較差が大きく，降水量も比較的少なく，海洋の影響が弱い内陸の気候を**大陸性気候**とする。また，海岸でも西岸より東岸が大陸性の傾向を示すので，大陸東岸の気候を**東岸気候**と呼ぶことがある。アジアの太平洋岸から東南アジアにかけて，夏のモンスーンが降水をもたらすので，この東岸気候をモンスーン気候と呼ぶ場合がある。東南アジアの南部の熱帯モンスーン気候にくらべて冬季の気温が低く，降水も少ない。

日本では，瀬戸内海や内陸盆地で大陸性気候が現われ，日本海側の気候は太平洋とは降水の型が異なっているのに，ケッペンの区分では同じ温帯湿潤気候として扱われ，地域区分の難しさがよく表われている。

❻冷帯（D）

北半球の北には長くて厳しい冬と，短いが気温の高くなる夏を特色とする冷帯がある。降水の季節変化の様式で，二つに分けられる。

冷帯多雨気候 Df　ヨーロッパロシア，スカンジナビア，アメリカ合衆国のアラスカ州とカナダの大部分。

通年に適度の降水があり，冬は長い間積雪におおわれる。その南側では，夏は短いが日照時間が長くなるため，かなり高温になり，作物が生育できる。北部は針葉樹だけの単調な**タイガ**で，土壌がやせた**ポドゾル**であるために，農業に適さず，林業がおもな生産活動である。

冷帯夏雨気候 Dw　シベリア東部・中国北部。

冬の寒さが厳しく，シベリア高気圧の域内にあるので，積雪が少なく，凍土が発達している。タイガにおける林業が，おもな産業である。

❼寒帯(E)

両極を中心とする地域は，低温のため森林が育たない。この地域では，冬半年は夜が，夏半年は昼がきわめて長い。

ツンドラ気候 ET　北極海沿岸・グリーンランド海岸など。

夏は冷涼で，ときに雨やみぞれが降り，冬にはときどき吹雪が襲うが，積雪は深くない。農耕はできず，わずかに**サーミ**（ラップ）・**サモエード**・**イヌイット**（エスキモー）の諸民族が狩猟やトナカイ遊牧などで生活しているにすぎない。

氷雪気候 EF　南極大陸・グリーンランド内陸。

極地方は，一年中，氷と雪に閉され，人間の定住は困難で，学術調査隊や基地の兵士が一時的に居住しているだけである。

❽高山気候(H)・山地気候(G)

ケッペンの気候区分にはないが，高山地域の気候には低地とは違う特色がある。日較差が年較差より大きく，高距変化によって，標高100m上がるごとに0.6℃気温が低下し，植物や栽培作物も変わる。低緯度山地では常春気候とも呼ばれ，希薄な空気を除けば，しのぎやすいため，都市や保養地が発達し，農業もみられる。**高山気候**はアルプス気候とも呼ばれ，熱帯では3000m以上，温帯では2000m以上の森林限界以上の場合を言うが，それ以下の山地では**山地気候**とも呼ばれる。

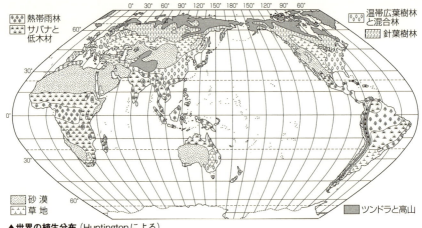

▲世界の植生分布（Huntingtonによる）

4 植生・土壌からみた世界

❶植生

　植生の分布は，気候条件を反映している。その生活形には，森林・サバナ（森林のまばらな熱帯草地）・草地・砂漠の四つがある。これは，気温と降水量の組合せでさらに細分される。
　森林は，気温により**熱帯林**から**冷帯林**に移行する。熱帯では，通年，雨の多い熱帯雨林，雨季と乾季が分かれる**雨緑林**（モンスーン林）が発達し，雨緑林は乾季に落葉する。温帯では，高気温地方で**常緑広葉樹林**（照葉樹林とも呼ばれる），低い地方で**落葉広葉樹林**となり，やがて針葉樹が加わり，冷帯で**針葉樹林**（タイガ）となる。温帯でも地中海性気候では，夏の乾燥に耐える**硬葉樹林**がみられる。
　熱帯の乾季があるサバナ地域では，降水量の多少によって樹木の生育が左右される。草地も降水がやや多ければプレーリー，少なければ**ステップ**となる。

❷土壌

　植物の生育には，土壌中の有機質（腐食質）や鉱物質の栄養分が必要である。土壌の分布には気候が関係し，気候や植生の

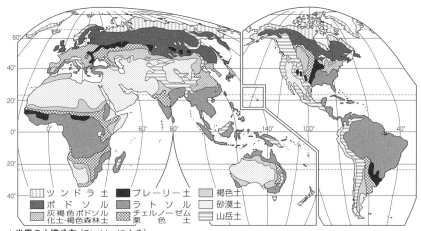

▲世界の土壌分布（Strahlerによる）

影響を強く受けている土壌を成帯土壌と呼ぶ。熱帯地方では風化や分解が活発で，土壌中に残った酸化鉄特有の赤色土はラトソル（ラテライト土）と呼ばれ，著しくやせている。高緯度で湿潤な地方では，有機物の分解が不十分で，表面が漂白されて灰白色を示すポドソルが広がり，これもやせて農業に向かない。降水の少ない地方では，石灰化作用で腐食質分が流失せず，炭酸カルシウムが集積する。このような土壌には，ステップ地域の肥沃なチェルノーゼムがある。

また，地形や母岩などには土壌の性質を決める二次的な役割があり，分布が局地的な土壌を間帯土壌と呼び，玄武岩や輝緑岩の風化したテラローシャ（ブラジル高原のコーヒー栽培に適している），石灰岩の風化したテラロッサ（地中海地方にみられる），玄武岩の風化したレグール（インドのデカン高原で綿花栽培に適し，黒色綿花土ともいう）などがある。

そのほかに，河川・風・氷河などの堆積土壌がある。沖積平野をつくる沖積土は，細かな砂泥からなり栄養分に富む。また，風に運ばれてきたレス（たとえば華北の黄土）は，水はけがよく肥沃である。

第2章 世界を自然環境からみる 207

▲河川流域を中心とした世界の地域開発

5 自然環境と開発

❶環境の改変と地域開発

環境の改変 自然は、それ自身調和のとれた、一つの生態系(エコシステム〈ecosystem〉ともいう)として存在してきた。人類の生活が、採集・狩猟の段階、ないし原始的農耕にとどまっている間は、人間自身も自然の生態系の一員とみなしてよいほど、人為的な改変はわずかなものであった。しかし、人間が各種の近代的機械や化学物質を多用するようになった最近100年の間に、自然は急速にその姿を変えつつある。

人間が計画的に直接自然を改変する例としては、森林・草地の開墾のほかに、沼沢地の排水・海岸の干拓・灌漑と河川統御・都市域の拡大などがあげられる。これらの変化は、地表のある特定の範囲に集中し、しかも急激に行なわれる。これに対して、緩慢で広範囲にわたって行なわれるのが、大気や水の汚染である。また、人間が無意識のうちに自然に加えた改変が、気候の変化を引き起こしつつあるといわれている。大気中の微細な塵・二酸化炭素の増加は、もしこのまま続けば大きな気候変化につながることは間違いない。

人間の自然に対する改変は，人間社会に災害となって現われることがある。**土壌侵食**，地下水の過剰な汲み上げによる**地盤沈下**，大雨による人工造成地の**斜面崩壊**，洪水など，身近に起こる災害などがこの例である。都市内部においても，建造物がふえ，舗装される部分が増加して，河川の流出率が大きくなり，雨水が短時間のうちに河川に流れ込むようになり，従来より洪水がふえる傾向にある。

　環境の生態系は，人口の増加・技術の発達とともにたえず変化しつつある。したがって，われわれは，生態系のバランスに十分留意しながら開発を進め，**自然環境**の保全につとめる必要がある。

　地域開発の狙い　農地の造成，都市・工業地域の開発，利水・治山・治水など，いろいろな国土開発が，それぞれ独自の計画に基づき，相互の関連を考慮しないで進められると，総合的視野に基づく国土の保全が実施できないことになる。したがって，国土開発は防災や国土の保全もあわせた総合的なものでなければならない。

　このような考えに立つ開発は，河川の利用と統制から始まった。一つの河川の流域に，大規模なダムをいくつか建設し，洪水を防ぎ，流量を調節し，電力・上水・工業用水の需要をまかない，農業用水を安定した状態で供給し，流域全体の生産力や生活水準を向上させる。これを，**河川の総合開発**と呼ぶ。

　また，現在では総合開発，ないし地域開発を行なう場合，環境の生態系のバランスを損なわないように配慮することが強く求められている。

❷世界と日本の地域開発

　アメリカ合衆国では，世界的な経済恐慌に際してとられたニューディール政策の一環として，1933年に**テネシー河谷開発公社**（TVA）をつくり，テネシー川とその支流に30以上のダムを建設し，電力を起こし，洪水を防ぎ，水運の便をよくし，農村の電化・工業化を進めた。これは，世界における河川の総合開発の先駆けをなすものであった。

第2章　世界を自然環境からみる　209

さらに，コロラド川・コロンビア川など西部の乾燥地域においても，大規模な開発が実施された。コロラド川のグランドキャニオンに，1936年，**フーバーダム**が建設されて，下流のインペリアル平原の灌漑を安定させ，ロサンゼルス地区への電力・上水・工業用水を供給している。コロンビア川の**グランド・クーリーダム**の完成(1942年)は，シアトル・ポートランドへの電力の供給，コロンビア高原の灌漑を可能にした。

　旧ソ連では，総合開発を自然改造と呼んでいた。第二次世界大戦後に，河川の総合開発を中心にした**自然改造計画**が実行に移された。その代表的なものは，ボルガ・ドン・ドニエプル川ト流地域の開発である。これにより雪解け水をダムをつくって貯え，水力電気を起こし，ステップ地域を灌漑し，植林により土壌侵食を防ぎ，農業を安定させることを目的とした。同時に**ボルガ・ドン運河**の建設により，ウクライナ・ウラル・モスクワの工業地域を水運によって結ぶことになった。

　このほか，中央アジアのアムダリア川からアシガバットに至る**カラクーム運河**は，沿岸に十数万ヘクタールの耕地を生み出している。しかし，それが地域の生態系を破壊し，**アラル海**は干上がり，漁業ができなくなって，周辺の沙漠化が進んでいる。

　中国でも，革命後，ホワイ川(淮河)・黄河の開発がはかられ，今日では長江の開発が進められている。ホワイ川の総合開発では，上流に多くのダムが建設された結果，洪水が減り，長年にわたり氾濫に苦しんだ下流平野の農業が安定した。黄河の総合開発は，谷口近くの**サンメンシア**(三門峡)，及び中流部に多くのダムを建設し，治水・灌漑・発電を行なっているが，取水の増加で黄河の水が海に達しない断流現象が起き，河口の生態系への影響もあり，華北の水供給に赤信号がともって，南水北調の大計画が進められている。これは長江流域の水を黄河流域やさらに北に運ぶ運河を建設しようというものである。このような大規模な開発計画は，世界各地に広がっており，さまざまな問題を引き起こしている。

　河川の総合開発とは別の類型の地域開発もある。歴史的に古

いオランダの**ポルダー造成**，ルール地方の都市連合開発計画，ニュータウンやグリーンベルトの構想を盛った**大ロンドン計画**，南イタリアの開発計画などは，それぞれ特色ある地域開発の例である。

　日本では，第二次世界大戦後，荒廃した国土の復興，経済を再建するための国土総合開発法が制定された。まず，いくつかの地域で特定地域総合開発が実施され，洪水防止・発電・食料増産などに，大きな役割を果たした。

　その後，日本では経済の高度成長とともに人口と産業の大都市への集中が激しくなり，所得の地域間格差が拡大した。このような傾向を是正し，均衡のとれた国土の発展をめざすため，1962年に**全国総合開発計画**が策定され，1969年からは**新全国総合開発計画**が実施に移された。しかし，これらの計画も，過疎・過密の解消には十分な成果をあげることができなかった。石油危機後の1977年に発表された第三次全国総合開発計画は，人口の地域分散を推進する定住圏構想を柱としている。引き続き実施された第四次全国総合開発計画は，人口や産業の東京集中を是正し，多極分散型国土開発をめざしたが，なお効果をあげていない。

　とりわけ1995年の**兵庫県南部地震**，2011年の**東日本大震災**，2016年の**熊本・大分地震**を経て，開発計画は地域の安全を基本とした防災計画を含むものでなければならなくなった。中国の土地は国有であって，国民はそれを借用しているとする圧倒的に強い公権力のもとで，都市移転を含めた防災開発計画を実施に移している。これに対して，日本は私権がきわめて強く，公共の防災開発計画と私有地の利用計画との相互矛盾を調整する意識と機構との改革が，これからの開発計画の成否を左右していると言えよう。

第2章　世界を自然環境からみる　211

第3章 世界を人口・居住からみる

1 人口からみた世界

❶人口分布

　世界には74億人(2016年)近い人びとが住んでいる。その平均**人口密度**は53人/km²前後であるが，分布はきわめて不均等である。東アジア・南アジアなどの集約的農業の発達している地域や西ヨーロッパ・北アメリカ東部などの近代的商工業の進んでいる地域に多いが，砂漠・ツンドラ・熱帯雨林などの地域はほとんど無人に近い。人口密度の低い地域は，厳しい自然が人類の入植をはばんでいるからであるが，金鉱や石炭などが存在して経済的活動が成り立てば，また軍事基地が必要ならば，人間の居住地ができる。

❷人口の自然的増減

　18世紀頃まで，人口は**多産多死型**で，**人口増加率**(自然増加率＋社会増加率)は低かった。平均余命が短く，出生率が高くて

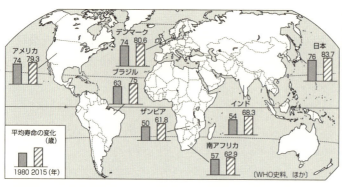

◀おもな国の平均寿命の変化
(矢野恒太記念会編『世界国勢図会』2016／17年版による)

人口転換

人口は，長い間，出生率はおおむね高く，他方，飢饉や疫病によって変動するものの，高い死亡率とによって激しい増加がなく安定していた。しかし，産業革命期における近代医療の発達によって，死亡率が低下し，高いままの出生率が，激しい人口増加(人口爆発)をもたらした。やがて，出生率の低下によって，人口増加は収まり，安定した増加に転換した。この多産多死から多産少死を経て少産少死への過程を，人口転換と言う。ちなみに，この経過をグラフ化すると，下図のようになる。

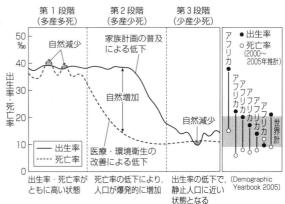

▶人口転換のモデル
(『新詳資料 地理の研究』帝国書院より)

も死亡率も高くて，**自然増加率**(出生率－死亡率)が低かったのである。この型は，現在でも一部の発展途上国にみられる。産業革命とともに経済が発展し，医療が発達するようになると，西ヨーロッパを中心に人口の動きが**多産少死型**となり，人口の急増が始まった。しかし，20世紀にはいると，先進工業国ではしだいに出生率が低下し，**少産少死型**(コラム人口転換を参照)となり，第一次・第二次世界大戦直後を除いて，人口増加率は低く安定した。

第二次世界大戦後，多くの発展途上国において医療と衛生の改善にともなって急速な死亡率の低下をみせ，人口急増(人口爆発)が起こった。これらの国では，急増する人口に経済発展がともなわず，多くの人びとが飢えと貧困に苦しんでいる。

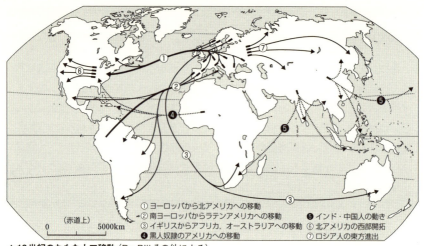

▲18世紀のおもな人口移動 (De Blijその他による)

① ヨーロッパから北アメリカへの移動
② 南ヨーロッパからラテンアメリカへの移動
③ イギリスからアフリカ，オーストラリアへの移動
④ 黒人奴隷のアメリカへの移動
⑤ インド・中国人の動き
⑥ 北アメリカの西部開拓
⑦ ロシア人の東方進出

❸人口の社会的増減

　人口の増減を地球全体でみれば，自然増加率がそのまま**人口増加率**になるが，ある地域を限れば，人口移動による**社会増加率**(移入率−移出率)も加えねばならない。

　国際移動　近代以降における人口の大移動は，16世紀に始まる南北アメリカやアフリカ・オセアニア・シベリアへのヨーロッパ人の移住があげられる。それは，ヨーロッパ人による先住民族の征服，いわば植民地化によって行なわれたものが少なくない。これに随伴して，アフリカの黒人が奴隷として強制的に南北アメリカ大陸に移住させられた。

　また，東南アジア諸国の華僑(そのまま現地に残った人びとは華人と呼ばれる)やインド洋周辺諸国の印僑などは，本国の言葉や風俗・習慣を守りながら，ときには故郷に送金するなど，一種の**出稼ぎ**の形をとる。同様に，西ヨーロッパには，東ヨーロッパ・アフリカ・中東からの移民が少なくない。

　現在でも，ヨーロッパから南北アメリカやオセアニアへの移動は継続している。また，日本からブラジル・アメリカ合衆国など，南北アメリカ大陸への移住はみられたが，近年はその子

移民

国際間の人口移動は、とくに19世紀に頂点に達した。最大の流れは、ヨーロッパから新大陸に向かい、1世紀間で6000万人に達し、その半分はアメリカ合衆国が受け入れた。

第二のグループは、インド南部や中国南部から東南アジア・アフリカ東海岸の旧植民地への移動で、19世紀半ばに世界各国で奴隷制が廃止されると、アジアからの鉱山・農園(プランテーション)の開発や鉄道建設のための移民が多くなり、日本から南北アメリカへ

の移民もそのような労働移民であった。世界各地には、中国人(華僑)街やインド人(印僑)街が生まれた。

その低賃金労働は、新大陸で人種差別的紛争を起こしたが、現在では、オーストラリアの白豪主義やアメリカ合衆国の中国人移民禁止法(1882)も、同様に南アフリカのアパルトヘイト(人種隔離)政策も廃止されている。しかし、西ヨーロッパは北アフリカや東ヨーロッパからの移民の増加に悩まされている。

孫が逆に日本に出稼ぎにやってきている。

国際移動には、新天地の開拓や豊かな生活を求める移動もあるが、宗教的・政治的圧力やさまざまな差別を逃れて、やむを得ず国を出る人も多い。第二次世界大戦後の国境変動によって、旧ドイツ領東部のドイツ人が西へ移動した人口移動もその一つである。最近では中東やアフリカからヨーロッパへの移動が激しい。日本でも、第二次世界大戦の結果、北方領土・千島列島や樺太に在住していた日本人とアイヌの人びとすべてが、おもに北海道に移住している。

国内移動　人口の**国内移動**では農村から都市への移動が著しい。これは、所得格差という経済的理由だけでなく、学校・病院など生活環境の違いなど、社会的・文化的理由もあって、農村から押し出す力と都市が引きつける力が重なって起こる。

また、都心の地価高騰などで、郊外に人口増加が起こる**ドーナツ化現象**がみられ、他方、都心では劣悪住宅密集地が形成される**インナーシティー問題**もある。

国内移動のなかでも、アメリカ合衆国の西部開拓やロシアの

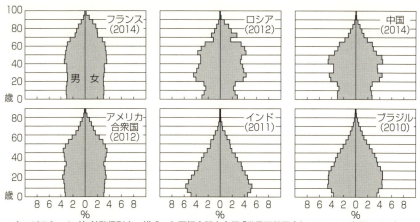

▲人口ピラミッド（年齢階級別人口構成，矢野恒太記念会編『世界国勢図会』2016／17年版による）

シベリア開発，日本の北海道開拓など，同じ国内における人口希薄地域への移動などは，ヨーロッパから新大陸への国際移動と似通った性格を持っている。また，パレスチナへのユダヤ人の入植は，パレスチナ地方の政治的緊張を高めている。

❹人口構成

年齢別・性別構成 人口の年齢別・性別構成図を，人口ピラミッドと呼ぶ。これは，その年の男女別・年齢別の人口構成を示すとともに，歴史的変化や地域の経済構造の特色を反映する。戦争による壮年男子の戦死は，数十年後の人口ピラミッドにも示される。また，重化学工業地帯や開拓地では壮年男子人口の比率が，軽工業地帯や観光地では女子人口の比率が高く，地域産業の特色を示している。

各国の人口ピラミッドをみると，**富士山型**（ピラミッド型）の国は自然増加率が高く，平均余命の短い発展途上国では老人が少ないので裾野がとくに広がる。増加率が低く，平均余命の長い先進国では**釣鐘型**となるが，さらに人口漸減の国では**紡錘型**を示す。

この三つの基本型は，戦争による出生率低下と戦後の**ベビーブーム**が重なり，複雑に変形することが多い。国内の一地域の人口構成には，社会増加が加わり，都市部の**星型**や農村部の**ひょうたん型**もみられる。

▶産業別人口構成の各国比較（厚生省資料による）

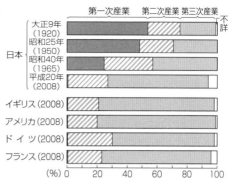

産業別・職業別構成 就業人口の産業部門別構成を，**人口の産業別構成**という。これは，就業している産業による人口の分類であり，同一産業のなかで，どのような職場を受け持っているかを示す職業の分類とは別である。

各国の産業別構成をみると，発展途上国では第一次産業人口が多く，工業化の進行とともに第二次産業人口の比率が高くなる。しかし，労働集約的な工業から装置産業型や技術集約型の労働生産性の高い工業に変わるにつれて，また農業の機械化と大規模化にともなって，第三次産業就業者が増加し，**脱工業化社会**に向かう。

同一産業のなかで，どのような職場を受け持っているのかを示す**職業構造**では，農・林・漁業作業者，労務的職業，サービス職業より事務的職業が増加している。事務的職業のうちでは，通常の事務的職業より専門技術的職業の従事者が多くの産業において，重要な職業になっている。いわば，産業の高度化が進んでいる。

❺人口問題

人口爆発と高齢化 人口問題は，人口の増加・分布・構成などが，社会・経済的条件とのバランスを崩したために起こる。

人口爆発に直面している発展途上国では，食料増産や雇用促進につとめる一方,**家族計画**を普及させ,出生率の低減をはかっている。たとえば，児童労働の禁止，義務教育の徹底，老人の扶養を子どもの負担から国家による社会保障に移すことなどが，

出生率の低下と関係があると言われる。

他方，出生率がすでに低下している先進工業国では，死亡率の低下とともに人口の**高齢化**が進み，老人の医療・年金・就業などの諸施策を整える必要に直面している。

人口は，年齢別には幼年(15歳未満)人口と老年(65歳以上)人口と，その間の生産年齢人口とに3区分されるが，日本では老年人口比が農山村だけでなく都心でも上昇している。ここでは，伝統的な地域社会が崩壊して，高齢者を支援するに十分な地域相互扶助を難しくしている。

1979年以来，**一人っ子政策**をとった中国はやがて急激に高齢化，あるいは生産年齢人口の減少に直面する。人口政策は数十年のあとに結果が現われる点で，難しい舵取り(かじとり)をせまられる。

過疎・過密 農山村から都市への人口移動は，都市では**過密**，農山村では**過疎**を引き起こしている。都市の過密は，単に人口の多いことではなく，人口や産業の集中にくらべて，住宅や上下水・道路などの都市施設が不十分で，それによって大気汚染や水質汚濁などの環境悪化を招き，快適な社会生活が送れなくなることである。

他方，**過疎**もまた，人口減少が急激で，農業の基幹となる労働力が流出するだけでなく，商店・学校・医療機関などが閉鎖されて，社会生活を維持することが困難になる状態をさし，単に人口が少ないことだけで，過疎というわけではない。世界には人口のまばらな地域は広いが，多くの場合，社会の仕組みが人の少ない環境に対応して，生活できるようになっている。

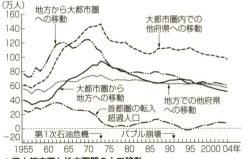

▲三大都市圏と地方圏間の人口移動

ドーナツ化現象と都心回帰

都心への人口集中は，他方で都心の地価上昇を招き，都心居住を困難にした。都心には従来住んでいた高齢者と劣悪な居住条件でも住み続けざるを得ない単身の学生や労働者が残り，所帯形成期の人たちは郊外に住宅を求めた。

このため，都心からの人口流出と郊外における人口激増地帯の形成を，その形から**ドーナツ化現象**と呼ぶようになった。

さらに，都会における就職難と住宅難，あるいは居住環境の悪化からUターン・Jターンと呼ばれる大都市人口の地方への還流が起こったが，20世紀末頃から都心再開発やウォーターフロント開発にともなって，都心の高層住宅へと人口が回帰してきた。

他方で，もてはやされたニュータウンの人口減少と高齢化が，問題となってきた。就業の場を持たない，またいっせいに同一年齢層を入居させてきたニュータウンでは，年齢構成と産業・職業構成をも考慮した居住計画が重要になってきている。

2 集落

❶村落と都市

集落は住居の集まりであり，人口集中の状態や中心となる産業の相違によって，村落と都市に分けられる。一般に，第一次産業を中心とする集落を**村落**と呼び，第二次・第三次産業に従事する人口の比率が高い集落を**都市**と呼ぶ。しかし，都市と村落の区別は固定的なものではない。

日本では，現在，人口5万人以上（合併時は3万人）を市制の条件としているが，村落的な地域を持つ市もあれば，逆に都市的な色彩の強い一角を持つ村もあり，市町村の行政区域が都市と村落の区別とにあわない場合が多い。また，国勢調査の統計上の区分けとして，人口の集中している地域をとくに**人口集中地区**（DID，Densely Inhabited District）とし，都市の範囲とすることもある。いちおうの基準は800世帯／1km²以上である。

世界的にみても，制度と実態は一致していないので，都市計

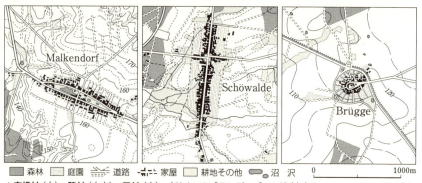

| 森林 | 庭園 | 道路 | 家屋 | 耕地その他 | 沼沢 |

▲広場村(左)・路村(中央)・円村(右) （ドイツのブランデンブルク地方）(Diercke Weltatlasによる)

画上，画定が困難な場合が多い。また，中国では戸籍制度と結び付いて市制が重大な意味を持っている。

❷村落の発達

村落は，生活用水や灌漑用水が得られ，洪水や高潮などからまもれるような**自然的位置**に発生した。多くは，一定の形を持たない集村状の**塊村**(かいそん)をなしていた。また，外敵に対する**防衛的位置**も重視され，丘陵や台地など，まもりやすい土地に立地し，あるいは濠や土塁などを周囲にめぐらした村も形成された。地中海地方の丘上村はその例である。

土木技術の発達と治安の向上にともなって，自然的・防衛的立地条件から自由になると，計画的な村落が各地につくられた。中世ヨーロッパでは，まず**三圃制**(さんぽせい)農業に基礎をおいた**集村**(**路村**(ろそん)・**広場村**(ひろば)・**円村**(えん))が開かれた。また日本では，江戸時代以降に台地や干拓地にも路村状の**新田集落**が成立した。**開拓村**は，水路・道路・堤防などにあわせて計画的に家屋を配置したり，共同作業の必要性から集村形態をとることが多い。オランダのポルダーや日本の**輪中**(わじゅう)**集落**のように，水面下の土地やしばしば洪水に襲われる土地も，築堤技術の進歩とともに干拓・開拓された。

住宅の散在する**散村**は，フランス西部やアイルランド，日本では富山県の**砺波**(となみ)平野などに伝統的にみられる。ここでは，数戸からなる**小村**が混在して，散村地域において中心地的役割を

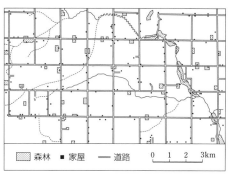

▶**タウンシップ制**（Jamesによる）　タウンシップ制はアメリカ合衆国・カナダで行なわれた公有地分割制度で，1785年に施行され，中西部開拓に重要な意味を持った。1マイル（1609m）四方のセクションを4等分した1農家の所有地は約64ヘクタールである。日本でもこれに類似した制度が北海道開拓で取り入れられた。

果たしている。治安の改善と農業技術の進歩で生まれた散村には，住宅が農地のなかに孤立して，散在する散村が形成される。家屋は列をなすが，各自の戸別の耕地内に間隔をおいて建てられ，北海道の**屯田兵村**（とんでんへいむら）も同様に散村（さんそん）状態であった。このような村々は，中世後半のヨーロッパでは，森林の開拓による**林隙村**（りんげきそん），低湿地の開拓による**沼沢村**（しょうたく）など，**列村**（れつ）として形成された。また，アメリカ合衆国の大規模な企業的農場経営の地域では，**タウンシップ制**という方形地割の散村がみられる。

近年のドイツでは，古い集村の外に居住してその周囲に農地を集める「**外住**（がいじゅう）」と呼ばれる形態がみられるようになり，集村の散村化傾向が現われている。農村の変化は，EU成立以来，農業の大規模経営化によって加速されている。

❸村落の機能

村落の大部分は，農業を営む**農業集落（農村）**なので，村落と呼べば農村をさす場合が多い。農村は，土地と強く結び付いた社会である。長い間，共有地の管理・土地の割替え・共同の農作業など，生産活動の単位としてだけでなく，冠婚葬祭・相互扶助・共同作業など，共同生活の単位として，また租税徴収などの行政単位として，一種の**村落共同体**をなしてきた。

また農村の人びとは都市の人びとにくらべ，永住性や土地に対する定着性を持っていた。しかし農村は，経済の発展にともなって，自給自足的な農業経営や，付近の都市への食料・原材料供給地としての役割から脱皮して，遠隔地を含めた拡大した

地域を対象とする商品生産地となった。水利の広域化をはじめ，作業の機械化や生産・販売のための協同組合の発達などによって，従来の機能が変わりつつある。一方，出稼ぎや過疎による廃村もあり，農村の明暗を分けている。

3 都市

❶都市立地の初期条件

　近代以前に成立した**都市**は，交通に便利で，しかも防衛に有利な地形を持つ場所に立地した。都市立地の第一条件の交通に便利であることは，周辺地域から産物を集荷して地域外に送り出し，地域外から必要な物を取り寄せるなど，商品やサービスを提供する中継点の機能を果たす上で便利であった。そのため，一定の人口を持つ地域の中心に市場が開かれた。まずは不定期の**市**，ついで日本では月に3日，あるいは6日市の開かれる三

▲城下町・上越市高田（職業・階級別住み分け）

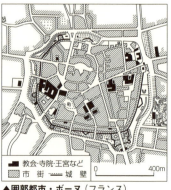

▲囲郭都市・ボーヌ（フランス）

囲郭都市の生活

大都市の囲郭は，破壊されて環状道路に変えられた場合も多いが，そのまま残されたローテンブルク(ドイツ)・シーアン(中国)・アヴィラ(スペイン)など，多くの観光客を集めている。

名も知られていない，ごく小さな囲郭都市はさらに多く，地中海地方では中心部に石畳の広場とそれを囲んで教会・役場・カフェなどが集まり，共同洗濯場や水汲み場が噴水などに変えられ，遺構が残されている。

また，囲郭都市の姿をみせながら，住民の大部分が農民からなる丘上村(きゅうじょう)

もあり，夜には牛や羊が周辺の牧草地から戻って町のなかを歩きまわり，囲郭の城門は閉ざされて，市街に出ないようにしている。夕方，家畜をつれてロバに乗って城門をくぐるスペイン農民の姿とともに村内は騒がしくなる。

かつては，鍵をかけて夜間の人の出入りさえ制限した。現在，儀礼として来賓などに授与する「市の鍵」は，その名残りである。しかし，丘上村は城内までの急坂が厳しく，人口の高齢化が進んで，高齢者にとっては自動車がなくては，生活しにくくなっている。

斎市(さいいち)・六斎市(ろくさい)や欧米では毎週一回市が開かれる週市(しゅう)が開かれ，やがて常設の商店や職人の加工場が集まり，市場町(いちば)が成立した。

徒歩や車馬で1日行程の地に生まれる宿場町は，のちに行政上の機能や交通上の施設などが加わって，さらに大きな都市へと発展する素地をつくった。とくに，主要な交通の結節点となる渡河点(とかてん)，谷の入口，港湾には都市が生まれやすかった。

しかし，便利なだけでは防衛上不利で，都市立地の第二条件の防衛機能を強化するために，都市は城壁をめぐらして，囲郭(いかく)都市の形態をとる場合が多かった。とくに半島や岳陵の先端，河川の川中島や曲流部・合流点，大陸に近い小島が都市の立地点に選ばれた。地中海から中央アジア・中国にかけて，ニーム・イスタンブール・エルサレム・ルオヤン(洛陽)など，囲郭をそなえた政治都市が分布している。

12世紀頃のヨーロッパでは，ハンザ同盟都市や北イタリアの商業都市などが，濠や城壁をめぐらした自治都市として発達した。ヨーロッパの自治都市は，中央部に広場や教会・市庁舎

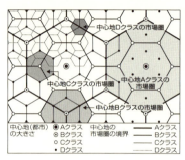

◀**クリスタルラーの中心地理論** 図のD町の都市圏はCに，CはBに，BはAの都市圏の支配下となる。現代の大工場や高速交通が発達していなかった南ドイツの研究を基礎にモデル化している。

をおき，商店・倉庫・小工場・住宅がその周りを取り囲み，市民をまもるように都市全体を城壁内に包み込んだ。

16世紀の日本で形成された**城下町**は，防衛上有利な台地などに城郭をおき，周囲を武家屋敷で固め，その外側に一般町民の住宅がおかれた。町民の下町はしばしば低湿地に配され，その外側を寺社が囲んでいた。また，街路は鍵型やT字型で，城の防衛機能を補強していた。

その他，**鉱山町・門前町・温泉町**などが，特殊機能を持つ都市の萌芽となった。

❷都市の発達

18世紀に始まる産業革命は，炭田・鉄鉱山などの原料産地や，すでに成立していた大都市周辺，さらに原料や製品の輸出入に便利な港湾などに，近代的**工業都市**を成立させた。小さな鉱山町に，鉄鋼・非鉄金属や機械工業などが立地して，鉱工業都市として発達した例としては，ミッドランド・北フランス・ルール・アパラチア山脈北部など，各地にみられる。

さらに，経済が発展し分業が進むと，工業都市のほかに特定産業に特化した機能の都市が発達する。鉱床所在地には**鉱業都市**が成立し，漁村のなかには魚市場や水産加工場，造船所が立地して**水産都市**として発達したものもある。温泉や景観など自然条件に恵まれた地点には，**観光・保養都市**が成立する。寺社や宗教上の聖地に生まれた門前町や**宗教都市**も，観光都市の色彩が強い。また，基地のおかれた**軍事都市**や連邦国家の首都には**政治都市**と呼ばれる政治機能に特化した都市もある。

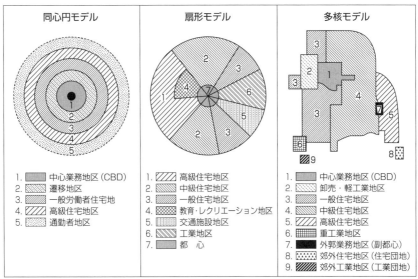

▲**都市内部構造のモデル**（Burgess, Hoyt, Harrisによる）　アメリカ合衆国の都市研究から生まれたモデルで，他の文化圏では成立しないという批判もある。

　このように，機能に特化した都市は，炭鉱が閉山となった鉱山都市や基地を閉鎖された軍事都市など，その都市に生命を与える機能が失われたときには，都市自体も縮小，ないし消滅する。この都市を成長・維持させる機能を**ベーシック機能**，都市域内の住民自体の需要に基づく機能を**ノン＝ベーシック機能**と呼ぶ。機能特化都市では，ベーシック機能が重要である。

　機能特化都市に対して，多くの機能をあわせ持った都市を**総合都市**と呼ぶ。大きな総合都市は，周辺地域の小都市が用意できないような，高級な商品・サービスを提供する。都市が支配する周辺地域を都市圏と呼び，大都市ほど広く，内部に小都市の都市圏をいくつも包み込んでいる。

　このように，いくつもの小都市の都市圏の上に積み重なるように大都市圏が形成されている様子を，都市の**階層構造**と呼ぶ。しかし，実際には**機能特化都市**は，しばしば小都市の都市圏しか持たない場合もあり，ときに都市の階層構造の枠外にある。

❸巨大都市とその内部構造

　経済の発展と政治・行政組織の整備によって，多様な都市を

結び付け調整する，管理機能の中枢として大都市・巨大都市が生まれた。とくに中央集権国家では，政治機能の集中によって首都が**巨大都市**に成長していく場合が多い。しかし，連邦国家では，ワシントン・キャンベラ・ブラジリアのように，首都がその国の最大都市ではない例もある。

都市成長が著しい場合には，住宅や都市施設が中心都市の行政区画を超えて広がり，中心都市の機能を補う区画が生まれる。なかでも行政的に独立した都市は，住宅の集中する**住宅都市**，工場の多い**工業都市**，大学や研究施設のある**学園都市**などの名で呼ばれる。これらは，独立した都市というよりは，中心都市の一部を形づくる**衛星都市**の性格が強い。また，中心都市から距離をおいて成立している工業都市や大学都市などは，一種の機能特化都市としてとらえられ，衛星都市の性格は薄い。

行政区画が広い大都市内部には，特色ある機能を持って関連しあう小地域が形成される。中心部には，官庁や事務所の集まる業務中心地が成立し，隣接してデパートや高級専門店などの中心商店街や問屋街が成立する。これらをまとめて**中心業務地区**(CBD, Central Business District.)，または**都心地域**と呼ぶ。

その外側は，一般住宅・商店・中小工場の混在する地域が取り巻き，交通ターミナル・倉庫など，都心の機能を支える施設も立地する。また，都心と郊外を結ぶ交通上の結節点には，都心業務の一部が移されて，**副都心**を形成することがある。

都心には，昼間人口が集中し，郊外では夜間人口が昼間人口を上まわる。夜間人口の増加が激しい郊外が，人口の減少する都心を輪のように囲んでいる様子を**ドーナツ化現象**と呼ぶ。

さらに大きな都市では，その郊外が隣接都市の郊外となり，規模的に似通った大都市が連なる**連接都市**を形成する。また，巨大都市が帯状にいくつも連なるものを**巨帯都市**と呼ぶことがある。アメリカ合衆国の北東岸や，日本の東京から名古屋・大阪・福岡に連なる**太平洋メガロポリス**が有名である。

❹通勤・通学

時代劇には，自宅と勤務先が同じ敷地内にある奉行・領主，

手習い・道場の先生，開業医，商店に住み込んでいる番頭・手代・丁稚，職人も親方の家に住んでいる見習いなどが多くみられる。多くは**自宅就業**で，通勤者はほとんどいない。

産業革命以後の工業化社会では，工場労働者の通勤と学校・病院・官公署の近代化にともなう通勤・通学が普遍的な現象となった。自宅就業の多い商業・サービス業でも，大都市を中心に自営業から通勤従業者を受け入れる大企業の施設が発達し，自宅就業は農業が中心となってきた。それも先進農業国では企業化が進み，自宅から農場へ通勤する人びとがふえている。

このような**職住分離**の傾向は，女性の就業率の上昇，児童の就学率の上昇にともなって加速し，昼間人口と夜間人口とが乖離し，周辺住宅地区では昼間人口が少なく，また性比が女性過多に傾く一方，都心では夜間人口が少なく，昼間人口がふくれ上がる。人口分布や人口密度の定義では，地域の実情をとらえにくくなり，従来の定住人口がほとんどいない都心では，通常の家庭生活の営みが消えて高層の事務所ビルが建ち並んだ。

都心には，わずかの管理人が住むビル群と高齢者や単身の労働者・学生の古い住宅が残る。ここでは，高所得層が陳腐化して維持の困難な不動産を引き払って郊外に移り，その空き家に社会的地位や収入の低い層が入居する**下層化現象**が起きている。それは，通勤時間・通勤費が節約できるからである。

これに対して，居住には劣悪な環境の問題を抱えるこのような地域を**都心内縁**と呼んで，都心再開発の対象として建直しや住宅改築・改修を行なう**上層化**（ジェントリフィケーション）を行なう例もある。人口の都心回帰は上層化の現われであるが，長距離通勤に苦しむ一般労働者は，高価なため入居が難しい。

❺都市問題とその解決

都市問題　都市の発展にともなって，都市内部の高層化と機能分化，郊外の拡大が進む。これを，総称して**都市化**と呼ぶ。都市化は，先進国でも発展途上国でも著しい。

土地利用の面では，都心の土地の細分化・家屋密度の増大・高層化が進み，都心周辺の問屋街・倉庫・零細工場などが，と

第3章　世界を人口・居住からみる　227

◀計画都市キャンベラ (1978年)

きには中小企業団地や卸売団地として，郊外に転出していく。

郊外では，農地や林地が住宅・工場・交通用地や都市施設に変わる。それらが無秩序に混在し，地価の安い農地や空き地を不規則に埋めていく現象を**スプロール**と呼んでいる。ここでは，公共施設の不足や新旧住民の習慣や生活の差などがさまざまな問題を引き起こす。これらの都市化がもたらす諸問題を**都市問題**と呼ぶ。

住宅の不足や長距離通勤と通勤者数の増大は，市民生活だけでなく，産業活動にも困難な問題を与えている。また，大気汚染・水質汚濁・地盤沈下・騒音や振動などの**公害**も，犯罪や事故の増加とともに，大きな都市問題の一つである。

都市問題は，発展途上国でも深刻である。ここでは農村の貧困に加えて，近年の爆発的な人口増加が都市人口急増の原因となっている。都市にいっても安定した職を得られない人びとは，**スラム**と呼ばれる不良住宅地に住みつくことが多い。

また，土地所有や住宅建設が公的に認められていない人びとが**スコッター**と呼ばれる不法住宅地域をつくって，スラムと同様の居住区をつくることがある。発展途上国のスラムでは，上下水道・道路・電力などが未整備で，都市施設が劣悪な点が強調されているが，先進国のスラムでは失業・犯罪・差別などが問題となっている。

人種・民族・所得・来住年などを共通とする都市内部の少数住民が，一定の街区^{がいく}に集住して他の民族から分離して，たとえばチャイナタウンやイタリア人街などをつくる**セグリゲーション**(凝集分離)現象もみられる。このようなセグリゲーションの結果，生まれた街区では，あらたに都市に流入した新来住民が，自国の言語や習慣を維持しながら生活できる長所を持つ一方，なかなか多数の都市市民になじめないという問題点がある。

都市計画　都市問題を解決するためには，**都市計画**が必要となる。街路や地下鉄などの拡充，学校・病院・緑地・ゴミ処理場の設置，上下水道の整備など，広い意味での施設計画だけでなく，住宅地域・商業地域などの調和のとれた**機能分担地域**を形成するための地域指定などが，住みやすい都市をつくるために重要である。

ヨーロッパの住宅計画では，単なる住宅供給だけでなく，住民配置計画を考えている。単身者アパート，若夫婦向け賃貸住宅，子育て所帯向け分譲住宅などを混在させ，特定年齢層・特定所得層などを凝集させない配慮をしている例もある。また，景観保護のために，屋根や壁面の形状・色彩まで指定する計画が実施されつつある。古い都心部を，**再開発**するか保存するかは，文化史的な観点から評価されなければならない。

また，都市計画は周辺部を含めた地域計画の一部として考えられる必要がある。日本の**首都圏・近畿圏・中部圏**などでは，既成市街地における土地利用の合理化・高度化をはかり，その周辺に緑地帯を設け，さらにその外側に衛星都市を育てることが目標とされている。この衛星都市は，日本では**ニュータウン**と呼ばれるが，その手本となったロンドンのニュータウンは，**大ロンドン計画**に基づいて形成されたもので，単なる住宅都市ではなく，住宅地とともに工場・事務所などの職場を設置した独立都市として，**職住接近**がはかられている点に特徴がある。

住宅だけのニュータウンでは，職場を得られない若者の失業が問題となり，また職を求めて若者が両親のもとを去れば，たちまち高齢者問題を抱えることとなる。

第3章　世界を人口・居住からみる　**229**

第4章　世界を資源・産業からみる

　人間は，生産・備蓄・交換・消費の経済活動によって生活している。そのために，さまざまな産業活動を行なっている。原始時代には，それを一人が行ない，分業は未発達であった。

　発展途上国では現在でも，公式統計などで農業就業者と分類される人びとのなかに，第二・三次産業を行なっているものが多い。

1　農牧業

　約1万年前に，野生の動植物を**狩猟・採集**していた人類が，農耕・牧畜を始めた。種子作物の小麦・大麦・ライ麦の栽培と，牛・羊・ヤギなどの飼育は，西アジアを中心に，また稲・ミレット(黍などの雑穀)や，根茎作物のヤムイモ・タロイモが東南ア

産業未分化社会

　パプアニューギニアのラエ港に，大型旅客船が入港した。当初，町には人影が少なかった。しかし，400人近い船客が上陸し始めると，つぎつぎと露天商が現われ，木彫りの面などの工芸品を売り出した。お土産品の価格が時間ごとに上昇する。つぎの日，近くの村で伝統的な踊りを船客たちにみせる。あの露天商が踊り手になる。彼は，晴の日に耕してタロイモをつくり，雨の日に工芸品をつくる手工業につき，ときどき入港する船客に，販売サービス業の要員として接する。自給自足の生活に，少々の交換経済が加わった生活である。彼らを産業・職業で分類することは不可能である。

230　第Ⅱ部　世界をみわたす

ジアなどの熱帯地方で始まった。加えて，大航海時代以降に，根茎作物のキャッサバ・ジャガイモ・サツマイモやカボチャ，種子作物のトウモロコシが，新大陸から世界各地に伝播した。

しかし，作物と家畜の組合せや経営方法などは，各地の自然条件と社会経済条件の影響を受け，多様となる。

❶農牧業の成立条件

農牧業を営むには，自然的条件と社会・経済的条件がある。前者では，気温・降水量・日照・霜・風などの気候条件が重要で，地形や土壌も関係が深い。地形は，直接的には傾斜，間接的には気温の高距変化や降水量の多少が，土壌も肥沃度が農作物や牧草の生育を左右する。

社会・経済条件は，農業技術・市場との結び付き・輸送手段・国の政策もあるが，労働力・資本・土地所有や経営規模なども見落とせない条件である。これらの諸条件の制約を受けて，農牧業の地域特性が生まれている。

❷地域分化

農牧業は，自給生産の段階でも，自然条件の相違によって作物・家畜が選ばれ，ある程度の地域分化がみられた。現在，農牧業には作物の栽培限界や家畜の飼育限界がみられ，また近代的商業的農業でも高い収益を求めて，自然条件に適合した**適地適作**の経営をめざしている。

他方，自然条件とは別に，交通条件などによる地域分化も現われている。消費市場に近い都市近郊に，**施設園芸農業や酪農業**，外縁の地価の安いところに**企業的牧畜**が発達している。また，国家の政策は作目・家畜の種類の決定に重要な役割を果たし，日本の食料管理制度下における需要を超過したコメの生産，EU諸国における価格政策のもとで，**混合農業から酪農・穀作や肥育牧畜業**へと特化するような地域分化も生まれている。

世界の農業地域区分は，多くの人によって試みられてきたが，なかでも**ホイットルセー**の区分(1936年)はよく知られている。彼は，作物と家畜の組合せや自給的・商業的経営などの指標を設け，地域的視点も加味して細分化し，13の農牧業地域に区

分した。土地保有の形態や農場規模が考慮されていないなどの欠点はあるが、農業の著しい変化と多様性のもとで、これに代わるあたらしい区分はまだ提案され、認知されていない。

❸農牧業地域(折り込み図「世界の農牧業」参照)

世界の農牧業を、**ホイットルセー**の地域区分を基礎に、発展の歴史と地域的差異によって四段階に分けて考えよう。もちろん、現代農業の急激な機械化・企業化・専門化が彼の区分を大きく変えているが、ここではその修正によって現況をとらえることにする。

原始的農牧業 遊牧は、北アフリカから中東(ラクダ・ヤギ・羊)、アジア内陸(ラクダ・羊・馬、チベットではヤク)にかけて乾燥地帯で行なわれているが、穀類などとの交換が必要であることから、発生的には穀類などとの交換のために、**原始的定着農業**の存在が前提となっており、まったくの自給的牧畜としての遊牧はない。したがって、原始的定着農業は遊牧に付随して点在している場合を**オアシス農業**としている。ここでは、綿花、小麦、ナツメヤシなどを栽培して遊牧と補完関係にある。

また、熱帯高地の原始的定着農業は自給的であるが、油ヤシや落花生、綿花の栽培も行なわれ、プランテーション農業で労働者として現金収入を得るなど、完全に原始的とは断定できない。他方、熱帯雨林地帯では、**焼畑農業(移動耕作農業)**がみられて、イモ類、雑穀、バナナなどを栽培している。

自給的農業 集約的自給的稲作農業は、中国から東南アジアを経てインド東部に至るモンスーン地帯の大河川のデルタ周辺に広がり、水の得にくい地域では、**集約的自給的畑作農業**として、タイではトウモロコシ・マニオク、インドでは小麦・サトウキビ・綿花などを栽培している。また、ヨーロッパ東部から中東の高地にかけて**自給的混合農業**がみられ、畑作は穀類と飼料、牧畜では羊・ヤギの飼育が多い。

しかし、いずれも自給的と名付けているが、自給はしだいに変化して、余剰農産物を販売して現金収入を受け、あるいは積極的に商品作物を生産するように変わりつつある。

232　第Ⅱ部　世界をみわたす

商業的自営農牧業　共有の外耕地を3分割して，冬穀・夏穀・休耕地に区分し，10年程度で割替えるローテーションを組み，耕作する三圃式農業は，中世ヨーロッパの農村共同体を基礎としていた。

休耕地には牛や馬が放牧され，その排泄物が農地の地力を維持した。割替えは，肥沃度や距離などを勘案して行なわれ，やがて共有が廃止され固定し，休耕地にはビートなどが導入され，混合農業の発展につながった。また，外耕地に対して，当初から農家の私有地として菜園，あるいは裏の畑の性格が強い内耕地は，採算がよければ拡大されて園芸農業の樹園地や野菜畑として，あるいは外耕地とともに酪農の飼料畑として利用された。ときには，豚・鶏・兎などの小動物が飼われた。

混合農業は，穀物生産と飼料作による肉牛などの家畜生産とが混合した農業であるが，一部では小麦など穀物生産，あるいはトウモロコシや牧草などの飼料生産に特化し始めている。

園芸農業は，オランダの花卉栽培，温暖な大西洋岸と地中海岸の野菜のいわゆる促成栽培や果樹栽培，ボルドー・ブルゴーニュなど条件がよい耕地では，ブドウ畑がみられる。

酪農は，おもに通年牧草が枯れない冷夏暖冬の西岸海洋性気候地帯でみられ，とくにチーズ・バター生産では銘柄品の各種チーズが有名である。また，夏季は山地で放牧し，谷間で飼料を栽培し，冬季は谷間で牛や羊を舎飼いする酪農は，**移牧**とも呼ばれ，アルプスだけでなく地中海式農業の一部として，スペイン・イタリア・ギリシャなど地中海地方の山地にみられる。

地中海式農業は，ヨーロッパのみならず中東やアフリカの地中海岸にもみられる。その特徴は，**同時栽培(ポリカルチュア)**にあって，耕地が樹園地であると同時に，畑である。樹木は，オリーブ・ブドウが指標作物である。柑橘類は，14世紀にアラブ人が伝えた灌漑技術によって，栽培されるようになった。樹間は小麦畑と休耕地の二圃制で，羊やヤギが飼育され，夏季に山地にトラックなどで運ぶ移牧がみられる。しかし，樹間作物が廃止されて，樹園地に特化した園芸農業も行なわれる。

第4章　世界を資源・産業からみる　233

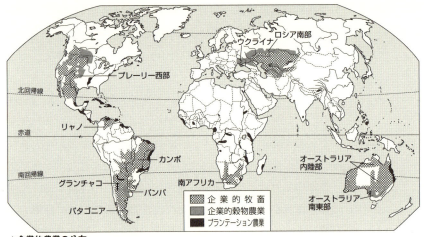

▲企業的農業の分布

　商業的企業的農牧業　商業的穀物農業は，アメリカ合衆国・カナダ・アルゼンチン・オーストラリアなど新大陸に広がり，市場との距離や自然条件にあわせて，トウモロコシを飼料栽培して家畜生産を行なうコーンベルトの混合農業地帯，冬小麦地帯，春小麦地帯などに特化している。

　高度に企業化が進んだ地域では，**スーツケースファーマー**のように，農耕をせず，トラクターやコンバインなども持たず，農作業を請負で契約し，収穫物を直接市場に売却する経営に専念するものもある。アメリカ合衆国でも西経100度以西，降水量500mm以下の，またオーストラリア内陸の乾燥地帯では，**企業的牧畜業**が牛の飼育などで大規模に行なわれている。

　その他，企業化された農業としては，**プランテーション農業**が発展途上国にみられ，これらは欧米人のプランター（企業者）が旧植民地に展開したもので，近代的技術と大資本により，大農園を開いて国際商品を生産する**単一栽培（モノカルチャー）**が特徴である。中南アメリカの大農場，アシェンダやエスタンシア（牧畜アシェンダ）も機械化と企業化が進んでいる。

　近年では，原住民が同じプランテーション作物を生産する小農園もあり，また原住民の原始的農業との組合せもみられるが，

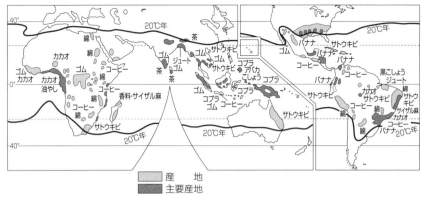

▲おもなプランテーション作物

原住民を使った労働集約的農業が，近代的機械化農場に変質するとともに，作目を変更する例も現われている。たとえば，ブラジルのコーヒー栽培のファゼンダでは，機械化の容易な小麦や大豆生産に転換している例もある。

ヨーロッパでも，イギリスの東アングリアやパリ盆地だけでなく，地中海地方でもスペインのエストレマドゥラ地方やトルコのアナトリア高原では，小作が機械に代わり企業的穀作を行なう農場が多い。

❹食料需給

世界の**三大穀物**は，基本的食糧である小麦・コメと，おもに飼料として消費されるトウモロコシで，食料と飼料の生産量はほぼ同じである。

小麦の貿易量は最も大きく，主要な輸出国はアメリカ合衆国・カナダなどであるが，EUの農業政策のお蔭で，フランスの輸出も増加している。他方，発展途上国の生活水準の向上で輸入国がふえて，需要が増加し，逆に天候不順による不作などもあって，需給は変動している。

また，コメは貿易量が少なく，地域的にアジア・アフリカに集中して，作柄の変動が需給の過不足に敏感に反映される。

飼料穀物のトウモロコシをはじめとする粗粒穀物の需要は，先進国の畜産物消費の増加に影響されて増大しているが，これ

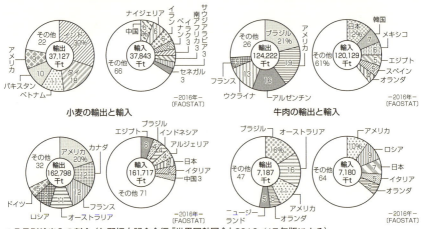

▲品目別輸出入の割合（矢野恒太記念会編『世界国勢図会』2016／17年版による）

に依存している発展途上国の食料事情を圧迫している。食料消費の型は，経済条件と文化の違いからアジア・アフリカの穀食型とヨーロッパ・アメリカ・オセアニアの肉食型に大別される。

穀食型は，熱量摂取が一人一日当たり2000Kcal程度で，タンパク質摂取が少なく，しかも動物性タンパク質がさらに少ない。他方，肉食型は熱量摂取が一人一日当たり3000kcal以上で，肉類・乳製品・油脂類が多い。

発展途上国では，今日でもかなりの人口が飢餓状態にあり，さらにその数倍の人口が栄養失調におちいっている。飢餓は，穀類・イモ類の欠乏による熱量不足からくる食料の量の問題である。これに対して栄養失調は，子どもの成長をさまたげるクワシオルコルのようなタンパク質不足による食料の質の問題である。**クワシオルコル**とは「赤ちゃんが生まれたときにその上の子どもがかかる病気」を意味するガーナの部族の言葉。離乳してタンパク質不足となり発病。肉体的な成長が遅れ，皮膚と髪が赤みをおびて太鼓腹になる。さらに病状が進むと，変色が著しくなり，消化困難になって死に至る。

とくに栄養失調は所得の向上による食事内容の改善が前提となるので，解決が困難である。**幼児死亡率・平均余命**など先進国との格差は大きい。

2　水産業

　水産業は，魚介類をとる漁業を中心に，養殖・加工・製塩などからなる。歴史は農牧業と同様に古く，貝類の採取など，沿岸から沖合・遠洋に漁場を広げ，漁獲物も多様になった。
　第二次世界大戦後，漁船の大型化・新漁場の開発・加工技術の発達により，世界の漁獲高は飛躍的に増加し，とくに200海里水域(**200海里漁業専管水域**)や排他的経済水域の設定によって，**資源ナショナリズム**の高揚を背景に，漁業先進国(日本・ノルウェー・ロシア)以外の発展途上国(チリ・ペルー・インド・タイ・インドネシア・フィリピンなど)の漁獲高の増加に負うところが大きい。
　また，統計上の信頼性で疑問はあるが，1985年頃から中国の漁獲高が急増して，世界の約2割を占めるに至っている。
　好漁場は，大陸棚やバンク，寒流と暖流の出あう**潮境**(しおざかい)付近の海域で，太平洋北西部，大西洋北東部(北海を含み，アイスランドからポルトガル沖)，太平洋南東部(南アメリカのペルー・チリ沿岸)，大西洋北西部が有名である。
　また，20世紀に開発された南氷洋捕鯨は，乱獲による鯨の減少で，1946年に国際捕鯨条約が結ばれ，捕獲制限が厳しくなって，実際に捕鯨を行なっている国は少ない。
　乱獲による資源の枯渇と200海里水域の設定によって，世

▶おもな国の漁獲量の推移
(矢野恒太記念会編『世界国勢図会』2016／17年版による)

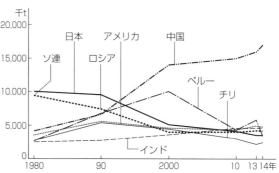

第4章　世界を資源・産業からみる　237

界的に**水産養殖**(栽培漁業)への関心が高まってきた。しかし，
多彩な海面養殖や**内水面養殖**が発達している日本を除き，比較
的生産量が多いのは中国の淡水魚，韓国の蛤・のり，東南アジ
アのミルクフィッシュ・エビ，アメリカ合衆国・フランス・ス
ペインのカキ・イガイの養殖程度である。

水産加工には，塩干物・燻製・冷凍・缶詰の食品加工や，魚
粉・魚油・魚肥の製造がある。前者は，漁獲物の食用化率が高
い日本やアメリカ合衆国・カナダ・イギリスなどで盛んである
が，後者は食用化率の低いペルー・チリ・ノルウェー・デンマー
クで盛んである。

3 林業

森林は，世界の陸地面積の約3分の1に当たる41億ヘクター
ルを占め，広葉樹の**熱帯雨林**，広葉樹と針葉樹の混合林をなす
温帯林，針葉樹が主体の**冷帯林**の3つの特色のある林相を示す。

森林は，洪水や土砂流出を防止する国土保全，水資源の涵養，
保健休養の場を提供する。

個々の樹木は，用材として建築・家具・車両などに利用され，
紙・人絹用のパルプ材や合板材として工業原料に，また薪炭材
などにも利用され，多様な経済的機能を持つ。

林業の発達には，有用樹がまとまって多量に存在し，伐採・
搬出の便がよく，労働力・開発資本に恵まれ，消費地への輸送
機関が整備されていることが必要である。

熱帯雨林は，アマゾン川流域やコンゴ川流域・カリブ海沿岸・
東南アジアの山地に分布し，常緑広葉の硬木が多い。面積は広
く，**蓄積量**も豊富だが，多くの樹種が混在し，択伐に経費と手
間がかかり，輸送設備の不備や労働力の不足，大市場に遠く開
発が遅れていた。しかし，近年，温帯林の枯渇とともに，先進
国の資本・技術が投下されて，インドネシア・マレーシアなど
の木材輸出が増大している。

238 第Ⅱ部 世界をみわたす

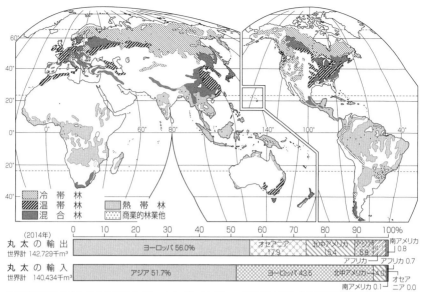

▲森林資源の分布と丸太の輸出入（Goode's World Atlas, 矢野恒太記念会編『世界国勢図会』2016／17年版による）

　温帯林は，昔から農耕のために焼き払われ，用材・薪炭材として伐採され，天然林は少ない。とくにヨーロッパでは16〜17世紀に，製鉄用の木炭を多量に生産し，森林を荒廃させた。そこで，国家的な事業として植林し，イギリス・ドイツ・フランスでは森林面積が増加している。

　冷帯林は，北半球のスカンジナビア半島・ロシア・アラスカ・カナダに分布し，とくにロシアのタイガは広大な天然林を形成している。マツ・トウヒ・モミなど，軟木の針葉樹が主体で，樹高のそろった樹木の純林をなしている場合が多く，大市場にも近いため，開発しやすい。その結果，世界で最も重要な林業地域をなし，針葉樹では，とくにロシア・カナダ・スウェーデン・アメリカ合衆国のアラスカなどの木材輸出量が多い。

4　エネルギー資源

　人類は，火を用いることによって，文明を獲得したと言われ

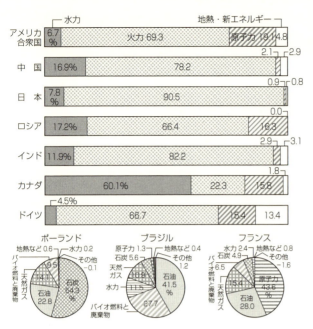

◀世界の発電量と発電型
（矢野恒太記念会編『世界国勢図会』2016／17年版による）

　る。エネルギーはしだいに多様になり，産業革命以降は大規模に消費するようになった。今では石炭・石油・天然ガスなどの**化石燃料**や，電力として用いられる**水力・原子力**などが，主要なエネルギー源である。

　エネルギーの消費構成は，技術の発達にともなって変化し，産業革命後，主役であった石炭は，第二次世界大戦後の**エネルギー革命**の進行により，石油・天然ガスに押され，1960年代の後半に石油に首座を奪われた。

　しかし，**一次エネルギー**の消費構成は国によってかなり違いがある。世界最大の消費国のアメリカ合衆国では，石炭・石油・天然ガスが比較的バランスを保っており，第二の消費国の中国は，インドとともにまだ石炭の比重が高い。日本は，韓国・イタリアなど資源のない国と同じく，石油に依存している。特徴的なのは，フランスの原子力とロシアの天然ガスの比重が高いこと，ブラジル・カナダで水力の利用が多いことである。

　世界の一次エネルギー消費は，石油32.9%，石炭29.2%，天然ガス23.8%，水力6.8%，原子力4.4%となっている（2015年）。

240　第Ⅱ部　世界をみわたす

日本では，石油の比率が高い(44.2%)。そのため，**石油危機**による原油価格の高騰は，各国の経済を不安定にしている。

そこで，各国は石炭の再評価や水力・原子力・地熱利用の強化，あらたな資源としての**オイルシェール**(油母頁岩)・**タールサンド**(油砂)の開発，太陽光・風力・潮力・波力など，自然力の利用・開発に力をそそいでいる。まだ実用化されていないが，海底の**メタンハイドレート**の活用も検討されている。

石炭は，固体で輸送費が高く，煤煙・硫黄酸化物など，公害を派生させる欠点もあるが，鉄鋼業の原料炭としても用いられ，東ヨーロッパ・中国ではエネルギーの主役である。また，ロシア・イギリス・ドイツなどの石炭に恵まれた諸国でも，その地位は高い。石炭は，化石燃料のなかで最も豊富な資源であるため，ガス化・液化など再利用による代替エネルギーとして見直されようとしているが，なお技術的な問題を残している。

石油は，輸送機関や各種機械のエネルギー源，発電の燃料，あるいは化学工業の原料としての需要が急増している。

油田は，新生代第三紀層にあって，石炭より分布が片寄り，西アジア・アフリカに世界の確認埋蔵量の過半がある。しかし，開発に技術と資本を必要とするため，**メジャー**(アメリカ合衆国)の支配下にあった。近年，産油国はOPEC(**石油輸出国機構**)を結成し，**資源ナショナリズム**を旗印に，価格や利権料の値上げ，国有化を行なっている。他方，主要消費国は，**IEA**(**国際エネルギー機構**)を結成して対抗している。

主要産油国は，OPEC加盟国のほか，アメリカ合衆国・ロシア・中国・メキシコ・カナダ・イギリス・カザフスタンなどが注目される。

天然ガスは，発熱量が大きく，公害をともなわない長所を持っている。パイプラインの敷設やLNG(**液化天然ガス**)技術の開発などで，輸送問題が解決して，需要が増大した。ロシア・イラン・アメリカ合衆国で，石油代替エネルギーとして評価が高い。

電力は，一次エネルギーから転換された二次エネルギーで，火力・水力・原子力・地熱などの発電種別構成比では，化石燃

地球温暖化への対応

近年，地球温暖化に対処するため，化石燃料など，限りある資源の使用を抑さえ，他の再生可能な資源に代えようと言う動きがみられる。

化石燃料の利用は，大気中の二酸化炭素やメタンガスなど，温暖化ガスの増大をもたらし，海水の膨張や融氷による海面上昇，気候帯の変動によって生態系や農業に影響するため，各国は地球温暖化防止に取り組んでいる。

二酸化炭素を酸素に代える緑化，あるいは森林伐採の抑制だけでなく，太陽光・波力・風力などを利用した発電や持続可能なエネルギー源としてバイオマスエタノール（植物起源アルコール）燃料の利用を進めている。

しかし，アルコール燃料の利用は，サトウキビ，トウモロコシを原料とし，食料自体だけでなく，食料生産の耕地を利用するので，食料価格の上昇をもたらし，貧しい国の人びとを飢餓にさらすことになる。また，木材など，セルロースを原料とすれば，森林のさらなる減少を招く。

料を用いる火力発電の比率が高い。しかし，電力構成比は各国の自然条件や資源の供給状況，重化学工業の発展の程度などによって異なっており，アメリカ合衆国・ロシア・ドイツ・イギリスなどでは火力が大きな比重を占めるのに対して，カナダ・ブラジル・スウェーデン・ノルウェー・スイスなどでは水力の比重が大きい。

原子力は，ウランを燃料源とし，工業の発達している先進諸国では，その利用が着実に増加している。しかし，2011年の東日本大震災以後，その見直しなど各国の政策によるところがあり，フランス・韓国・アメリカ合衆国に多い。

地熱は，イタリア・アメリカ合衆国・ニュージーランド・日本などで，わずかに利用されているにすぎない。

5 鉱業

鉱産資源は，エネルギー資源のほか，鉄・銅・鉛・亜鉛・ボー

242 第Ⅱ部 世界をみわたす

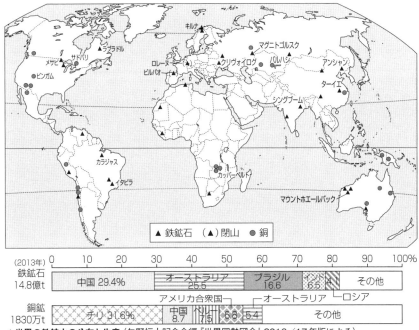

▲世界の鉄鉱山の分布と生産（矢野恒太記念会編『世界国勢図会』2016／17年版による）

キサイト・錫・ニッケル・金・銀などの金属資源と，硫黄・石灰岩・燐・カリなどの非金属資源からなる。

　金属鉱床は分布が片寄り，近年は，先進国の需要増大と資源枯渇にともなって，大消費市場から遠い南アメリカ・オーストラリア・アフリカなどの開発が盛んになっている。

　鉄鉱石は，最も重要な金属資源である。世界生産量は約14億tで，中国とオーストラリアがあわせて50%を超え，ブラジル・インド・ロシアが続く。埋蔵量は，オーストラリア・ロシア・ブラジルが多く，輸出量ではオーストラリアとブラジルがあわせて70%前後を占め，南アフリカが続く。輸入量では中国が頭抜けて多く約65%，第2位の日本は約9.5%である。

　銅は，電気の伝導に優れ，電気産業の発達にともない需要が増大し，チリが世界生産量の約3分の1を占め，中国の約9%，ペルーの約7%を引き離している。

　アルミニウムは，軽金属の代表で，比重が鉄の3分の1で，省エネルギー時代の構造物として利用される。原鉱のボーキサ

第4章　世界を資源・産業からみる　243

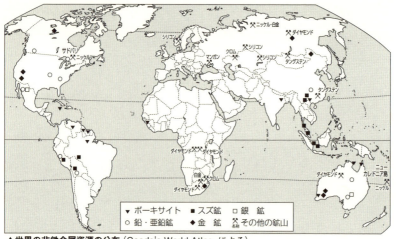

▲世界の非鉄金属資源の分布（Goode's World Atlas. による）

レアアース（希土類）

　近年，科学技術の発達によって，さまざまな鉱物を少量加えて，特殊な性質を持つ合金が開発されてきた。工業的には重要だが，産出が少なく，偏在しているので，希少金属と呼ばれる。なかでも，科学的性質が類似した17の元素類をまとめて希土類と呼び，光学材料・電子材料の合金に用いられる。

　希少金属のなかで，レアアースは中国が90％以上を産出し，世界中が一国に依存しているので，いったん中国が輸出を制限すれば，先進国の先端工業はたちまち生産中止を余儀なくされる。

　しかし，レアアースは，CIS諸国やアメリカ合衆国にも埋蔵され，一方は資本と技術の問題から開発が遅れ，他方では高賃金などで採算が取れず，採掘を見あわせている。価格が高騰すれば，これら埋蔵量の多い国の生産が始まり，またほかの代替金属の開発が進み，独占的な地位は失われるので，中国にとって輸出制限は必ずしも得策ではない。

イトは，オーストラリアの生産量が抜群に多く，これに中国・ブラジル・ギニア・インドが続く。精錬は，原鉱の産地，需要の多い先進工業国や電力が安価なカナダ・ノルウェーで行なわれている。

　その他の金属では，鉛は蓄電池・電線被覆，亜鉛は亜鉛鉄板

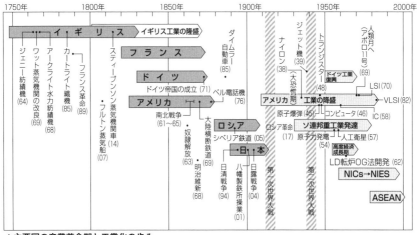

▲主要国の産業革命期と工業化の歩み

（トタン）などに必要で，銅と同じ鉱山から産出される。中国・オーストラリア・ペルー・インド・アメリカ合衆国・メキシコに多いが，日本や韓国も比較的恵まれている。

　錫は著しく偏在する金属で，中国・インドネシアにペルー・ボリビア・ブラジルが続く。ニッケルは，インドネシア・フィリピン・ロシア・オーストラリア・カナダが8％を超えている。その他，**レアメタル・レアアース**は産出量が少なく偏在して，パソコンや携帯電話，電気自動車などに使われ，「工業のビタミン剤」として欠かせない。

6 工業

❶近代工業

　18世紀後半，イギリスで起こった**産業革命**は，自動織機・蒸気機関などの発明によって近代工業を成立させた。それまでの**工場制手工業**（マニュファクチュア）に代わって，多くの労働者と機械を用いた**工場制機械**工業が大量生産を始め，大量で高速の輸送・交通・通信や，大量の備蓄・販売など，工業以外の産業にも影響を与えた。

第4章 世界を資源・産業からみる　245

その後，産業革命はヨーロッパ諸国や北アメリカにも広がった。19世紀後半になると，製鋼法の発明と電気エネルギーの利用，内燃機関の発明が続き，第二次産業革命と呼ばれるほどに**重化学工業**が発展した。

第二次世界大戦後，工業生産は自動制御（オートメーション）・電子計算機（コンピュータ）・コンビナート方式など，最新の科学技術を取り入れ，第三次産業革命といわれる飛躍的発展をとげた。これによって工場は肥大化し，大量の原料やエネルギーを消費し，広大な敷地を専有し，少数の労働者で大量生産することが可能となった。

産業構造の比重が第一次産業から第二次産業に移る工業発展を工業化と呼び，現代社会の特徴の一つとなった。

❷工業立地と企業

工業立地の条件は，発展段階に対応して説明される。まず，産業革命当初の軽工業は，大量で安い労働力と十分な資本蓄積がある伝統的商工業都市に発達し，**伝統立地型**を示した。ここは，問屋・道具・原材料を用意する問屋制家内工業が発達していたからである。また，繊維工業やプラスチック加工業は，**労働力立地**として考える場合もある。

第二次産業革命によって発達した重化学工業は，石炭・鉄鉱石などの原材料産地に近い地点で始まり，**原料立地型**を示した。セメント工業・窯業・醸造業・食品加工業にも，この傾向がみられる。鉄鋼業は鉄鉱石と石炭の双方が得られる地方が初期の立地となった。ただし，原料が各地で豊富に得られるビールや飲料は，**消費地（市場）立地型**になる場合がある。

第三次産業革命によって，原料・エネルギーの大量消費と製品の大量販売が行なわれると，多量の輸入原材料を必要とする重化学工業は**交通立地型**を示した。臨海工業地帯の鉄鋼業・石油化学工業は，その例である。そのなかでも，軽量の製品は飛行機輸送が可能で，IT産業・宝石や高級時計の製造業では，空港に隣接した**臨空型**の交通立地となり，しばしば「シリコンバレー」などが成立している。また，技術・情報を集約した高

度の組立工業や，印刷・出版・ファッション関係の工業が，大都市に集中して**情報立地型**工業が生まれた。

さらに，国の政策として，工業開発計画や税制，また賃金水準や社会保障，技術水準など，多様な条件が組み合わさっている場合が多い。

複雑な部品や半製品を必要とする近代工業は，各種工場が隣接して立地し，また既設の港湾・道路・工業用水など，施設を共同利用できるので，**工業の集積**がみられ，**工業地域**を形成し拡大する。その意味で，立地型はかならずしも立地条件を完全に説明するものではない。

また工業は，それを経営する企業が変質して，製造部門・経営管理部門・研究開発部門・営業部門が分業してくると，一カ所に集中立地する必要がなく，逆にそれぞれの部門に応じて立地型を選ぶことになる。とくに営業部門は対象営業地域ごとに地域別対応にせまられ，巨大な企業になると多国籍化し，**多国籍企業**が誕生する。こうして，経営自体が**中央集権型組織**(ツリー型)では判断が遅れることから，**分権型組織**(ネットワーク型)による地域別対応と自立的対応を組み合わせることになる。

経営管理部門は，おもに出身の世界都市で行政・金融に対応し，生産は労働力の安価な，あるいは原材料の調達しやすい国におかれ，研究開発部門は専門技術職の多い，あるいは知的刺激の多い地域に向かう。

❸主要工業

繊維工業　繊維には，綿花・羊毛・生糸のような天然繊維と，人絹・ナイロン・ビニロンなどの化学繊維がある。**繊維工業**とは，これらを加工する紡績工業・織布工業・縫製工業までを含めている。

綿・羊毛工業は，伝統的な技術を受け継ぐ，先進地域に発達した。

イギリスでは，ペニン山脈東側のヨークシャー地方に羊毛工業,西側のランカシャー地方に綿工業が発達した。ヨークシャーの羊毛は，元来，フランドルに輸出されていたものである。ま

第4章　世界を資源・産業からみる　**247**

ファッション産業

ファッション産業は，軽工業の一つで，商品の企画・素材選定・デザイン・製造・販売などを総合的に行なう。主要業種は，アパレル産業の服飾であるが，建築・家具・インテリア・美術工芸など，多彩な領域が含まれる。

流行を創造し，牽引する芸術に近いデザイン部門のために，先端的情報が得られ，さまざまなサービス・商品・人びとや，雑誌・新聞など情報産業が集中する大都市に立地する。

また，ブランドが珍重されるため，芸術的伝統のある都市や経済的・政治的な中心地が世界のファッション産業の中心となる一方，縫製などの加工工程では低賃金の熟練工を必要とするので，デザインとブランドの中心都市とは別に，周辺郊外や周辺国が加工工程を受け持つ。中国産の東京ブランドやインド産のロンドンブランドも生まれる。流行に敏感で，所得水準の高い顧客が多く，市場は国際化している。

た，スペインのメセタで飼育される羊は，バルセロナの羊毛工業に原料を供給した。アメリカ合衆国では，まずニューイングランド地方に綿・羊毛工業が**輸入代替工業**として生まれ，綿工業はのちに綿花・電力・石炭と奴隷解放後の安い労働力を求めて，南部に中心を移した。また，モスクワ周辺の綿工業への原料供給地だった中央アジアに，綿工業地域が広がっている。

イギリスによる植民地化によって原料の綿花供給地となったインドは，第一次世界大戦の頃から近代的綿工業を再興させ，第二次世界大戦後，急速に生産量を増大させた中国とともに世界的な綿工業国となった。

絹工業では，マユから生糸をつくる製糸業が，**養蚕**の盛んな日本の中部から東北地方で発達したが，中国・韓国の低価格の製品と化学繊維の進出によって押されぎみである。また，フランスのリヨン，イタリアのミラノ，アメリカ合衆国のパターソンなどは，輸入生糸に依存する絹工業地帯である。

これら天然繊維に対して，**化学繊維工業**は高度の技術と多額の資本を必要とし，消費の多い先進工業国で発達した。なかでも，人絹・スフは木材パルプを原料とし，薬品・水・石炭・電

力を必要とするので，原料の得やすい交通の便利な場所で盛んである。ナイロン・ポリエステルなどは，多くは原料を供給する石炭・石油化学工業に隣接して立地する。

金属工業　金属工業は，鉄鋼業やアルミニウムなどの金属精錬業からなり，なかでも鉄鋼業は第二次産業革命の主役を演じた代表的基幹産業である。

初期の立地は，ルールやピッツバーグなどの石炭産地立地型，ロレーヌやダルースなどの鉄鉱石産地立地型，両者をあわせて産するバーミンガムなどの鉄鉱石・石炭産地立地型など，重い原料を大量に利用するので，原料立地が中心となった。

やがて，生産の拡大と交通機関の改善にともない，他地域の原料を移入するのに便利な，クリーブランドやダンケルクなどの交通立地型が増大した。

旧ソ連は，鉄鉱山と炭田とを鉄道で結び，双方に鉄鋼業を立地させ，ドニエプルやウラルなどにコンビナートを形成させた。現在は，ブラジル・韓国・中国・インドなど，従来，あまり工業化が進んでいなかった国々でも鉄鋼生産が盛んとなり，それぞれの国の重工業発展の基礎となっている。

またアルミニウムは，原料のボーキサイトを産出するBRICS諸国，とくに中国・ロシアやアメリカ合衆国・オーストラリアなどの生産が多い。中間製品のアルミナからの精製に電力を消費するので，カナダ・ノルウェーなど，電力の安い国での生産もみられる。

機械工業　機械工業は，時計・光学・医療機械などの**精密機械**，農業・紡績・工作機械などの**産業用機械**，車両・自動車・船舶・航空機の**輸送用機械**や**電気機械**などを生産する工業部門で，重工業の核心部分を担っている。

なかでも自動車工業は，高度の技術によって各種の部品を組み立てる機械工業の基本的な型を示しており，部品の**組立工業**として広範囲な関連工業を持ち，流れ作業による**大量生産方式**をとり，各工具は組立の特定の工程だけを分担する**分業方式**であることなどを特色としている。

第4章　世界を資源・産業からみる　249

また，在庫を最小限として部品を必要時に時間通りに納入させるジャストインタイム方式も，経費と時間の節減に効力を発揮している。これは，各部品に「かんばん（品名，生産量，時期，運搬量，運搬時期，運搬先，置き場所などの情報を書いた札）」を付して部品管理を行ない，情報と部品自体との流れを一致させる方式である。ただ，大災害で一部品が滞っただけで全関連産業が停止する弱点もある。

　多くの関連産業を持つことから，背景に総合的な工業地域の発達を必要とし，アメリカ合衆国をはじめ，日本・ドイツ・フランス・スペインなど，先進工業国の代表的工業となっていたが，近年，中国・韓国・ブラジル・メキシコなどの国々が生産を伸ばして，工業力の充実を示している。また，工業全体に対する影響が大きいため，しばしば国の関税政策や投資規制・促進などの対象となりやすい。

　自動車工業は，**多国籍企業**の代表とされ，販売部門とメンテナンスのサービス工場を単に世界各地の需要や法規制にあわせて展開するだけでなく，労賃・技術水準・税制などに対応して，生産工場も進出させている。また，世界各地の生産・販売本部に人事権を持たせたり，研究開発部門を設置したり，中核の管理部門を別にして，いわゆるネットワーク型の経営管理方式が進められている。

　化学工業　化学工業は，化学反応の応用を生産工程の中心とする工業で，化学薬品・化学繊維・パルプ・化学肥料など，広範囲にわたる製品を生産している。製品の原料や化学反応に必要なエネルギーによって，電気化学・石炭化学・石油化学に分けられる。そのうち，石油・天然ガスを原料とする**石油化学工業**が最も重要で，第二次世界大戦後に急速に発展した。

　石油化学工業は，石油の産地，あるいは輸入港に立地し，各種の反応装置とそれらを結ぶパイプ類による膨大な設備がオートメーションで運転されるため，**装置産業**とも言われる。石油精製工場とナフサ分解工場を中心とした多くの工場が隣接し，一方の生産物が他方の原料となってパイプで送られ，**コンビ**

ナートと呼ばれる巨大な工場群を形成することが多い。

❹世界の工業地域

先進工業国の工業地域　ヨーロッパでは，産業革命によって，まず伝統的な手工業の技術と資本が蓄積されていた地域に，石炭や鉄鉱石が結び付き，工業地域が形成された。旧植民地は**原料供給地**，あるいは市場として機能した。そのうち，より資源が豊富で人口の少ないアメリカ合衆国などの工業は，少ない労働力を補う大量生産・オートメーションを取り入れた。また，2度の世界大戦を通じて急激に工業力を発展させ，ポンドに代わってドルが世界経済の中心となった。その力を基礎に，研究開発に多くの資金を割き，世界から頭脳を集め，先端技術を基礎にコンピュータなど**先端技術工業**を生み出し，企業は多国籍化して世界に君臨した。

この資本主義国に対抗して，社会主義国の旧ソ連は五カ年計画を立て，計画経済によって資源立地の**コンビナート方式**の工業地域形成をはかったが，ソ連崩壊後，一部はウクライナやカザフスタンに属することになり，ロシアとの絆は弱まった。

近年，ヨーロッパでは，輸入原料への依存増大によって，交通立地の**臨海工業地帯**が成立し，港湾工業都市はさらに発展して，あらたな鉄鋼・石油化学の複合的工業地域が誕生した。

アメリカ合衆国でも，メキシコ湾岸など，**サンベルト**の工業化が著しい。また，カリフォルニアにおける先端技術工業の**シリコンバレー**の成立は，世界各地に同様の工業集積地を生んでいる。日本も資源立地から交通立地に立地構造が変わり，重厚長大から軽薄短小に産業構造も変化している。

このように，先進工業国の工業は企業合同と**多国籍企業化**によるネットワーク型企業に転換し，生産規模の大型化，生産工程のオートメーション化，エネルギー源の石油への転換などで大型の重化学工業，急速な技術革新によって知識集約型の先端技術産業の発展がめざましい。

発展途上国の工業地域　発展途上国の多くは，先進工業国の旧植民地で，一部に宗主国の資本による一次加工の工業もみら

第4章　世界を資源・産業からみる　**251**

れた。しかし，古くから発達していた手工業は，先進国との競争に敗れて衰退し，安価な原材料供給地となった。

　先進工業国は，旧植民地が独立して原材料費が高くなり，人口増加の停滞によって労働力が不足して賃金が高くなるにつれ，労働集約的な産業部門を中心に，低賃金で立地条件のよい，関税政策の有利な発展途上国へと工場を移転させた。

　中国・インド・ブラジルなどの新興工業国は，先進工業国より低賃金で労働力が使えること，巨大な国内市場で消費力を持っていることなどに助けられて，急速に工業地域を発展させた。中国では，生産して海外に輸出する，安い労働力を利用する工場進出であったから，交通立地の海岸地方がおもな投資の場であった。しかし，工業化による所得水準の上昇とともに需要が増大した国内市場に向けて，なお低賃金の内陸に工場が進出しつつある。

　インドは，英語を用いる低賃金で大量の労働力があり，**カースト制度**から脱却した**IT産業**従事者を擁し，先端産業と機械工業が急速に発達している。とくに，輸入や海外からの投資に対して強かった政府の規制が自由化されたことも，工業発展に寄与した。ムンバイなど，従来の工業中心地に加えて，内陸には「インドのシリコンバレー」も生まれている。

　ブラジルは，サンパウロを中心に工業が立地し，エタノールガソリンを利用する自動車工業や世界でも有数の飛行機生産を行なうなど，大量の人口と豊かな農業生産と資源に支えられ，大きな市場を抱え，工業発展が著しい。

　さらに**NIEs**（Newly Industrializing Economies）も含め，発展途上国の工業発展は著しいが，なお先進国との所得格差が大きく，国内資本の蓄積が少なく，先進国からの借款や外国資本との合弁などで，工業化が行なわれる場合が多い。

252　第Ⅱ部　世界をみわたす

第5章 世界を流通と交流からみる

1 商業

　商業を，地理的・空間的に理解するには，商品を販売する小売業（商人）からみた販売圏，仕入れ先の生産者，あるいは卸売業の仕入圏・供給圏，及び購入する顧客の購買圏とからみる必要がある。その各圏域構造は，ごく身近な小規模のものから，広く世界的規模の商業活動まである。この**販売圏・仕入供給圏・購買圏**を大きくまとめて**商圏**と呼ぶ。

❶無店舗商業

　原始的な**無店舗商業**では，**振売**(ふりうり)**・行商・訪問販売・露天**など，販売者が移動する商業がみられる。販売圏は，一日で往復できる範囲が中心で，規模的には購買圏と同程度となり，販売品目

▶店先に並ぶ色とりどりの香辛料(こうしんりょう)（インド，ユニフォトプレス提供）

第5章　世界を流通と交流からみる　253

行商人の生活

北海道の北方領土を望む海岸には，鮭の定置網漁業を営む番小屋が，1 kmほど離れて，ぽつりぽつりと建っている。漁期に，飯炊きのおばさんの他は，十数人の漁師たちが寝泊まりしている。とった魚は日に一度，網元が回収にやってくる。電気は自家発電で，娯楽はテレビだけである。

そこに，内陸の都市から小型トラックが，リンゴ箱を山積みにしてやってくる。リンゴは小売価格，サケは卸価格で物々交換する。漁師はサケ一匹を交換して，おやつのリンゴを手に入れ

るが，イクラが腹に一杯のサケなら一箱まるごと交換してくれる。

何軒かまわって集めたサケを，町で小売価格で売り，またリンゴを卸価格で仕入れる。往復で2回の売買ができるが，夏から秋の季節的行商である。行きはリンゴの小売商，帰りはサケの仲買人である。

漁期以外は，農家をまわる行商になる。店舗は持たず，小型トラックで売買し，商人宿（相部屋・共同風呂が多い）に泊まって歩く。

も主として日常の食品や身のまわり品に限られる。ときには，金物類や雑貨などの修理職人も販売を兼ねた無店舗営業を行なっている。露天も，不定期で，祭日などの特定の日に開かれ，かならずしも専門の商業従事者とは限らない。商品の仕入圏は狭く，農産物や自家製の商品を販売している。

しかし，近年の行商では自動車を用い，店舗のない過疎地を対象として，各種の商品を少量ずつ扱う**よろずや**のような品揃えを行なっている。商圏も，徒歩から自動車に移動手段が変わっただけに，やや広がっている。

また**訪問販売**では，江戸時代から続く富山の配置家庭薬の販売が有名である。これは，販売員が顧客を尋ねて1セットの薬をおかせてもらい，年に1～2回再訪して清算する方式で，訪問先を記す顧客名簿（**懸場帳**）が高値で売買される。現在でも，訪問販売はとくに富裕層に宝飾品や衣類などの高級品を販売する手段として用いられている。

現代の**通信販売**は，企業経営が多く，従来の販売店舗は持た

▶シャンハイ(上海)の中心街(ユニフォトプレス提供)

ないが，カタログ販売・ネット販売のための事務所を持っている。そこで注文を受けると，商品は仕入れ先から直接顧客に発送する。この場合，事務所は大都市を離れ，商圏は拡大し，商品の販売企業・供給企業・購買者が国を異にすることさえある。いわば商圏は拡散する。

❷小売形態

　店舗を構える**自営業**とも呼ばれる一群の商店は，扱う商品によって，八百屋・肉屋・魚屋などに分類される。また，商品は，商圏の広さによって，狭い**日用品**，中程度の中級品，広い高級品などと分類される。

　一般に，農山村には「よろずや」と呼ばれる孤立した商店がみられ，小さな地方町には日用品(身のまわり品)を扱う小商店が現われ，**中級品**(買まわり品)の販売店は，おもに中規模の都市に，**高級品**は大都市に現われる。一般商店でも，扱う商品が高価で，特殊なものになるにしたがって，中級品では電気店・本屋・靴屋など，高級品では宝飾店・楽器店など，専門的知識や流行に敏感な**専門店**となるものが多い。

　デパート(百貨店)は，身のまわり品から高級品まで，多様な商品を販売するが，正札販売・陳列販売・配達サービスなど，

第5章　世界を流通と交流からみる　255

近代的な販売手法を駆使し，さまざまな催し物を開き，常設の劇場・美術館・食堂などの施設をそなえて，大都市の象徴となっている。ただ近年，デパートは商品展示場として，実際の購入を駐車場のあるスーパーや宅配の利用ができるネット販売などの補完的存在として利用される悩みを抱えている。

　他方，**スーパーマーケット**は，品揃えを食品や衣料品など，身のまわり品に集中し，大量仕入によって廉価販売と現金販売を実現し，その規模は都市の大きさにあわせている。近年，大型駐車場をそなえて，郊外に立地するものが現われ，地方都市の身のまわり品を提供する商店を閉店に追い込む勢いである。

　小型の**コンビニエンスストア**は，都市の内部や郊外・地方町にもチェーン店として分布し，その商圏は徒歩圏内で非常に狭い。その販売圏内の顧客の性比・年齢・職業などによって品揃えを変え，1店は小さいが，チェーンによって大量仕入・大量販売を実現しているので，立地が大切である。また，**POS（販売時点情報管理）システム**が経営を助けている。

❸卸売業

　一般の小売商店は，大都市の**消費地問屋**，あるいは市場から商品を仕入れる。また，消費地問屋は生産者から商品を集荷する**産地問屋**から仕入れる。このように，小売業と商品の生産者の間には，複数の**卸売商**（仲買人）が介在している。しかし，(1)商店が自営業から企業化すると，問屋を通さずに仕入れて，低価格・統一規格の商品を手当てするので，(2)生産者が大企業の食品加工業の場合には，小売商店に直接販売するので，(3)企業化した小売店と生産者は企業間の直接取引をするので，中間の卸売業が閉店に追い込まれる場合もある。中小都市が，卸売業を失って衰退する原因でもある。

　卸売業でも，仕入れ先を海外に求め，逆に販売先を国外に広げる大規模な卸売業は，いわゆる商社となって，扱う商品も工場プラントのように大規模で高価である。なかには，第三国間での仕入・販売を行なう大商社もある。その管理部門は，大都市に集中している。

2 貿易

❶世界貿易の発達

貿易は，国家間の商品取引で，その規模が拡大されたのは，産業革命後，商工業や交通の発達によって，先進工業国と原料供給国(植民地)間の物資の移動・交流が活発になり，**国際的分業**が生まれてからである。しかし，第二次世界大戦前は，国内産業を保護・助成するため**保護貿易政策**をとる国が多く，世界貿易は停滞的であった。

第二次世界大戦後，アメリカ合衆国や西ヨーロッパ諸国を中心とする資本主義国では，自由貿易を原則とする貿易の拡大をはかるため，**国際通貨基金**(IMF)や**国際貿易機関**＊(WTO)が設置された。

> ＊ WTO は，1947 年に発足した**関税及び貿易に関する一般協定**(GATT)を 1995 年に改組したもので，関税や輸入制限などの貿易上の障害をなくすことを目的とする。日本は 1955 年に加盟。事務局はジュネーヴにある。

これにより，アメリカ合衆国は圧倒的な経済力を背景に，広大な海外市場を獲得した。ヨーロッパは，**ヨーロッパ連合**(EU)を結成して，域内の貿易自由化を進め，世界貿易拡大の力となった。また，独自の経済圏であった旧社会主義国も，多くがWTO などに加盟してきた。

❷世界の貿易型

世界各国の貿易は，資源・生産構造・政治体制などを反映して，貿易額・商品構成・相手国などが異なり，特色ある貿易型をつくった。

先進資本主義国　先進資本主義国の貿易は，工業製品をほかの先進国や発展途上国に輸出し，食料・原材料を輸入する**垂直分業型**を基本としてきた。とりわけ，ドイツ・イギリス・イタリア・日本などが典型的であるが，アメリカ合衆国・フランス・カナダ・オーストラリアは，食料・原材料の輸出が占める割合

第 5 章　世界を流通と交流からみる　**257**

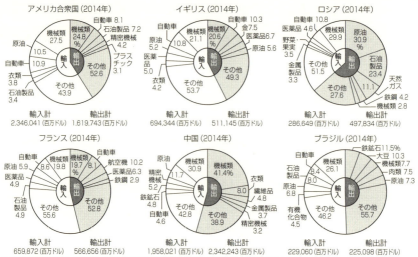

▲おもな輸出入品（矢野恒太記念会編『世界国勢図会』2016／17年版による）

が比較的高く，いわば旧世界先進国と新世界先進国の間ではかならずしも利害が一致していない。

　しかし近年，先進国は相互に工業製品を輸出入する**水平分業（製品間分業）**型も示して，相互が得意技術を駆使した製品を提供するようになっている。たとえば，アメリカ合衆国は先端技術に支えられたソフトウェア産業や宇宙・航空機産業などに優れている一方，EUや日本は工作機械や自動車産業に強い。

　旧世界先進国は，国内農業を保護するために高い関税などを課して食料の輸入制限を望むか，あるいはイギリスのように農業構造を新世界先進国並みに大量生産・機械化・大規模化する。他方，新世界先進国は徹底した貿易自由化を主張している。それによって，これらの国ではエネルギーを安価に輸入できるし，食料・原材料を輸出できる。ただし近年，アメリカ合衆国は過度な自由化によって自国の工業が発展途上国の工業発展の影響を受けているとして「アメリカファースト」の標語をかかげ，あらたな保護主義を主張する動きをみせている。

　発展途上国　従来，発展途上国と分類される国々は，食料・原材料を輸出し，工業製品を輸入する垂直分業によって先進国と貿易をしていた。ここでも，BRICS，あるいはNIEsと呼ば

れる国々では，新世界先進国に似て，工業製品のほかに食料・原材料も輸出するブラジル・ロシア・インドと，旧世界先進国に似て工業製品の輸出にかたよる中国に分かれてきている。

いずれも，先進国との間で標準化された労働集約型の工業製品や部品を輸出する**水平分業**（**工程間分業**）を示しているが，ほかの低開発国に対しては**垂直分業**を示す場合もある。世界の貿易においては，中国の貿易額はついにアメリカ合衆国を凌駕している（2015）。

また，産油国と呼ばれるおもに中東の国々では，エネルギーを輸出し，食料・工業製品を輸入する型が生まれている。しかし，輸出の基礎となる化石燃料の枯渇がいずれ問題となる。

低開発国　発展途上国のなかでも，工業化の水準が低く，さりとて工業製品の輸入にみあった農産物や原材料の輸出も少ないので，国民所得が極端に低い国を低開発国と呼んでいる。世界の貿易における比重も低く，先進国からの経済援助をなお必要としている。

このような国では，軍事基地・研究観測基地・観光地，あるいは漁場の水域確保など，特別な機能を持つ場合に，先進国からの援助や観光・漁業収入もあるが，それ以外には農産物や原材料と工業製品・エネルギーとの，しいて言えば垂直分業に基づく貿易となり，その額は世界的にみればわずかである。

❸世界貿易の動向と経済協力

世界貿易は第二次世界大戦後，商品生産を上まわる伸び率で拡大を続け，ことに1960年代以降は著しく発展した。なかでも先進国は，少ない人口で輸出の56%，輸入の62%を占めている。このように先進国は，先進国と発展途上国との間で行なう第一次産品と工業製品を交換する従来の垂直的な貿易から，先進諸国相互間で工業製品を交換する水平的な貿易へと移行してきた。また，途上国に分類されているBRICS・ASEAN・OPECなど，近年，発展の著しい国々は，先進国以上に貿易を発展させている。

第三世界とも呼ばれてきた**発展途上国**は，工業発展の著しい，

第5章　世界を流通と交流からみる　**259**

あるいはエネルギー資源などに恵まれた発展途上国と，いずれにも属さない低開発国とに分化した*。

> *第一世界；先進国，第二世界；旧社会主義国，第三世界；いずれにも属さない発展途上国を呼んでいた。

とくに後者は，第一次産品の輸出不振におちいって，先進国との経済格差がいちだんと拡大してきた。先進国がおもに地球の北側にあることから，発展途上国は，南側に多い低開発国を含めて，経済・社会上の発展格差から派生する諸問題を南北問題と提起している。それは所得格差だけではなく，教育水準・平均余命・疾病（しっぺい）など広い範囲に及んでいる。

これらの南北問題に対処するため，**国連貿易開発会議(UNCTAD)** を通じて，先進国の発展途上国に対する経済援助や特恵関税を実施するなどで，調和のとれた国際分業を確立するために努力がはらわれている。**ユネスコ(UNESCO)** や**国連児童基金(UNICEF)** なども南北問題にかかわっている。

ただ，発展途上国とは言え，低開発国ではない BRICS・ASEAN・OPEC・NIEs の国々に，経済援助はおかしいという議論もある。これらの国々の特徴は，国内における社会経済格差が大きく，いわば国内問題をいかに解決するかが重要な課題となっている。

2011 年 3 月の東日本大震災は，期せずして世界における水平的な貿易に，一石を投じた。日本の工業が破壊されると，その部品を用いる国々の工場が，操業できなくなるのである。世界が貿易によって経済的に一つになることは，災害を共有し，相互援助を緊密に行なわなければならないことでもある。

3 交通

交通は，早くから交易と結びついて発達してきたが，世界的な規模で多量の物資や人が移動するようになったのは，産業革命以後である。世界の国々は緊密に結び付けられ，**国際的分業**

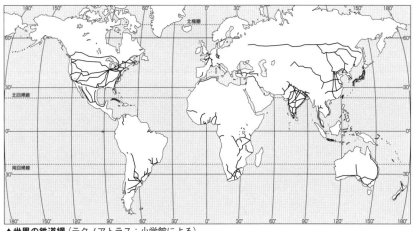

▲世界の鉄道網 (テクノアトラス:小学館による)

にうながされて、経済的な相互依存は、国際間の人と物の移動を激しくしている。

❶陸上交通

陸上交通の要素には、道路・自動車・鉄道の3つがあげられる。道路は最も基本的で、まず踏み分け路が利用された。現在でも、徒歩交通・担夫輸送が用いられる地域が広い。紀元前から畜力による車もあったが、ローマの軍道のほかは未発達で、19世紀に舗装道路がイギリスで始まった。

自動車は、20世紀初めに登場し、北アメリカを中心に急速に広まった。当初は、近距離に利用されていたが、自動車の性能向上と専用道路の拡充により長距離にも進出し、一部は鉄道交通に代わるようになった。ことに、近年の先進諸国の高速自動車道路網の整備によって、この傾向はいっそう進んでいる。

鉄道は、1830年代初め、イギリスとアメリカ合衆国において、馬車交通に代わり、大量の輸送を迅速・安価・確実に行なう輸送機関として急速に発達した。

現在、鉄道網が密な地域は、ヨーロッパ・アメリカ合衆国・日本などである。熱帯アフリカ・熱帯アメリカなど、旧植民地ではまばらで、海岸の港から内陸のプランテーション地域や鉱

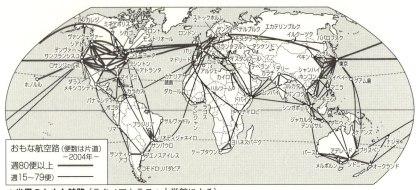

▲世界のおもな航路 (テクノアトラス：小学館による)

山を結ぶ1本の路線配置になり，網目をつくっていない。

　また，ロシア・アメリカ合衆国・カナダなどでは，貨物輸送の比重がきわめて大きく，日本では旅客輸送の比重が大きい。

　一時，道路や飛行機との競争によって利用が減少したが，日本の新幹線やフランスのTGVなどの高速鉄道が登場し，簡便さと郊外の飛行場ではなく，都心を直接出発できること，及び自動車よりエネルギー効率がよいことなどが見直され，ヨーロッパ・中国・アメリカ合衆国などで，路線の敷設伸張が行なわれている。

❷水上交通・航空交通

　水上交通は，内陸水路と海上交通に分けられ，現在でも貨物輸送を中心として，重要な役割を果たしている。**内陸水路**には，自然の河川や湖，人口の運河などがあるが，産業革命時に海港・可航河川とあたらしい工業地帯とを結ぶ**運河**が開かれてから，組織的な交通路としての利用価値が高まった。このような内陸水路網は，ライン川のあるヨーロッパや，五大湖周辺の北アメリカで発達している。

　海上交通は，大航海時代以後，快速の航洋帆船，さらに汽船が登場し，スエズ運河・パナマ運河の開通などにより大陸間の貿易・交通は飛躍的に拡大した。今日では，船舶の大型化・高速化とともに，オイルタンカーのような専用船化が進められ，**ロロ船**(貨物専用フェリー)・**ガントリークレーン**は，港湾荷役

を簡素化して，年々，拡大する海上輸送量を消化している。ハブ港は，大型コンテナーヤードと多くの水深のある埠頭を持ち，東アジアではプサン(釜山)やシャンハイ(上海)が有名である。

航空機は，最もあたらしい交通機関で，交通障害が少なく高速であることから，海上の定期旅客船や大陸横断鉄道などの旅客を奪い，急速に発達した。世界の主要都市のほか，陸上交通の不便な低開発の地域を結ぶ航空網がつくられている。

たとえば，密林や湿地などで陸上交通が困難な熱帯のアマゾン川流域やコンゴ川流域では，舗装されていない空港に小型の軽飛行機も飛んでいる。また，海港と同様に空港でも大型化が進んで，ハブ空港が長距離飛行の基幹となって，乗り換えて中小地方空港に向かうなどの交通システムが整備されてくると，世界の各地に大規模空港が立地した。東アジアには，韓国のインチョン(仁川)や中国のシャンハイ(上海)に整備されている。

しかし，運賃が比較的高いために，旅客輸送を主とし，貨物輸送は郵便物や生鮮食料品・肉牛・花卉・特殊機械などに限られている。その結果，空港周辺には，軽量・小型・高価な製品を製造するエレクトロニクス工業が現われ，臨空工業と呼ばれている。

❸世界の交通地域と交通問題

今日，地球上で人間が到達できない地域はほとんどない。しかし，交通の発達の程度は地域により著しく不均衡で，近代的な交通機関の発達する地域と未発達な地域に分けられる。

先進諸国のように，交通の発達した地域では，いくつかの交通機関のなかから，それぞれの利点に応じた選択が可能であるが，熱帯や乾燥地域の発展途上国などでは，いぜん徒歩・担夫輸送に依存している。

また，当面する交通問題も，前者では自動車の急増による道路交通の渋滞，交通事故の頻発，排気ガスによる大気汚染，ジェット機による空港周辺の騒音など，後者では未発達による経済発展の阻害などがある。

たとえば，渋滞は道路需要に対して過剰な交通量から生まれ

第5章 世界を流通と交流からみる　263

るので，対応策として道路の拡張・中央分離帯の設置，一方通行や左右折規制・立体交差化などが試みられている。そのため，交通量調査などが実施されている。

大気汚染に対しては，かつて多くの都市にみられた**路面電車**を復活させて，排気の排出量を削減したり，歩行者天国と称する自動車を一定時間あるいは一定の曜日に閉め出す規制を行なったり，自転車利用を勧めてカーシェアを推進するなど，さまざまな試みが行なわれている。

また，並木を造成し，街路に面する外観のデザイン・色・高さなどを補助金で統一して，街路の見通し線を美しくすることにより，バスで2〜3の停留場程度であればつい歩いてしまい，自動車を使わない工夫も行なわれている。

交通の未発達な地域では，簡易な港湾施設で発着可能なロロ船の活用，小型のプロペラ機やヘリコプターが発着できる小空港の設置，アマゾン川やコンゴ川などの大河には橋梁の代わりにフェリーを運行させるなど，その土地にあった交通システムの構築を行なっている。実際，世界で交通の最大の障害は国境で，自然的障害を越える技術は，すでに開発されている。

4　通信

われわれは，言葉によって考え，その考え方を交流させてきた。原始的な**通信形態**は，言葉や器具の音などの聴覚，狼煙や旗などの視覚に頼る近距離のものであった。さまざまな考え・情報は，文字の発明によって記録・伝達され，人類文明を飛躍的に発達させた。さらに，印刷技術が発達し，書籍・新聞・雑誌が普及すると，情報を記録保存し，広く知らせる力となった。

今日の通信情報産業は，めざましい技術革新により，世界の諸地域に展開する諸事象を同時進行で，見聞できるまでになった。情報は，たちまち世界を駆けめぐり，その内容を取捨選択して，遮断する**情報管理**は難しくなってきた。

264　第Ⅱ部　世界をみわたす

▶インターネットで結ばれる世界

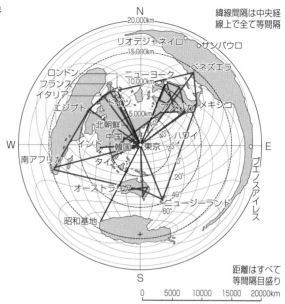

❶文字文化

　文字は，郵便制度の発達によって，国際的に情報を送る手段となった。しかし郵便は，個人的な情報交換や実務上の連絡ではあったが，到達に時間がかかる難点もあった。また，ダイレクトメールなど，商業活動の補助的役割を演じてきた。

　文字は，書籍にも用いられるから，単に情報伝達のためだけではなく情報を保存する手段でもあり，文字を基礎とするさまざまな文化的事象を表現する道具でもあった。

　新聞が始まったのは古いが，とくに産業革命後の工業発達とともに普及し，企業の広告活動に組み込まれて産業を支えた。小さな町のコミュニティ紙・地方紙・全国紙など，配布範囲の大小によって記事や広告の内容は変わるが，とくに報道機関の新聞は**マスメディア**と呼ばれ，社会に大きな影響力を持っている。新聞社も，全国紙は大都市に，地方紙は地方中核都市におかれ，各階層の都市のオピニオンリーダーとされる。また，学校・企業・業界ごとの新聞，あるいは経済・スポーツ・芸能などの主題別の新聞は，その主張の影響圏が限定的である。情報

第5章　世界を流通と交流からみる　265

の影響圏も身のまわりの小売圏に近い狭いものから，世界を相手の広いものまである。

世界的にも，アメリカ合衆国やイギリスの英字紙，フランス・中国などの新聞は，しばしば世界の各地に頒布されている。情報の伝達に時間はかかるが，かえってそのことによって情報の分析や考え方など，論調がよく現われるので，それぞれの国家の立場を理解する上で貴重な存在である。

❷文字通信から映像通信

19世紀末に始まった技術革新は，やがて有線・無線の電信・電話を経て，**ラジオ・テレビ・インターネット**に進み，有線は海底ケーブルを張りめぐらせた光通信によって，大容量で短時間に情報を送り，無線の**携帯電話**は宇宙衛星を通じて人跡まれな僻地にまで広がり，距離と時間を飛び越えて人びとを交流させることとなった。

この即時遠隔通信は**情報革命**をもたらし，われわれの社会を劇的に変えている。また，単なる音声の伝達から映像・文字の伝達へと，手紙・新聞・雑誌などを介さずに行なえるようになると，音声だけでは不可欠であった会話が，読み書きさえできれば，外国語であっても，とりあえずコミュニケーションをとれ，自動翻訳サービスも一部で可能となった。

しかし，紙媒体と異なり，電子文字は随時変更が可能であるから情報が変動しやすく，情報提供者が誰であるのか即座にはわからない匿名性が高い。**ハッカー**に侵入される危険や有害・犯罪情報もあり，情報の信頼度が低い難点がある。

世界的には，まだ先進国や発展途上国の一部にしかインターネットは普及していないが，世界各地の人びとが相互にe－メールによって，手紙より安価で迅速にコミュニケーションができるようになった。国際的には時差を超えるというより，むしろ利用して企業活動を24時間中行なうことができるようになった。

企業は，ホームページを開き情報を提供し，**ネットバンキング**によって銀行取引を自宅で，あるいは**モバイルバンキング**に

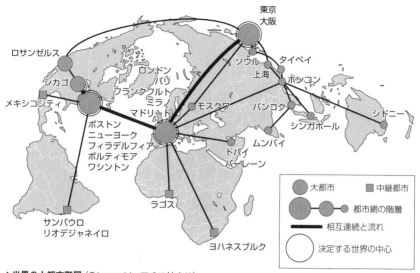

▲世界の大都市階層 (Géographie アチエ社より)

よって出先で移動中に行なうことが可能となった。カード決済を選択すれば,インターネットで海外のホテルと航空機を予約して,いながらにして支払を行なうことも可能である。

このように,人も物も動かない情報通信の空間では,従来の閉ざされた境界による地理的地域の考え方が,ネットワーク的な空間構造にかわっていることを示している。

5 サービス業

❶産業

産業としての**サービス業**は,広い意味では第三次産業のなかで,商業・卸売業以外の多様なサービスを含む。飲食・理容・美容・宿泊・娯楽などを扱う**消費関連サービス業**,金融・保険・設計・デザイン・広告などの**生産関連サービス産業**と,教育・医療・福祉などの**社会関連サービス業**などに分けられる。倉庫業は生産関連サービス業に加える場合もあるが,交通あるいは流通の一形態ともとらえられる。

消費関連サービス業は，近年，チェーン店方式もみられるが，多くが自営業として家族経営で行なわれる小売業とともに，ごく小規模な商業中心地にみられる。一般に，商圏の小さな商業都市にはかならず存在する。

他方，サービス産業に特化した都市も，世界各地に分布し，**観光都市・宗教都市**などはかならずしも先進国だけではなく，発展途上国でも史跡の豊かな地方や風光明媚な地方，あるいは温泉などのある保養地，宗教上の聖地や奇跡が起こったとされる場に現われている。

生産関連サービス業は，より高度な専門性を持ち，他産業を支援する補完的な産業である。同時に，他産業を制御する産業でもあってむしろ大都市に集まり，中小都市にその支店が現われる。世界の金融中心地であるニューヨーク・ロンドン・フランクフルトは，都市の階層として上位である。

政治・行政にたずさわる公務は，他産業を制御すると言う意味で，この分類に加えることもある。この機能に特化した都市は，**政治・行政都市**と呼ばれる。

社会関連サービス業は，教育・医療・福祉の水準が高い先進国に多く，国の経済水準と関係が深い。その点，経済的成長の著しい国が，先進国の水準に達したと評価されるか否かは，この産業の発展の有無にかかっている。大学都市は，教育機能に特化した都市である。福祉サービスは，自営業的な医療とともに広く地方に散在し，他方，大病院は大都市に現われる。この分野では，従事者の多くが**専門技術的職業**に分類され，資格を持ったものが多い。

❷脱工業化

近代工業は，大量生産・機械化・大量輸送・大量販売を進めてきた。また，アメリカ合衆国をはじめとする農業先進国でも，同様の革新が進められて，先進国では実際に農耕を行ない，耕作機械を操作する人が少なくても，一定水準の生産量をあげることが可能になってきた。

コンピュータやそれを組み込んだ**産業ロボット**の発達によっ

富豪の家のサービス業

ムンバイ（インド）の富豪を訪ねた。日本との貿易に従事し，塀に囲まれたマンションに住んでいる。塀の外には，塀に立てかけた電気や水道もない掘建て小屋があって，それが彼の家で働く家事使用人の家である。敷地内には門番がいて簡単にははいれないが，彼を通じて主人に内線電話で連絡をとってもらう。エレベーターには専用のエレベーター係がいる。

マンションは，大きくて一つの階に1戸しかない。通された客間は竹の間

で，ほかに石の間・木の間があった。手洗い・シャワーは，主人夫婦用・家族・使用人・来客向けと4カ所あり，使用人は家族用に料理人・掃除人・洗濯人，主人付きの秘書（執事），子どものための家庭教師と子守りとその家族たちを含めて20人ほど，それに門番・エレベーター係・庭師がマンション共用部分である。客間には，多くの日本製電気製品が並び，主人が日本はインドのような貧しい国にもっと援助すべきだと話していた。

て，いよいよ生産現場で働く人が少なくなり，市場分析・企画・設計・メンテナンス・アフターサービス・金融・統括など，生産の周辺にかかわる従業者が第一次・第二次産業内部で増加している。同時に，この生産の周辺を扱うサービス業に属する企業や従業員も増加して，先進工業国ではいわゆる**サービス産業化**が進行し，そのような社会を**脱工業化社会**とも呼んでいる。

労働集約的な工業は，労働力が豊富で安価な発展途上国に転出し，産業分類上は第二次産業に属しながら，仕事の内容は管理運営をつかさどる本社や研究開発部門が先進国に残り，それを支えるサービス産業が大都市に集中していく。

他方，発展途上国でも先進国からの直接投資による工業化がみられてはいるが，サービス産業化が首都などにおいて急速に進んでいる。これは，先進国におけるサービス産業化とは様相が異なり，高度な技術水準を必要とする生産関連サービス業や国の教育・医療・福祉政策に関係する社会関連サービス業ではなく，未熟練労働者やときには**児童労働**による消費関連サービ

第5章　世界を流通と交流からみる　269

ス業が中心となっている。

　そのため，とくに首都の大都市にサービス産業が集中している。またここでは，簡単な仕事のためにサービス業従事者を低賃金で雇えるため，所得格差が大きい。たとえば，インドやブラジルでは多くの家事使用人を雇う富裕な階層がみられ，企業が多様なサービスに従事する**単純労働者**を抱えている。先進国では，このサービス業務の企業化が進んで，清掃会社や保障管理会社などが生まれている。

付 章 地図と地域調査

1 地図

❶地図の種類

地図は，地表上の全部，または一部の地理的事象を記号や文字を用いて平面上に表わしたものであり，地理を学ぶためには欠くことのできないものである。地図は，**一般図**と**主題図**の2種に大別される。

一般図　一般図は，**縮尺**の許す範囲でできる限り忠実に地表の事象を明らかにするようにつくられたもので，地形・水系・道路・鉄道・集落などが，特定の**地図記号**を用いて記入されている。

日本の国土地理院が発行している2.5万分の1地形図，20万分の1地勢図，5万分の1地方図，100万分の1国際図(全国図)などはその例である。また，地図帳にのっている世界図や大陸図なども，**小縮尺**の一般図である。

近年，海洋開発の基礎となる地図として作成されている20万分の1の海の基本図(海底地形図)も，海に関する一般図である。

主題図　主題図は，災害に有効とされている**ハザードマップ**をはじめ，地質図・気候図・海図・土地利用図・人口分布図・交通図など，特定の事項について表現した地図である。これは必要に応じて工夫をこらし作成されるので，その種類はきわめて多く，地域内に分布する事象や地域間を流動する事象の実態を知るのに役立つ。

付章　地図と地域調査　271

主題図の多くは，統計数値を図化して表わしたものである。人口や生産物の量をそのまま点(ドット)で示す**ドットマップ**，交通や物資の流れと量を示す**流線図**，降水量や気温の分布を示す**等値線図**，統計の単位地区ごとに各種の値を棒・円・球・柱などで示した**図形表現図**などは，統計地図とも呼ばれる主題図である。

　地図帳　一般図と主題図とを1冊の本の形にまとめたものが，**地図帳**(アトラス)である。国の自然・経済・文化を多くの主題図より編集した**ナショナル＝アトラス**(国勢地図帳)は，国土の

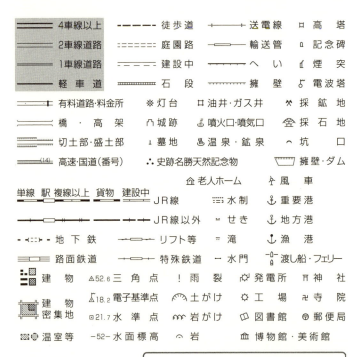

▲**国土地理院の地形図新記号**　2万5千分の1(平成14年式)平成15年度発効の記号。とくに道路とあたらしい記号に注意。

▶**等高線の比較**(同一地形を比べたもの) 二つの図を比較すると，5万分の1に比べて2万5千分の1の方が等高線の高度間隔が狭く，細かい地形が表現されている。起伏の様子は高度により色を塗り分けるとよくわかる。

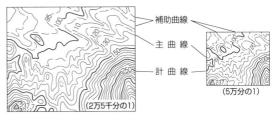

	主曲線	計曲線	補 助 曲 線	
2万5千分1	10m	50m	主曲線の$\frac{1}{2}$あるいは$\frac{1}{4}$	
5万分の1	20m	100m	(第1次) 主曲線の$\frac{1}{2}$	(第2次) 主曲線の$\frac{1}{4}$

現況を知るのに欠かせない。

❷小縮尺の地図

　小縮尺の地図は，もともと球面体である広大な地表を平面で表わしたもので，**面積・距離・角度**(または形)のすべてを同時に正しく一枚の地図に表現することはできない。そのため，小縮尺の地図はかならずこれら3つの要素のいずれかについて，ひずみを持っている。したがって，われわれが小縮尺の地図を利用する場合には，その目的にあった図法によったものを選択する必要がある。

　分布図に適した地図　人口・資源・生産物の分布を知るためには，面積が正しく表わされた地図(正積図)が必要である。また，できるだけ陸地の形が正確なものが具合がよい。この種の地図としては，**サンソン図・モルワイデ図・エッケルト図**などが代表的なものである。海の上を通る数本の経線のところで地図を断裂させた**グード図**では，陸地の形がいっそう正確になる。

　航海・航空に適した地図　16世紀の後半に考案された**メルカトル図**は，地球上の角の大きさが地図上ではかられる角と同じく表現された地図(正角図)である。この地図上で任意の2点を結べば，2点間の**等角航路**を示すので，航海用の地図として広く使用されている。

　しかし，高緯度になると，経・緯線の間隔が実際より大きくなるので，面積が著しく誇張して表現される欠点を持つ。したがって，航海図以外の目的には不適当である。

付章　地図と地域調査　273

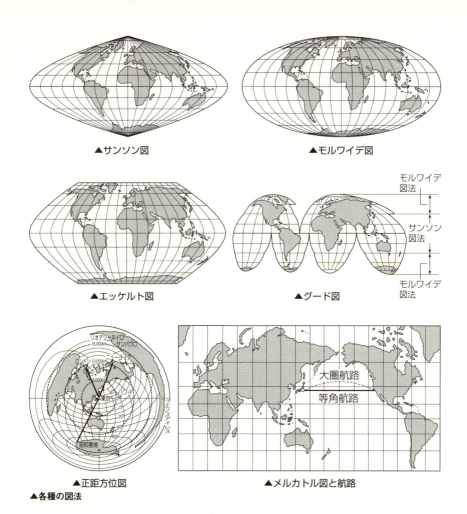

▲各種の図法

　航空機交通が発達した現代では，**大圏コース**が図上の任意の2点間を結ぶ直線で示される地図(**心射図法**による**方位図**)，図の中心からの方位と距離が正しく表わされる地図(**正距方位図**)が重視されるようになった。

　どの図法でも，小縮尺の地図では，図のすべての部分の距離を正しく表わすことはできない。縮尺は，図の中心の**緯線**または**経線**では正しいが，周辺は歪む。任意の2地点間の距離を知るには，**地球儀**を用いる必要がある。

❸**地理情報システム(GIS)**

　地図の製作と利用においても，コンピュータの活用は著しい

274

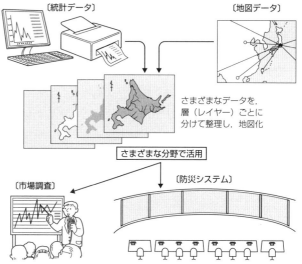

▲GIS 地理情報システムの略。地理的ないくつかの情報を,それぞれにデータベース化し,コンピュータを用いて必要に応じて組み合わせるなどの加工をして,視覚的に表示する。

発達をとげた。地理的空間の情報を収集・保存し,各情報の結合と区分をコンピュータ上で行ない,必要に応じて地図化する**地理情報システム**(GIS, Geographic Information System)は,地図の作製と利用に大きな力を発揮してきた。情報は国土地理院など公的機関も提供しており,身近なものでは,人工衛星からの位置情報を利用した**カーナビゲーション**があげられる。ただ,扱う情報はあくまでも利用者が選択するのであって,その有効性は利用者が何を知りたいのか,そのためにはどのような情報が有効なのかを知らねばならない。いわば,地理の基礎的素養が問われることになる。

2　地域調査

❶地域調査の意義

地域認識の拡大　交通・通信が未発達で，自給自足的な生活を営んでいた時代の人びとは，自分のごく周辺の限られた地域しか知らなかった。やがて交易が始まり，近い外国についての知識が伝えられるようになると，その範囲はしだいに拡大していった。

とくに，15世紀以来のヨーロッパ人の他の地域への進出，ついで18世紀以来の産業革命の進展にともなって世界は一つの経済圏を形成するようになり，他の地域に関する認識は世界規模に拡大した。

現在では，人工衛星をはじめとする通信技術の進歩によって，ほかの地域のできごとを直ちに知ることができるようになった。また，航空機をはじめとする各種の交通輸送手段の発達によって，世界各地ではたがいにその生産物を交換するだけでなく，人びとの交流も直接行なわれるようになった。インターネットは，情報の交換を迅速にした。

地域の比較　地域の認識を深めるためには，その地域の持つ独自の特徴と，ほかの地域とも共通する特徴とを見分ける必要がある。したがって，関心のある地域をほかの地域と比較することが必要となる。

最も一般的なのは，自分の身近な地域と他地域との比較である。この比較を通じて，単にほかの地域の個性だけでなく，自分の生活している地域の特徴をも把握できるのである。比較を通して，はじめて物事の大小・遅速・長短など，相対的特徴が，より正確に理解できるからである。

地域調査の目的　地域の認識をより正確な知識として自分のものとするために，人びとは自分の必要に応じて，ほかの地域の調査をしてきた。商人は，商品の販路としてその地域が適しているか，工場経営者は自分の望む原料が得られるかなど，そ

	1. 位　　置	自然的位置，人文的位置
Ⅰ. 位置と環境	2. 自 然 環 境	土地（地形・土壌），気候，陸水（河川・地下水・湖沼），生物（植生・動物），自然災害（地震・噴火・地盤沈下・山くずれ・地すべり・干ばつ・洪水・火災など）
	3. 生　　活	生活様式，生活圏（拡大と縮小），生活内容（衣・食・住）
	4. 政　　治	政治及び行政組織，境界，係争・合併・分離
Ⅱ. 社 会 生 活	5. 村　　落	構造と機能，立地，村落形態，村落圏（出稼ぎ・通婚），開拓と変化
	6. 都　　市	構造と機能，立地，都市形態，大都市地域，地方都市，都市活動及び施設，都市圏（通勤圏・流入圏），発達と変化，都市及び地方計画
	7. 経済と地域	産業別分類，土地利用，経済地域（立地・集中と分散・地域分化），経済計画と地域計画，産業各種の将来像
	8. 農 牧 業	農業経営，農業技術，農業労働，農業的土地利用，農産物，農業災害（冷害・干害・水害・病虫害・土壌侵食），開拓の歴史
	9. 林　　業	林業経営，林業技術，林業労働，林業的土地利用，林産物，災害と保全（山火事・病虫害・植林計画），歴史と変化
Ⅲ. 経 済 活 動	10. 水 産 業	水産業経営，水産技術，漁業労働，水域利用（海流・気象・漁区・資源保護），水産物，災害（潮流異変・水質汚濁・遭難），歴史と変化（海女・機械化）
	11. 鉱　　業	鉱業経営，鉱業技術，鉱業労働，鉱産物，災害と保全（鉱山災害・鉱毒・資源保護），歴史と変化（砂鉄・鉱山集落）
	12. 工　　業	工業経営，工業技術，工業労働，工業製品，工業立地，工業地帯，工業災害（大気汚染及び水質汚濁・地盤沈下・保全など），工業の発展
	13. 流　　通	経営，流通技術，労働，商品の種類と取扱い量，立地，商業地帯，流通の発展，貿易
	14. 交通・通信	経営，技術，労働，種類と量，地域社会との関係，産業との関係，発展と歴史
Ⅳ. 人口・文化	15. 人　　口	人口数，年齢別，産業別，集落別，人口変化，人口流動
	16. 文　　化	言語・方言，宗教，民間信仰，伝承，教育

▲地域調査の調査項目一覧

の目的は実にさまざまである。

　現在においても，地域調査は経済活動や外交活動に不可欠である。しかし，地理の立場から行なわれる科学的調査は，それ

付章　地図と地域調査　277

ら実用的な調査とは異なって，地域の個性（**地域性**）そのものを理解することを目的とする。

　ある地域にみられる経済現象は，その地域の自然環境や社会制度・風俗習慣などと無関係ではない。また，地震・風水害などの自然災害は，土地利用など人の営為と関係している。したがって，地域性を構成するさまざまな要素の間の結び付きを調べることによって，ただ商品が売れるかどうかというような，地域の一側面のみを中心とする実用的調査の不完全さを補うことで，総合的な地域像を明らかにするのである。

　国際社会における日本の位置や立場を正しく把握するためには，正しい地域認識が必要であることを多くの先学が説いている。地域調査を通して地理の学習を深める目的は，単に観光旅行を有意義にするというようなことだけではなく，将来，貿易や外交などを通して国際社会に雄飛するための跳躍台をつくり，地域相互の理解を通して国際交流を深め，ひいては世界平和に貢献する基礎を準備することである。

❷文献調査と資料

　文献と資料　地域調査には，まず調査の対象である地域を定め，つぎにその地域について書かれた書物や論文などの文献を探すことから始まる。

　２，３の文献を読むと，そのなかに関連した文献が「注」としてあげられていることが多く，それらを集めると文献目録ができあがる。辞典類を活用するのはもちろん，その地域を舞台とした小説などを読み，自然環境や人びとの生活がどのように描写されているかを調べてみるのも地域理解の一方法である。

　また，同じ地域について異なった観点で書かれている文献を読むことによって，文献相互の違いがなぜ生じたのか，その理由や原因を調べることも意味がある。

　地域に関する統計や地図などを，整理することも大切である。統計は，地図やグラフに表現することによって，調査の目的や要点をより明確に提示することができる。そこで，比率・増加率・密度などの統計そのものを目的に応じて手を加え，地域の

特色を際立たせることもよく行なわれる。ただ，統計データの
階層区分とその評価は，取扱うものの意図によって読み間違え
ることがあるので，注意が必要である。たとえば，家屋の持家
率を高いとみるか，低いとみるかは，平均や偏差を算出して他
の地方，外国と比較して，はじめて納得できるのである。

　その地域で使われる各種の器具やさまざまな写真を集めるこ
とも，地域を理解するうえでよい手助けになる。

　対象とする地域については，できるだけ多くの文献や資料を
調べることによって，従来の調査で欠落している事項や誇張し
て表現されている内容を修正し，より正確な地域の姿を把握す
ることが可能となる。GIS も活用したい。

　地形図の利用・地形図の内容　日本でよく使われるのは，
2万5千分の1や5万分の1地形図などの**中縮尺図**である。地
形図には，約束にしたがった**記号**と**文字**により，地表の状態が
適当に取捨選択して表わされている。

　山地・丘陵・平野などの土地の起伏が**等高線**で示され，水田・
畑・森林，その他の土地利用の状態，鉄道・道路・集落・公共
施設・行政区界などが記号と文字で表わされている。

　等高線の性質や記号を理解し，地形図を注意深く観察しなが
ら，図に着色するなどの作業を加えたり，その他の知識を応用
することで，その地域の自然の特色やそれと人間との関係の一
端を読み取ることができる。地形図を読むことは，地域調査の
第一歩である。これをもとに，現地において読図の内容を深め
るとよい。

　等高線の読み方　地形図の利用に慣れるためには，できるだ
け多くの地形図を読み，現地の状態とくらべてみることが大切
である。山地の地形は一本一本の**等高線**にとらわれず，大局を
つかむようにし，平野の地形では逆に一本一本の等高線を注意
深く読むようにする。

　そのためには，補助曲線を参考に，崖の記号にも注意して，
土地の微細な高低差を読み取る必要がある。また，等高線に現
われないわずかな高さの違いを反映する土地利用を，色で塗り

分けるなどの作業が有効である。必要に応じては，さらに縮尺の大きな**国土基本図**を参考にしたり，**空中写真**を補助として利用するとよい。

❸現地調査

現地調査の意味　地理では，現地調査が大切な意味を持っている。その理由は，大きく言って４つあげられる。

検証　文献や資料などが，実際，その通りかどうか検証できることである。現地に行って，書かれていることを調べ直すことは，正しい地域認識を得る科学的態度として大切である。

補充　文献・資料で欠落した事実を，調べ出せるかである。文献・資料類がどれほど正しくても，その地域のすべてを記述し尽すことは不可能だからである。

相関関係の発見　自然環境・社会生活・経済活動など，文献のうえでは分けて記述されてきた事実が，現地でたがいにどのような関係を持っているのか明らかにできることである。一見，無関係に思われる諸事象の間に，隠された結び付きがあることを発見した例は，過去の公害事件の因果関係の究明に際して，しばしばみられてきたことである。

動機付け　現地においてはじめて得られる印象が，地域の持つ特性としてしっかり胸に刻み込まれることである。事前に調べた文献により与えられたイメージとの比較だけでなく，自分の生活している地域とも比較しつつ，「この地域はこんなところだ」と一人ひとりが異なった印象を抱くことができる。この印象が地域調査のテーマとなり，地域の持つ個性の発見にもつながるのである。

調査の実際　現地調査の第一は，観察と記録である。たとえば，車窓観察の場合には列車やバスの窓からみえる景色・事物など，気付いたものをすべてノートに記録していく。あとで読み直すとき，自分の通過した土地が思い浮かべられるようになれば本格的である。

たとえば，観光旅行や修学旅行で名所旧跡の近くで下車し，その場所の説明を聞き，お土産を買い，写真撮影をするだけの

「点」の旅行を，車窓観察で人家のたたずまい，発見する動植物，そして何よりもめずらしい風景によって「面」の旅行に広げることは普段から心がけたい。

つぎに，現地の人の話を聞くことである。古老に昔の話を聞き，役場で行政的な説明を受けて，目的とする地域の概略を把握できる場合もあるが，ときには一般の家庭や商店にいって聞かねばならない調査事項もある。また，あらかじめ聞きたいことを整理した調査票をつくり，これを配布してアンケートを取ることも必要となる。

地域調査の調査項目は目的によってさまざまであるが，調査する地域全般の概略を理解するための一般的な調査項目は，国内・国外を問わず共通する場合が多い。別表(P.277 参照)は，このような総合的な地域調査に用いる可能性の高い調査事項をまとめたものである。実際には，その一部を削除したり特定事項を追加したりして，対象地域の個性をより把握しやすいように内容を変えていくことが多い。

❹地域調査のまとめ

現地調査の結果を含めて資料が集まったら，それらを組織的に整理し，自分の定めたテーマにしたがい，それらを配列し**報告書**を作成する。仕事を進めながら，不足した資料をさらに補足したり，再調査をしなければならないこともこの段階で起こる。

こうして，地域の特色，その特色の成立過程，将来の予想，ほかの地域との関係などについてまとめていくわけである。報告には，地図や写真を活用し，またほかの人の調べた内容と比較・検討することも重要である。報告書を読むことにより，「そこはこんなところだよ」と，人びとにその地域の景色や雰囲気を感じ取らせることができれば，調査は大成功である。

このように，与えられた「地域性」を共有する地域は，すでに学んだ**均等地域**であったり，**統一地域**であったり，テーマとして選択した「**地域性**」によってさまざまであろう。また，身近な狭い地域もあれば，外国の一国を単位に考える広い地域まで，

付章　地図と地域調査　281

大きさもまちまちである。

　しかし，他の地域を知ることによって，われわれは日頃あたりまえと考えてきた自分の生活する地域の基準が，ほかからみればむしろ特殊であったり，逆に自分の生活する地域でめずらしいと思っていた事象が，ほかでは日常的にみられるものであることを知る。このようにして，わらわれは自分の生活する地域をより客観的に把握し，反省する場を与えられることにもなるのである。

さくいん

● あ

アーマダバード 146
アーリア語系言語 144,152
IEA(国際エネルギー機構) 241
IMF 93,257
IT産業 84,146,252
アイルランド 40
アシェンダ 97,106
アステカ人 95
アスワンダム 138
アスワンハイダム 138
ASEAN 155,158,260
ASEAN安全保障共同体(ASC) 155
ASEAN経済共同体(AEC) 155
ASEAN社会・文化共同体(ASCC) 155
ASEAN自由貿易地域(AFTA) 32
アゼルバイジャン 73
アゾレス高気圧 43,124
アッサム地方 148
アトラス山脈 134
アナトリア高原 134
アニミズム 7,160
アパラチア山脈 224
アパルトヘイト(人種隔離政策) 131
アパルトヘイト問題 192
アフガニスタン問題 141
AFTA 32
アフリカ語族 190
アフリカ統一機構(OAU) 33
アボリジニー 109,110
アマゾン 105
アマゾン盆地 105
アムール川 70
アムノック川 180
鴨緑江 180
アメリカ合衆国 76,93,96
アモイ(厦門) 168
アラスカ 78
アラブ 121
アラブ人 141,142
アラブ石油輸出国機構(OAPEC) 140
アラル海 75,210
アリソフ 23
アルゼンチン 97
アルプ 52
アルプス 43
アルプス造山帯 164
アルプス=ヒマラヤ造山帯 197
アルミニウム 243

アルメニア 73
アルメニア人 73
アルメニア正教 73
アンガラ 66
UNCTAD 31,260
安全保障条約 30
アンタミナ鉱山 102
安定陸塊 78
アンデス山地 95
アンデス山脈 197
アンドラ 50

● い

EEC 49
ECSC 49
e-メール 266
EU 32,48,49,50,51,53,155,257
囲郭都市 174,223
イギリス 34,40,76,109,134,160
イスラマバード 150
イスラム 140,150
イスラム教 133,160,190
イスラム教徒 54,141
イスラム圏 61
緯線 274
イタビラ鉱山 102
市 222
一次エネルギー 240
市場町 223
一般図 271
一般地理学 18
移動耕作(焼畑) 123,129
移動耕作農業 232
イヌイット(エスキモー) 78,185
移牧 43,52,233
移民 215
イラン高原 197
インカ 103
インカ人 95
印僑 159,214
インターネット 266
インダス川 150
インディアン 76
インド 133,143,146
インド・ヨーロッパ語族 8,189
インド亜大陸 153
インドネシア 157,163
インド洋 117,121
インナーシティ(都心内縁) 15
インナーシティー問題 215

● う

ヴァチカン 50
ヴァルナ 143,144
ウイグル族 177
浮き稲 151,164
ウクライナ 64,70
ウズベク人 192

宇宙協定 27
ウラル・アルタイ語族 189
ウラル山脈 66,69,70
ウラル油田 66
雨緑林(モンスーン林) 206
運河 262

● え

影響圏 266
英語 7
衛星都市 226
英仏海峡トンネル 45
英連邦 33
AEC 155
ASC 155
ASCC 155
エクアドル 94
エスカー 199
エスキモー 78,185
エスタンシア 97
エスチュアリー 199
エスニック集団 122,127
エチオピア 122,126
エチオピア高原 137
エッケルト図 273
エニセイ川 70
エネルギー革命 34,240
EFTA 49,51
エベレスト 153
エーヤワディー川 164
エラスムス計画 53,54
エリー運河 86
エルグ 135
エルサルバドル 94
塩害 136
園芸 43
園芸農業 81,233
円村 220

● お

オアシス 135,136,172
オアシス農業 73,178,232
OAPEC 140
欧州市民権 61
黄色人種 188
OIF 33
OEEC 48
OAS 33,102
OAU 33
オーストラリア 109
オーストラリア語族 190
オーストラリア大陸 109,111,113
ODA 17
小笠原高気圧 6
オセアニア 109
オセティア人 73
オセティア紛争 64,73

オゾンホール 120
オビ川 70
OPEC 140,241,260
オランダ 40,76
卸売商 256
温泉町 224
温帯 202
温帯夏雨気候 203
温帯気候 78
温帯多雨気候 202
温帯冬雨気候(地中海性気候) 203
温帯林 238
オンタリオ 90,92
温暖湿潤気候 78,202

● か

カースト制度 143,252
カーナビゲーション 275
海外移民 16
海外留学 17
海外領 109
海岸段丘 199
海岸平野 198
外住 17
海上交通 262
階層構造 225
塊村 220
開拓前線(フロンティア) 78
買まわり品 255
海面養殖 238
海洋州 111
化学工業 250
化学繊維工業 248
華僑 159,164,214
学園都市 226
学習到達度調査(PISA) 13
角度 273
懸場帳 254
火砕流 6
カサグランデ 100
カザフスタン 64,75
火山活動 196
火山灰 6
カシミール 150
化石燃料 240
寡占化 85
河川の総合開発 209
過疎 15,218
下層化現象 227
過疎化 10
家族計画 13,217
カタルーニャ地方 38
華中地方 171
カッパーベルト 128
カトリック 47,52,65,90,95,160,193,194
カナート 135
カナダ 76,89
華南地方 171
カフカス 61
カフカス山脈 72,197

さくいん 283

カフカス地方　72
過放牧　125,136,166
華北地方　171
過密　15,218
カラクーム運河　75,210
カラコルム山脈　178
カラジャス鉱山　102
カラチ　151
カリブ海　76,117
カリフ季　149,150
カレーズ　135
灌漑耕地（フエルタ）　43
灌漑農業　81
環境　60
観光　16,56,57,112
観光・保養都市　224
観光業　117,179
観光都市　268
韓国　165
漢字　175,190
ガンジス川　148,150
環礁　117
緩衝国　69,153
緩衝地帯　162
関税同盟　32
乾燥気候　78
乾燥帯　201
漢族　175
寒帯　205
環太平洋経済パートナーシップ協定（TPP）　32
環太平洋造山帯　164,197
ガントリークレーン　262
カンボジア　154

● き

飢餓　236
機械工業　249
企業的・商業的農業　80
企業的牧畜　231
企業的牧畜業　234
気候区分　199,200
記号　279
北アフリカ　133,134
北アフリカ・西アジア語族　190
北アメリカ自由貿易協定（NAFTA）　32,107,155
北アメリカ大陸　95
北大西洋条約機構（NATO）　31,93
キト　103
ギニア湾岸　122
絹工業　248
機能地域　21
機能特化都市　225
機能分担地域　229
キプロス　61
丘上村　220
旧ソ連　63

キューバ　96,106
凝集分離　229
行商　253
行商人　254
共属意識　189
共同市場　32
挙家離村　10
極東　3
裾礁　117
巨大都市　226
巨帯都市（メガロポリス）　89,226
距離　273
キリスト教　7,190
キリバス　117
キリル文字　190,193
近畿圏　229
金属工業　249
均等地域　21,281
キンバリー鉱山　128

● く

空中写真　280
クスコ　103
クズネック　66
グード図　273
クラスノヤルスク　66
クリーブランド　84
クリミア半島　70
グルジア　64
グルジア人　73
クルド人　73
グレート・リフト・バレー　122
グレートフィッシャーバンク　51
グレートプレーンズ　81
グローバル化　85
軍事大国　4
軍事都市　224
軍需産業　16
クンルン（崑崙）山脈　172

● け

計画経済　50,63
軽工業　16
経済技術開発区　168
経済協力開発機構（OECD）　13
経済水域　27
経済相互援助会議　50
経済同盟　32
経済特区　168
傾斜生産方式　10
経線　274
系統地理学（一般地理学）　19
系統地理学的（一般地理学的）立場　20
ケープカナベラル　84
決済通貨　85,94
結節地域　21
ケッペン　22,200
ケニア　124

ケベック　86,89,90
ゲルマン系　47
兼業農家　10
言語　189
原始の定着農業　232
原始的農牧業　232
原子力　240,242
原子力発電　6
原料供給地　251
原料立地型　246

● こ

公海　27
公害　228
公共　9
工業地域　247,251
工業都市　224,226
鉱業都市　224
工業の空洞化　12
工業の集積　247
工業立地　246
高距変化　101
航空交通　262
高山気候　205
鉱山町　224
工場制機械工業　245
工場制手工業（マニファクチュア）　245
構造平野　198
高速鉄道　46
交通立地型　246
高等教育進学率　12
購買圏　253
公用語　3,8,194
硬葉樹林　206
高齢化　218
港湾都市　104
コーカソイド　188
コートジboワール　57
ゴールドラッシュ　78
コーンベルト　81
国際移動　214,215
国際エネルギー機構　241
国際河川　137
国際通貨基金（IMF）　93,257
国際の分業　257,260
国際貿易機関（WTO）　32,257
国際連合（UN）　18,31
穀作　231
黒色人種　188
黒色土（チェルノーゼム）　69,207
黒人　76
黒人問題　192
国土基本図　280
国内移動　215
国民　25
国民国家　25
国連大学　33
国連貿易開発会議（UNCTAD）　31,260
腰掛け工業　169
語族　8

五大湖　84,86
国家の領域　25
国境　15,27
国境問題　30
コットンベルト　81,83
コバルト　118
ゴビ砂漠　166,172
COMECON（経済相互援助会議）　50,51,69
コルカタ　144,151
コルテス　103
コルホーズ　68
コロノ　99,107
コロラド高原　197
コロンビア高原　197
混合地域　24
混合農業　231,233
コンゴ川　122
コンテナーヤード　263
コンビナート　66,251
コンビニエンスストア　256

● さ

サービス業　267
サービス産業化　269
災害　6
再開発　229
サイクロン　204
採集　185,230
栽培漁業　6,238
サウジアラビア　135
サドバリ鉱山　91
沙漠　135
砂漠化　125,136
砂漠気候　78,201
サバナ　122,123,186
サバナ気候　78,124,201
サハラ砂漠　121,124,128,133
サハリン油田　67,72
サヘル地方　124
サマータイム（夏時間）　196
サミット　18
サルヴァドール　99
3海里　27
三角江（エスチュアリー）　199
三角州　198
三角貿易　77,121
産業革命　34,245,260
産業未分化社会　230
産業用機械　249
産業ロボット　268
サンクトペテルブルク　66
珊瑚礁　117
三峡　33
残滓境界　29
散村　220
サンソン図　273
三大穀物　235
山地気候　205

産地問屋 256
ザンビア 124
サンフランシスコ 84
サンベルト 84,251
サンボ 96
三圃式農業 38,233
サンマリノ 50
サンメンシア(三門峡) 210

● し
CIS 63,74
GIS 274,275,279
シーアン(西安) 174
GMT 196
CBD 226
仕入供給圏 253
自営業 255
Jターン 219
シェンチェン(深圳) 168
ジェントリフィケーション 227
潮境 237
シオニズム 142
シカゴ 84,88
四季 5
自給的混合農業 232
資源ナショナリズム 105,237,241
市場 169
地震 78,164
施設園芸農業 231
自然改造計画 74,210
自然環境 185,209
自然境界 28
自然増加率 213
自然堤防 198
自然の位置 220
四川盆地 171
自宅就業 227
児童労働 269
シナ・チベット語族 8,190
地盤沈下 209
シベリア 66,69,70,120
シベリア高気圧 6,43
シベリア鉄道 67,71
市民革命 34
ジャーティ 143
社会環境 185
社会関連サービス業 267
社会主義 63,165
社会増加率 214
借地農 40,97
ジャストインタイム方式 250
シャッター通り 15
ジャムシェドプール 145
斜面崩壊 209
シャンハイ(上海) 166,174,176
週市 223
宗教 7,190

宗教都市 224,268
重工業 16
集村 220
住宅都市 226
主権国家 25
自由貿易協定(FTA) 32
ジュート 145,151
集約的自給の稲作農業 232
集約的自給の畑作農業 232
集約的農耕 186
集落 219
秋霖 6
縮尺 271
主権 25
主題図 271
首都圏 229
樹木作物栽培 43
ジュラ山地 52
狩猟 185,230
準平原 198
城下町 224
商業的穀物農業 234
商業的自営農牧業 233
商圏 253
上座部仏教 160
少産少死型 213
小縮尺 271,273
少数民族 175,177
上層化(ジェントリフィケーション) 227
小村 220
沼沢村 221
小島嶼国連合(AOSIS) 118
商人宿 254
消費関連サービス業 267
消費地問屋 256
消費地(市場)立地型 246
情報革命 266
情報管理 264
情報立地型 247
常緑広葉樹林 206
職業構造 217
食事文化 191
職住接近 229
職住分離 227
植生 206
植民宗主国 125
植民地 25,26,126,152,154,155,156,160,161,165,179,251
植民地化 122,134
食料自給率 12
ションリー(勝利) 167
シリコンバレー 86,147,251,252
自留地 170
シルクロード 172
シロッコ 42
人為的境界 28

シンガポール 154,161
人口集中地区(DID) 219
人口増加率 212,213,214
人口転換 34,213
人口の産業別構成 217
人口爆発 34,213,217
人口ピラミッド 216
人口密度 212
人口問題 217
心射図法 274
人種 188
人種隔離政策 131,192
侵食平野 198
信託統治地域 25
薪炭材 239
新田集落 220
神道 7,190
ジンバブエ 94
シンハラ人 152
新聞 265
人民公社 168,170,171
針葉樹林(タイガ) 206
森林 238

● す
水産加工 238
水産加工業 6
水産都市 224
水産養殖(栽培漁業) 238
水上交通 262
スイス 51
垂直分業 259
垂直分業型 257
水半球 195
水平分業(工程間分業)型 259
水平分業(製品間分業)型 258
水力 240
スーツケースファーマー 234
スーパーマーケット 256
図形表現図 272
スコッター(不法占拠住宅) 104,228
ステップ(短草平原) 69,206
ステップ気候 78,124,201
スノーウィ山地 114
スノーウィ・マウンテンズ計画 114
スプロール 228
スペイン 95
スペイン語 7
スラヴ系 47
スラム(街) 89,228
スリランカ 143,152
スロバキア 51

スワトウ(汕頭) 168

● せ
正角図 273
生活様式 185
西岸海洋性気候 202
正距方位図 274
生産関連サービス産業 267
生産年齢人口 13,14,175
政治都市 224
精神文化 190
正積図 273
西漸運動 77,83
生態系 208
成帯土壌 207
政府開発援助(ODA) 18
精密機械 249
世界遺産 104
世界の工場 36,169
世界標準 18
赤色土 207
石炭 241
赤道西風 122
石油 241
石油危機 241
石油輸出国機構(OPEC) 139,241
セグリゲーション(凝集分離)現象 229
セーヌ川 45
セバストポリ海軍基地 64
セミパラチンスク 75
セルビア正教 193
繊維工業 247
漸移帯 23,24,125
尖閣諸島 4
専業農家 10
先行境界 30,71
全国総合開発計画 211
扇状地 198
先進工業国 251
先進国 251
センターピヴォット散水機 81
先端技術工業 251
先端工業 251
セントローレンス川 86,89
専門技術的職業 268
専門店 253
専用道路 261

● そ
総合都市 225
造山運動 196
宗主国 111,119,157,251
装置産業 250
造陸運動 196
ソウル 180
租界 176
粟散国 3

さくいん　285

ソホーズ 68
村落 219
村落共同体 221

● た

ターカン(大港) 167
ターチン(大慶)油田 167,168
タイ 154,158,162
タイガ 204
大学戸籍 174
タイガ帯 67
大韓民国(韓国) 165
大規模商業施設 15
大鑽井盆地 113
第三世界 259
大乗仏教 160
大西洋 117
堆石 199
対蹠点 195
堆積平野 198
大地溝帯(グレート・リフト・バレー) 122
大土地所有制 97
第二バクー(ボルガ・ウラル)油田 66
台風 5,6,78,204
大洋(太平洋) 3
太平洋メガロポリス 226
ダイヤモンド 128
大陸(ユーラシア) 3
大陸性気候 42,203
大陸棚 198
大量生産方式 249
大ロンドン計画 211,229
タウンシップ制 221
タクラマカン砂漠 172
竹島 4,180
多国籍企業 78,85,247,250,251
多産少死型 213
多産多死型 212
多宗教融和型社会 7
脱工業化社会 217,219
WTO 32,257
タミル語 160,161
多民族国家 192
ダラス 84
単一栽培(モノカルチャー) 97,155,234
単一指標地域 22
タンザニア 124
単純労働者 270
単族国 192
単能工 85
担夫輸送 261,263

● ち

地域開発 209
地域性 20,22,278,281
地域調査 276

チェコ 47,51
チェチェン共和国 73
チェルノーゼム 69,207
チェルノブイリ原子力発電所 70
チェンナイ 144
地球温暖化 60,117,242
地球儀 274
蓄積量 238
チグリス川・ユーフラテス川 134
地誌 18
地誌的(地域地理学的)立場 21
千島列島 3
地図 271
地図記号 271
地図帳(アトラス) 272
地中海=ヒマラヤ造山帯 196
地中海性気候 78,124,134
地中海式農業 43,134,233
チッタゴン 151
地熱 242
チベット 153,178,197
チベット高原 178,197
チベット族 178
チャオプラヤ川 164
チャンパイ山 179
中緯度高圧帯 113,124,134
中央集権型組織(ツリー型) 247
中央集権国家 26
中国 165,167
中国語 7,161,175
中心業務地区(CBD) 226
中心地 21
沖積平野 198
中南アフリカ 121
中南アメリカ 95
ヂューハイ(珠海) 168
中部アメリカ 95
中部圏 229
チュキカマタ鉱山 102
チュメニ油田 71
長江 176
朝鮮戦争 179
朝鮮族 178
朝鮮民主主義人民共和国(北朝鮮) 165
超大国 93
町内会 9
直轄植民地 25
地理情報システム(GIS) 275
チンタオ(青島) 166
チンリン(秦嶺)山脈 171

● つ

追認境界 28,71
通信形態 264
ツバル 117
釣鐘型 216
ツンドラ気候 78,205
ツンドラ地帯 67

● て

TGV(高速鉄道) 46
TVA 84,209
低木休閑 127,129
出稼ぎ 214
デカン高原 147,148
適地適作 81,231
鉄鉱石 243
鉄道 261
鉄のカーテン 65
デトロイト 84
テネシー河谷開発 115
テネシー河谷開発公社(TVA) 84,209
デパート(百貨店) 255
テラローシャ 207
テラローシャ地帯 99
テラロッサ 207
デリー 146
テレビ 266
電気機械 249
テンシャン(天山)山脈 172
テンチン(天津) 166
伝統立地型 246
天然ガス 241
デンマーク 40
電力 241

● と

銅 243
トゥアレグ人 125
ドゥルガプール 146
統一地域 21,281
等角航路 273
東岸気候 205
道教 160,190
等高線 279
等高線栽培 81
同時栽培(ポリカルチュア) 23,43,130,233
同質地域 21
等値線図 272
東南アジア諸国連合(ASEAN) 155,158,260
東方正教 65
東北地方 171
トウモロコシ地帯(コーンベルト) 81,82
ドーナツ化現象 215,219,226
独立国家共同体(CIS) 33,63,74

常春気候 103,205
都市 219,222
都市化 227
都市計画 229
都市圏 225
都市戸籍 174
都市問題 228
土壌侵食 209
都市立地 226
都心地域 226
都心内縁 15,227
土地改革 170
ドッガーバンク 51
特許権 12
都道府県 9
ドナウ川 45
ドニエプル 66
徒歩交通 261
徒歩輸送 263
ドラヴィダ系言語 144
ドラヴィダ系タミル人 152
トラモンタン 42
ドル 85,87,93
トルクメニスタン 64
トルコ 54,61
奴隷 76
屯田兵村 221

● な

ナイジェリア 129,130
内水面養殖 238
内陸水路 262
ナイル川 137
NASA宇宙開発計画 84
仲買人 256
夏時間 196
ナツメヤシ 136
NATO 31,93
NAFTA 32,107
南極条約 119
南極大陸 119

● に

NIEs 252,260
ニグロ型(黒色人種) 188
西アジア 133,134
西サモア 112
西シベリア(チュメニ)油田 71
日米安全保障条約 4,18
日用品 255
ニッケル 118
日本 3,165
日本列島 3
200海里漁業専管水域 237
ニューイングランド 77,84
ニューオーリンズ 86
ニュージーランド 109,111,116

ニュータウン 15,58,
59,229
ニューブランズウィッ
ク 90
ニューヨーク 84,86,
88

● ね
ネグロイド 188
熱帯 200
熱帯雨林 122,157,
163,201,238
熱帯雨林気候 124,
200
熱帯性低気圧 204
熱帯モンスーン気候
163,201
熱帯林 206
ネットバンキング
266
ネットワーク型 247
ネパール 153
年齢別・性別構成図
216

● の
ノヴァスコシア 90
農業集落(農村) 221
農耕 185,186
農事暦 7
農村戸籍 172,174
農牧業 231
ノン=ベーシック機能
225

● は
ハーレム 89
梅雨 5,6
バイカル 66
バイコヌール宇宙開発
基地 75
排他的経済水域 109,
119
バオトウ(包頭) 182
バカンス 55,57
パキスタン 143,149
バクー油田 66
白豪主義 110,192
白色人種 188
ハザードマップ 271
ハッカー 266
発展途上国 251,258,
259
パナマ 95
バヌアツ 117
ハブ空港 180,263
ハブ港 180
ハマダ 135
パミール高原 197
バム鉄道 67
パラナ州 99
パリ 37,59
ハリウッド 86
ハリケーン 204
ハリジャン 144
バルカン 69
バルト3国 63,64

パレスチナ 134
ハワイ諸島 78
バンク 237
バンクーバー 93
バングラデシュ 143,
150
ハングル 179,180
バンコク 163
ハンザ同盟 223
パンジファ(攀枝花)
168
パンジャブ地方分割
150
ハンツヴィル 84
パンパ 97
販売圏 253

● ひ
肥育牧畜業 42,231
ピーターヘッド 37
東アジア 165
東日本大震災 6,211
ピサロ 103
ヒスパニック系 79
ピッツバーグ 84
一人っ子政策 175,
218
ヒマラヤ山脈 153,
178,197
ヒューストン 84,88
ビュート 78
兵庫県南部地震 211
標準時 196
氷雪気候 205
ひょうたん型 216
ピョンヤン(平壌)
180
ビライ 146
ピレネー山脈 43
広場村 220
ヒンドゥークシ山脈
197
ヒンドゥー教 143,
160,190
ヒンドゥー語 7

● ふ
ファゼンダ 97,99,100
ファッション産業
248
V字谷 197
フィジー島 111
フィヨルド 199
フィラデルフィア 84
フィリピン 154,158
フーシュン(撫順)
167
ブータン 153
フェーン 42
フエルタ 43
プエルトリコ人 89
フォーディズム 85
フォガラ 120
不可触賤民(ハリジャ
ン) 144
複合指標(複数指標)地
域 22

福島第一原子力発電所
の事故 6
複族国 192
副都心 226
ブサン 180
富士山型(ピラミッド
型) 216
仏教 7,190
物質文化 190
踏み分け路 261
プラーザ 104
ブラーツク発電所 66
プライメートシティ
(首位都市) 163
プラザ合意 163
ブラジル 95,99,105,
106,147
ブラジル高原 197
ブラックアフリカ
121,127
ブラマプトラ川 150
フラマン語 59
フランコフォニー国際
組織(OIF) 33
フランス 40,43,48,50,
76,109,134
フランス革命 34
プランテーション
83,97,106,128,148,
153,163
プランテーション農業
155,234
フランドル地方 36
振売 253
BRICS(ブラジル・ロ
シア・インド・中国・
南アフリカ)
147,260
ブリュッセル 59
ブルネイ 154
プレートの境界 6
プレーリー 206
プレセック 64
プレーリー(長草大草原)
69
フローニンゲン 38
フローン 23
フロストベルト 84
プロテスタント 47,
52,90,152,194
フロンガス 120
フロンティア 78
分業方式 249
分権型組織(ネットワ
ーク型) 247

● へ
平均余命 236
米州機構(OAS) 33,
103
ベーシック機能 225
北京 174,176
北京官話 175
ベドウィン 136,141
ベトナム 155,157
ベネルクス3国 48
ベビーブーム 13,216

ベラルーシ 70
ペルー 106
ベルベル人 141
ペレストロイカ 63
ペンシルバニア炭田
84

● ほ
ボイア・フリア
99,107
ホイットルセー 231,
232
方位図 274
防衛的位置 220
貿易風 204
報告書 281
紡錘型 216
訪問販売 253
ポー川 37
ポーランド 29,
47,51,69
牧畜 185
牧畜民 187
捕鯨 237
母語 7
保護国 25
ボゴタ 103,197
保護貿易政策 257
星型 216
堡礁 117
POS(販売時点情報管
理)システム 256
ポストチヌイ基地 64
ボストン 84
保税輸出加工区 107
北極海 75
北方四島 4
北方領土 71
北方領土問題 30
ポドソル 204,207
ボラ 42
ポリカルチュア 23,
43
ポリネシア 116
ボルガ・ドン運河
74,210
ボルガ油田 66
ポルダー造成 211
ポルトガル 76,95
ポルトガル語諸国共同
体 33
ホワイ(淮河)川 171
ホンゲイ炭 157
ホンコン 173
本初子午線 196
ポンド 85

● ま
マーシャル諸島 117
マーレー川 113
マウントニューマン鉄
山 115
マオリ人 109,116
マカオ 173
間借り工業 169
マキラドーラ(保税輸
出加工区) 107

さくいん 287

マグレブ3国　54
マスメディア　265
マットグロッソ地方
　99,100,105
マニュファクチュア
　245
マヤ人　95
マルクス　63
マレー・ポリネシア語
　族　190
マレー系　160
マレー語　161
マレーシア　154,158,
　163

● み
ミクロネシア連邦　94
ミストラル　42
水主　136
ミッドランド　224
ミッドランド地方　36
緑の革命　150
ミドルズブラ　37
南アメリカ大陸　95
ミャンマー　154,157
民工　174
民工潮　174
民族　188
民族国家　25
民族問題　194

● む
無店舗商業　253
ムラート　95,96
ムンバイ　144

● め
メガロポリス　89
メキシコ　76,106,107
メキシコ高原　95
メキシコシティ　103
メグナ川　150
メコン川　164
メサビ　78
メサビ鉄山　84
メジャー　139,241
メスチーソ　95,96
メッカ　141
メリノ種　113
メルカトル図　273
綿花地帯(コットンベルト)　81
綿工業　247
面積　273

● も
盲流　172,174
文字　190,265,279
モスクワ　66
モナコ　50
モノカルチャー　74,
　97,148,155,156,157,
　234
モバイルバンキング
　266
モルドバ　64

モルワイデ図　273
モレーン　199
モンゴル　166,171
モンゴル型(黄色人種)
モンゴル高原　197
モンゴル族　178
モンゴロイド　188
モンスーン　172,204
モンスーン林　206
門前町　224

● や
焼畑　123
焼畑農業　157,163,232
ヤク　178
ヤクート油田　67,71
ヤールー川　180

● ゆ
ユイメン(玉門)油田
　167
UN　31
ユーゴスラヴィア
　193
U字谷　197
Uターン　219
遊牧　166,187,232
輸送用機械　249
ユーラシア　3
EURATOM　48
ユーロ　32,49,94
ユーロクラート　59
ユカタン半島　95
ユダヤ教　190
ユダヤ人　141
輸入代替工業　115,
　145,162,248

● よ
溶岩流　6
用材　239
養蚕　248
幼児死亡率　236
養殖漁業　6
ヨークシャー地方　36
羊毛工業　247
ヨーロッパ　133
ヨーロッパ型(白色人種)　188
ヨーロッパ経済共同体(EEC)　48
ヨーロッパ経済協力機構(OEEC)　48
ヨーロッパ原子力共同体(EURATOM)
　48
ヨーロッパ自由貿易連合(EFTA)　49,51
ヨーロッパ石炭鉄鋼共同体(ECSC)　48
ヨーロッパ大学間学生交流計画　53
ヨーロッパ連合(EU)
　32,48,49,55,155,257

● ら
ライン川　36,45
ラエスコンディーダ鉱山　102
ラオス　154
酪農　231,233
落葉広葉樹林　206
ラジオ　266
ラティフンディア　43
ラテライト(ラトソル)
　123,207
ラテンアメリカ　76,
　95
ラテン系　47
ラテン文字　193
ラパス　103,197
ラビ季　149,150
ラブラドル地方　91
ランカシャー地方　36
ランチョウ(蘭州)
　168

● り
リアス式海岸　199
リオデジャネイロ　99
陸半球　195
型耕　186
リフトバレー　122
リベリア　122
琉球列島　3
流線図　272
領域　25,26
領海　26,27,35
領空　26,27
領土　26,27
臨海工業地帯　251
林業　238
隣空型　246
隣空工業　263
林隙村　221
リン鉱石　118

● る
ルール　224
ルールケラ　146
ルブアルハリ砂漠
　133

● れ
レアアース　178,182,
　244,245
レアメタル　132,182,
　245
冷帯　203
冷帯夏雨気候　204
冷帯多雨気候　78,204
冷帯林　206,239
レグール　207
レグール土　148
レシフェ　99
列村　221
連接都市　226
連邦国家　26

● ろ
労働立地　246
老年人口　14,175
ローヌ川　45
ローレンシア台地　78
ロサンゼルス　84,86,
　88
ロシア　63,66
路村　220
ロッキー山脈　78
ローマ会議　45
路面電車　264
ロムニー種　116
ロレーヌ地方　36
ロロ船　262,264
ロングハウス　163
ロンドン　37,59,128

● わ
ワジ　134,135,202
輪中集落　220
ワシントン条約　124
ワスプ　79
ワロン語　59

● 欧文略語
AEC　155
AFTA　32
AOSIS　118
ASC　155
ASCC　155
ASEAN　155,158,260
BRICS　147,260
CBD　226
CIS　63,74
COMECON　50,51,69
DID　219
ECSC　49
EEC　49
EFTA　49,51
EU　32,48,49,50,51,53,
　155,257
EURATOM　48
GIS　274,275,279
IEA　241
IMF　93,257
NAFTA　32,107,155
NASA　84
NATO　31,93
NIEs　252,260
OAPEC　140
OAS　33,103
OAU　33
ODA　17
OEEC　48
OIF　33
OPEC　139,241,260
POS　256
TGV　46
TVA　84,209
UN　31
UNCTAD　31,260
WTO　32,257

著者

　　田邉　　裕　たなべひろし

　デザイン　表紙　菊地信義

もういちど読む山川地理［新版］

2017年4月25日　　1版1刷　印刷
2017年5月1日　　1版1刷　発行

著　者　田邉　裕

発行者　野澤伸平

発行所　株式会社 山川出版社
　　　　〒101-0047　東京都千代田区内神田1-13-13
　　　　電話　03(3293)8131(代表)
　　　　https://www.yamakawa.co.jp/
　　　　振替　00120-9-43993

印刷所　株式会社 加藤文明社

製本所　株式会社 ブロケード

©2017 Printed in Japan　ISBN 978-4-634-59089-2
造本には十分注意しておりますが，万一，落丁・乱丁などがございましたら，
小社営業部宛にお送り下さい。送料小社負担にてお取り替えいたします。
定価はカバーに表示してあります。